DEUTSCHE BEITRÄGE

DEUTSCHE BEITRÄGE
ZUR GEISTIGEN ÜBERLIEFERUNG

IN VERBINDUNG MIT ARNOLD BERGSTRÄSSER
HANS HUTH, FRITZ K. RICHTER, HANS ROTHFELS,

UNTER MITARBEIT VON
HELENA M. GAMER, H. STEFAN SCHULTZ

HERAUSGEGEBEN VON
MATTHIJS JOLLES

FRIEDRICH SCHILLER
1759 – 1959

VIERTER BAND
1961

Issued in co-operation with the Literary Society of Chicago by the Department of Germanic Languages and Literatures of the University of Chicago

FRANCKE VERLAG BERN UND MÜNCHEN

A. FRANCKE AG VERLAG BERN, 1961
GEMSBERG-DRUCK DER GESCHWISTER ZIEGLER & CO., WINTERTHUR
PRINTED IN SWITZERLAND

INHALT

Vorwort 7

Le personnage de la reine Elisabeth dans la «Maria
  Stuart» de Schiller. Claude David 9

Eine weitere Geschichtstrilogie bei Schiller?
  William F. Mainland 23

Element into Ornament: The Alchemy of Art. A reading of «Die Braut von Messina». Ilse Appelbaum-Graham 41

Toter Buchstabe und lebendiger Geist. Schillers
  Stellung zur Sprache. Matthijs Jolles 65

Über das Verhältnis Stefan Georges zu Schiller.
  H. Stefan Schultz 109

Schillers Begriff des Scheins und die moderne
  Lyrik. Edgar Lohner 131

VORWORT

Der vierte Band der «Deutschen Beiträge» ist wie die bisherigen[1] das Ergebnis einer langjährigen Zusammenarbeit der germanistischen Abteilung der Universität Chicago und der Literarischen Gesellschaft Chicago. Von den früheren Veröffentlichungen in dieser Reihe unterscheidet sich der vorliegende Band dadurch, daß die Herausgeber ihn in seiner Gesamtheit Schiller gewidmet haben. Um das Zufällige, das einer Sammlung verschiedenartiger Beiträge so leicht anhaftet, zu vermeiden, haben wir versucht, den Band unter einen leitenden Gedanken zu stellen. Das Verbindende sehen wir in der gemeinsamen Aufgabe, spezifische Gesichtspunkte und Probleme historisch-sachlicher wie auch methodologischer Art, zu denen ein Leben und Denken im weiteren westlichen Raum Anlaß gaben, für das Thema Schiller fruchtbar zu machen. Wir rechnen unter solche Gesichtspunkte Formen der Interpretation und Kritik, die zwar allerorten gepflegt, meist aber mit Begriffen wie *New Criticism, close reading* oder *explication française* bezeichnet werden. Wir gingen von der Annahme aus, daß es wichtig ist, Schiller nicht nur als Erscheinung einer National-Literatur zu sehen, sondern im Zusammenhang des gesamteuropäischen oder westlichen Geistes. Manche Aspekte des Schillerbildes können dadurch vielleicht erweitert und modifiziert werden. Wird Schiller, um nur ein Beispiel zu nennen, nicht an einem Bilde der Erlebnisdichtung gemessen, das von einer spezifischen Goetheauffassung geprägt ist, und stellt man ihn in eine von jeher bestehende europäische Tradition, die den bedeutsamen Anteil bewußten Machens in jeder dichterischen Hervorbringung betont, so kann man damit dem Stilwillen dieses Dichters gerechter werden und sein Werk in einem neuen Lichte sehen.

Das gemeinsame Thema brachte es mit sich, daß der vorliegende Band nicht, wie es bisher der Fall war, eine Reihe von Vorträgen enthält, die in der Literarischen Gesellschaft Chicago gehalten wurden. Germanisten aus Frankreich, England und den Vereinigten Staaten stellten uns freundlicherweise ihre wissenschaftlichen Arbeiten zur Verfügung, und es war ihnen überlassen, in ihrer eigenen Sprache zu schreiben. Claude David ist Professor der deutschen Literatur an der Sorbonne; William F. Mainland ist Professor der deutschen Literatur an der University of Sheffield; Ilse Appelbaum-Graham lehrt am King's College London; Edgar Lohner lehrt an der New York University; die übrigen Mitarbeiter sind Mitglieder der University of Chicago.

Die Literarische Gesellschaft Chicago hat auch in den vergangenen Jahren die Tradition fortgesetzt, die deutsche Sprache und die Literatur und Kunst der deutschsprechenden Länder durch regelmäßige Veranstaltung von Vorträgen zu pflegen. Frau Claire von der Marwitz hat durch ihre großzügige Förderung des Goethefonds der germanistischen Abteilung der Universität Chicago die Veröffentlichung der «Beiträge» ermöglicht.

MATTHIJS JOLLES

(1) Der erste Band der *Deutschen Beiträge zur geistigen Überlieferung* erschien im Jahre 1947 bei der University of Chicago Press und ist jetzt vergriffen. Das zweite Jahrbuch kam 1953 gleichzeitig im Verlag Hermann Rinn, München, und bei der Henry Regnery Company, Chicago, heraus. Seit dem dritten Band, der im Jahre 1957 herauskam, erscheinen die *Deutschen Beiträge* im Francke Verlag, Bern.

LE PERSONNAGE DE LA REINE ELISABETH DANS LA MARIE STUART DE SCHILLER

CLAUDE DAVID

En 1799, lorsqu'il se mit à travailler à sa *Marie Stuart,* Schiller écrivit à Goethe (qui avait attiré son attention sur ce sujet tragique): «Ich fange schon an, bei der Ausführung mich von der eigentlich tragischen Qualität meines Stoffes immer mehr zu überzeugen, und darunter gehört besonders, daß man die Katastrophe gleich in den ersten Szenen sieht, und indem die Handlung des Stücks sich davon wegzubewegen scheint, ihr immer näher geführt wird. An der *Furcht* des Aristoteles fehlt es also nicht, und das *Mitleiden* wird sich auch schon finden. Meine Maria wird *keine weiche Stimmung erregen,* es ist meine Absicht nicht; ich will sie immer als ein *physisches* Wesen halten, und das Pathetische muß mehr eine *allgemeine* tiefe Rührung als ein persönliches und *individuelles Mitgefühl* sein. Sie empfindet und erregt keine Zärtlichkeit; ihr Schicksal ist nur, heftige Passionen zu erfahren und zu entzünden. Bloß die Amme fühlt Zärtlichkeit für sie.»

Schiller était donc assuré que le déroulement de l'action provoquerait chez les spectateurs de la «crainte»; le destin «terrible» de Marie Stuart y suffirait. Et, pour la conception qu'il se faisait alors de la tragédie, c'était là l'essentiel. La «pitié» ne devait venir que par surcroît; «elle trouverait toujours», disait la lettre à Goethe, «moyen de s'exprimer». Et cette pitié ne devait provoquer chez le spectateur aucune «sentimentalité», aucun «attendrissement»; ce devrait être une «émotion générale» plutôt qu'une «compassion personnelle». Cela signifiait qu'il ne fallait pas s'intéresser trop «humainement» au personnage de Marie Stuart, mais voir uniquement dans son destin, comme on l'a écrit, «un symbole de la condition et de la souffrance humaines ici-bas». L'émotion provoquée par la pièce ne devait pas être identique à celle qu'on éprouverait pour un être réel dans le monde réel; elle devait être de nature esthétique. Et pour cela, l'héroïne ne devait pas paraître trop digne de pitié. Elle ne devait être «ni tout à fait bonne, ni tout à fait mauvaise». Cette position moyenne était garantie, en l'occurrence, par le passé de Marie Stuart; elle avait, dans le passé, commis de lourdes fautes, mais si elle souffrait dans le présent, ce n'était pas pour ces crimes d'autrefois, mais pour de tout autres raisons.

A propos du projet d'une *Agrippine,* un moment conçu par Schiller, Emil Staiger a magistralement dégagé les principes de l'esthétique schillérienne des dernières années. Le thème d'Agrippine semblait à Schiller plus propre à la tragédie que le thème de Britannicus, tel que Racine l'a traité. Car Britannicus, qui souffre et meurt innocent, est humainement – «matériellement» (*stofflich*), comme Schiller aimait à dire – beaucoup trop intéressant; la pitié sentimentale que ses souffrances et sa mort provoquent en nous, menace d'étouffer la crainte tragique. Agrippine, en revanche, «ist ein Charakter, der nicht stoffartig interessiert, bei dem vielmehr die Kunst das Stoffartigwidrige erst überwinden muss ... Agrippina erleidet bloß ein verdientes Schicksal und ihr Untergang durch die Hand ihres Sohnes ist ein Triumph der Némesis. Aber die Gerechtigkeit ihres Falls verbessert nichts an der Tat des Nero. Sie verdient, durch ihren Sohn zu fallen, aber es ist abscheulich, daß Nero sie ermordet.»

Les mêmes arguments valent pour Marie Stuart: elle mérite de périr de la main de sa rivale, mais il est abominable qu'Elisabeth la tue. Schiller, de cette façon, évite l'enchaînement trop simple et trop scolaire entre la faute et l'expiation; il échappe à la conception étroitement moralisante de la «justice tragique». Et pourtant la Némésis, toujours présente dans son œuvre – que l'on songe aux *Grues d'Ibykus,* à l'*invidia* du destin dans l'*Anneau de Polycrate* – continue à jouer son rôle. Otto Ludwig, enfermé dans les conceptions de la morale du 19e siècle et dont la vue est souvent si courte, s'est tout à fait fourvoyé, lorsqu'il critique dans *Marie Stuart* cette incompatibilité entre la faute et l'expiation. «Als Tragödie», écrit-il, «müßte das Stück zum Kerne einen Zusammenhang von Schuld und Leiden innerhalb einer und derselben Leidenschaft einer und derselben Person haben.» Très précisément, Otto Ludwig critique ce qui constitue proprement la grandeur tragique de l'œuvre de Schiller.

C'est donc la figure de la reine d'Ecosse qui retint d'abord l'intérêt de Schiller. Est-il, dans l'exécution de son drame, resté fidèle à sa conception primitive? ne s'est-il pas peu à peu pris d'affection pour son héroïne principale? ne l'a-t-il pas rendue finalement plus aimable qu'il ne l'avait d'abord prévu? Contentons-nous de poser ces questions. Il est sûr, en tous cas, que le personnage antagoniste de Marie Stuart, la reine d'Angleterre, prend en face d'elle une importance si grande, que la pièce définitive comporte, non point une, mais deux héroïnes principales. Et Schiller a maintenu entre les deux personnages un équilibre si systématique, que la tragédie présente, comme chacun sait, une structure rigoureusement symétrique. Le premier acte appartient à Marie Stuart, tandis qu'au second acte, seule Elisabeth est en scène. Le troisième acte introduit la rencontre des deux reines. Puis, l'ordre s'inverse, comme une image dans un miroir: le quatrième acte appartient à Elisabeth, le dernier acte à Marie Stuart. La structure de la tragédie présente donc une symétrie par rapport à la scène de la rencontre: les deux premiers actes servent à la préparation de cette rencontre, les deux derniers en font apparaître les effets.

Cette structure, peu habituelle dans une tragédie et qui brise, en quelque sorte, le dynamisme de l'action, semble donner raison à Otto Ludwig, lorsqu'il prétend que Marie Stuart n'est pas une héroïne tragique, et que son «salut», dans le drame de Schiller, n'est que «l'aboutissement *épique* d'un conflit *épique*». La structure symétrique semble en effet plus propre à *exposer* un antagonisme, qu'à contenir l'évolution dramatique d'un conflit. On hésitera cependant à dénommer «épique» une œuvre aussi essentiellement dramatique, aussi habilement calculée pour la scène. La structure inaccoutumée de la tragédie a un autre sens: Marie Stuart et Elisabeth n'ont pas seulement une signification individuelle. Elles incarnent deux «types» humains opposés l'un à l'autre par Schiller de façon systématique: l'une est catholique, heureuse de vivre, innocente parmi ses fautes, l'autre est protestante, rongée par l'angoisse, coupable en dépit de son apparente innocence. On est tenté de voir dans cette pièce une première ébauche de ce «contrepoint», dans lequel Hofmannsthal voyait l'essentiel de son propre théâtre et peut-être la formule de tout le drame moderne. Marie et Elisabeth ne sont pas seulement deux reines qui luttent pour un trône et qui sont engagées dans un conflit tragique. Que Schiller l'ait, ou non, expressément voulu, il y a aussi dans la pièce un arrière-plan idéologique. Et c'est cet arrière-plan que l'on souhaiterait ici éclairer en analysant de plus près le personnage d'Elisabeth.

Car Marie Stuart est assurément une puissante figure tragique. Mais psychologiquement, Elisabeth est plus «intéressante». Cela pour trois raisons. D'abord, Marie est un personnage passif; elle subit son destin; elle laisse agir avec une sorte de lassitude ceux qui intriguent pour la sauver. Et ce salut, s'il lui était donné, ne serait accepté par elle que comme un nouveau présent de la vie. C'est seulement après la terrible discussion avec Elisabeth que Marie Stuart, en quelque sorte emportée par la fierté et l'indignation, se jette dans une mort délibérément choisie. Ce n'est pas Marie qui agit, mais Elisabeth. C'est elle qui décide, c'est elle qui est le moteur du drame. Puis, Schiller a refusé à dessein à Marie Stuart toute profondeur psychologique. Elle conserve, au milieu du mal qu'elle subit et du mal qu'elle provoque, une délicieuse innocence; le mal semble la laisser intacte. Sa beauté et sa grâce exercent un pouvoir maléfique; mais elle-même demeure en quelque sorte en dehors de ce monde du mal et du péché. Schiller se devait de souligner cette innocence; une psychologie superficielle, une aimable légèreté, même au milieu des affres de la captivité; une frivolité et une coquetterie féminines, même au plus profond de la misère: tout cela appartient à l'image de Marie Stuart, telle que Schiller l'a conçue. Enfin, Marie Stuart n'évolue pas au cours de la pièce. Jusqu'à la fin du troisième acte, elle reste semblable à elle-même. Puis, quand on la revoit au cinquième acte, elle s'est entièrement métamorphosée. Il ne s'agit pas là d'une évolution, mais d'un retournement soudain (auquel d'ailleurs nous n'assistons pas, car il se produit hors de la scène; nous en percevons seulement les effets). Ce retournement n'était pas préparé psychologiquement (sinon, on ne parlerait pas de retournement, mais d'évolution). Une chose, qui n'était pas autrefois en Marie Stuart, s'est introduite en elle, et l'a transformée.

Elisabeth, au contraire, est décrite, par opposition à la «simplicité» de Marie Stuart, comme un être profond, ravagé, déchiré par les contradictions. Ou sans doute serait-il plus exact d'écrire que l'intention de Schiller était de prêter à Elisabeth cette profondeur psychologique. On peut douter qu'il soit parvenu à la rendre, en ce sens, vraisemblable. A la lecture ou à l'audition, on a souvent le sentiment qu'Elisabeth n'est qu'un monstre sans nuances. Elle est orgueilleuse et fausse, hypocrite et cruelle, jalouse et envieuse; sa lâcheté après la signature de la condamnation, son attitude envers Davison semblent témoigner d'une méchanceté à peine imaginable. Non seulement son appétit de puissance, mais sa lubricité, la façon dont elle séduit et utilise le jeune Mortimer: tout cela a de quoi éveiller dans l'esprit du spectateur une légitime aversion. En outre, cette femme rusée et sans scrupules est aussi d'une crédulité et d'une naïveté sans bornes; la transparente hypocrisie de Leicester suffit à la duper. On a le sentiment que Schiller a poussé trop au noir le portrait d'Elisabeth. Cette outrance nuit parfois à la vraisemblance du drame et met même quelquefois en péril le sérieux du conflit tragique.

Il est sûr cependant que Schiller prenait au sérieux la seconde héroïne de son drame et qu'il entendait montrer en elle tout autre chose qu'un monstre. Il suffit, pour s'en assurer, de lire le monologue qu'il a introduit au 4e acte, juste avant l'instant où Elisabeth se décide à signer l'ordre d'exécution. Ce monologue, sans portée directe sur le déroulement de l'action, n'a qu'un seul objet: non certes de justifier Elisabeth, mais de la montrer dans toute la profondeur ambiguë de sa nature. Elisabeth est seule; elle cesse de jouer un rôle; elle se voit telle qu'elle est, et cette femme intelligente, ennemie du compromis, mesure d'un regard froid et désespéré ses propres abîmes. Sa méchanceté n'en est pas diminuée; tout au contraire. Mais elle prend un sens.

La nature contradictoire d'Elisabeth, sa méchanceté, sont expliquées par Schiller, d'une part par son passé, d'autre part par la nécessité du présent. Elisabeth n'a pas eu d'enfance. Elle a passé ses premières années en prison. Talbot le rappelle en ces termes:

>Dir war das Unglück eine strenge Schule.
>Nicht seine Freudenseite kehrte dir
>Das Leben zu. Du sahest keinen Thron
>Von ferne, nur das Grab zu deinen Füßen.
>Zu Woodstock war's und in des Towers Nacht,
>Wo dich der gnäd'ge Vater dieses Landes
>Zur ernsten Pflicht durch Trübsal auferzog.
>Dort suchte dich der Schmeichler nicht. Früh lernte,
>Vom eiteln Weltgeräusche nicht zerstreut,
>Dein Geist sich sammeln, denkend in sich gehn
>Und dieses Lebens wahre Güter schätzen.

Elle a donc subi, dans ses premières années, ce que la psychologie d'aujourd'hui nommerait un traumatisme: la précoce perspective de la mort a eu pour effet de la rejeter sur elle-même, de lui imposer une vie introvertie. Rude école, qui laissa dans l'âme de la future reine des traces indélébiles.

Puis, la nécessité du présent. Que la revendication du trône d'Angleterre par Marie Stuart soit, ou non, justifiée; que la renonciation de la reine d'Ecosse soit, ou non, sincère: aussi longtemps qu'elle est en vie, elle est un danger pour l'Angleterre. Il n'est pas besoin de l'ambition d'Elisabeth: la seule raison d'Etat exige sa mort. A quoi s'ajoute le jeu de la politique:

>Unversöhnlich schleudert
>Der röm'sche Papst den Bannfluch auf mein Haupt,
>Mit falschem Bruderkuß verrät mich Frankreich,
>Und offen wütenden Vertilgungskrieg
>Bereitet mir der Spanier auf den Meeren.

Elisabeth conclut cette description par les mots: «So steh' ich kämpfend gegen eine Welt, ein wehrlos Weib.» Seule dès l'enfance, elle est restée seule: un individu solitaire, contre lequel le monde entier est conjuré. Le Moi et le Monde: séparés l'un de l'autre, condamnés à se combattre.

Mais ce ne sont là, pour l'action d'Elisabeth, que les conditions préliminaires: la préhistoire de son âme et les circonstances politiques dans le présent. Dans ce cadre, Schiller va faire évoluer un des caractères les plus profonds et les plus compliqués de son théâtre. Elisabeth vit dans la contradiction; et c'est parce que ces contradictions refusent toute conciliation, toute solution harmonieuse, qu'Elisabeth est méchante, condamnée au mal.

On peut ramener ces contradictions à deux dénominateurs : d'une part, la politique, d'autre part le destin personnel et la vie amoureuse.

D'abord la politique. Elisabeth est une bâtarde. C'est en ce sens que Schiller a résolu le complexe problème de la succession d'Angleterre. Marie Stuart est dans son droit, Elisabeth dans son tort. Et Elisabeth le sait. Elle défend un trône auquel elle n'a pas droit. Elle-même évoque sa «douteuse naissance». Lorsque Marie Stuart, à la fin de la rencontre du 3e acte, cherche les paroles par lesquelles elle sacrifie certes sa propre vie, mais porte en même temps à Elisabeth une blessure mortelle, elle lui dit : «Der Thron von England ist durch einen Bastard entweiht.» Elle a touché le point douloureux.

Or, ce pouvoir illégitime a comme conséquence paradoxale qu'Elisabeth est contrainte de règner avec justice. «Mit hohen Tugenden», dit-elle elle-même, «muß ich die Blöße meines Rechts bedecken.» Elle est, en quelque sorte, condamnée à la vertu par sa naissance douteuse :

> Doch war's denn meine eigne freie Wahl,
> Gerecht zu sein? Die allgewaltige
> Notwendigkeit, die auch das freie Wollen
> Der Könige zwingt, gebot mir diese Tugend.

Cette justice n'est pas seulement apparente; elle veut justifier après coup un pouvoir acquis de façon illégitime. Elisabeth – Schiller le souligne fortement – n'est pas un tyran. Elle abomine la terreur, et la figure de Marie Tudor – de Marie la Sanglante – qui l'a précédée sur le trône, lui est odieuse :

> Warum hab' ich Gerechtigkeit geübt,
> Willkür gehaßt mein Leben lang ...
> War ich tyrannisch, wie die spanische
> Maria war, mein Vorfahr auf dem Thron, ich könnte
> Jetzt ohne Tadel Königsblut verspritzen! ...

Schiller va même jusqu'à la présenter, en dépit de l'histoire, comme une souveraine démocratique. Elisabeth est aimée de son peuple, et elle en est fière. En face des ambassadeurs français, représentants d'un pouvoir absolu, elle célèbre la fidélité de son peuple comme sa plus grande richesse :

> Ich kann so prächt'ge Götterfeste nicht
> Erfinden, als die königliche Mutter
> Von Frankreich – Ein gesittet fröhlich Volk,
> Das sich, so oft ich öffentlich mich zeige,
> Mit Segnungen um meine Sänfte drängt,
> Dies ist das Schauspiel, das ich fremden Augen
> Mit ein'gem Stolze zeigen kann.

Et, en effet, ce peuple « vertueux et joyeux » est prêt à se soulever, quand se répand le bruit qu'un attentat a été perpétré sur la personne de la reine.

Mais voici la contradiction: ce peuple, dont elle est fière, et qui seul assure à son pouvoir la légitimité qui lui manque, elle le déteste du plus profond de son âme. Ainsi, au début du monologue du 4e acte:

> O Sklaverei des Volksdiensts! Schmähliche
> Knechtschaft! Wie bin ich's müde, diesem Götzen
> Zu schmeicheln, den mein Innerstes verachtet!
> Wann soll ich frei auf diesem Throne stehn!
> Die Meinung muß ich ehren, um das Lob
> Der Menge buhlen, einem Pöbel muß ich's
> Recht machen, dem der Gaukler nur gefällt.
> O, der ist noch nicht König, der der Welt
> Gefallen muß! Nur der ist's, der bei seinem Tun
> Nach keines Menschen Beifall braucht zu fragen.

La vertu n'est rien d'autre que ce que le peuple désigne de ce nom. La prétendue justice n'est pas une exigence intérieure de l'âme; ce n'est qu'une idolâtrie parmi d'autres. Dans les *Kalliasbriefe,* Schiller définissait en ces termes la liberté: « Frei sein und durch sich selbst bestimmt sein, von innen heraus bestimmt sein, ist eins. » Elisabeth n'est pas libre. Elle règne, mais n'a pas de vrai pouvoir. Sa volonté est enchaînée par une puissance étrangère. Elle ne cesse d'éprouver en elle-même l'impuissance de la volonté, l'esclavage de l'âme, le serf-arbitre.

Autre contradiction: elle veut exercer la justice. Mais il est un cas au moins où elle ne le peut: c'est envers Marie Stuart. Le gouvernement juste dont Elisabeth est si fière, repose sur l'injustice. Aussi longtemps que Marie Stuart est en vie, il n'est pas possible d'oublier l'injustice sur laquelle le droit est fondé. Le pouvoir de la reine d'Angleterre et son existence même reposent sur une contradiction:

> Warum hab ich Gerechtigkeit geübt,
> Willkür gehaßt mein Leben lang, daß ich
> Für diese erste unvermeidliche
> Gewalttat selbst die Hände mir gefesselt.

La puissance de la reine est une impuissance; sa liberté un esclavage; sa justice une injustice. On peut dissimuler ces vérités. Mais, dans l'instant tragique (ici: dans la rencontre avec Marie Stuart), la contradiction devient manifeste.

On ne peut oublier la date où Schiller conçut et exécuta sa tragédie. Marie Stuart est reine de droit divin; Elisabeth est une usurpatrice (ainsi du moins est-elle représentée par Schiller). La première peut bien être légère et même criminelle, la seconde soucieuse du bien public. C'est en vain qu'Elisabeth a voulu être juste; il lui faut un jour commettre le meurtre abominable, qui démasque l'impuissance de sa nature.

Il est douteux cependant que cette interprétation politique épuise la pensée de Schiller. Les mots dont use Elisabeth dans son monologue, ont des accents si solennels que l'on est porté malgré soi vers d'autres considérations:

> Den *Flecken* meiner fürstlichen Geburt,
> Wodurch der *eigene Vater* mich *geschändet,*
> Umsonst bedeck ich ihn.

Lorsqu'on cherche à démêler l'histoire complexe de la succession d'Angleterre, avec les six épouses d'Henri VIII, on trouve certes beaucoup d'entorses au droit et beaucoup de violences. Cependant, les paroles d'Elisabeth semblent porter trop loin. Il est difficile de dire de la fille d'Ann Boleyn qu'elle eut une naissance infamante. Un autre sens se cache là, à coup sûr. Elisabeth éprouve au plus profond d'elle-même une tache, une souillure héréditaire, qui corrompt tout ce qu'elle peut entreprendre. La conscience puritaine d'Elisabeth connaît bien la fatale nature de cette tache: on cherche à la dissimuler; mais en cherchant à la dissimuler, on se rend coupable, et elle apparaît plus nettement encore. Celui qui porte cette tache n'est pas libre; il ne peut atteindre le bien. Il patauge dans le mal, et succombe d'autant plus au mal qu'il a plus vivement cherché à s'en affranchir.

On est amené à des réflexions semblables, si l'on considère Elisabeth non plus en tant que reine, mais en tant que femme. Elisabeth est la reine vierge. Et elle est fière de cette virginité:

> Mein Wunsch war's immer, unvermählt zu sterben,
> Und meinen Ruhm hätt' ich darein gesetzt,
> Daß man dereinst auf meinem Grabstein läse:
> «Hier ruht die jungfräuliche Königin».

D'autres, comme Marie Stuart, ont choisi les joies de la vie. Elisabeth ne veut connaître de la vie que la rigueur du devoir. Il s'agit bien là d'un libre choix, car elle n'est pas laide, et elle le sait bien :

> Leicht wurde es ihr zu leben, nimmer lud sie
> Das Joch sich auf, dem ich mich unterwarf.
> Hätt ich doch auch Ansprüche machen können,
> Des Lebens mich, der Erde Lust zu freun,
> Doch zog ich strenge Königspflichten vor.

Dans cette éthique austère, dans cette vie conforme à la «morale», Schiller décèle clairement la part de l'orgueil. L'ascèse puritaine est étroitement liée à la volonté de puissance. Mais cette vie «contre-nature» n'est pas tenable. Elle fait naître dans l'âme des sentiments de vengeance. L'attitude d'Elisabeth est portée par le ressentiment :

> Der Stuart ward's vergönnt,
> Die Hand nach ihrer Neigung zu verschenken;
> Die hat sich jegliches erlaubt, *sie* hat
> Den vollen Kelch der Freuden ausgetrunken.

La fierté et l'envie, l'orgueil et le désir insatisfait ne sont pas séparables. La femme la plus fière est aussi la plus vulnérable. Le sentiment et le désir refoulés prennent une cruelle vengeance. Aucun manteau de vertu ne peut dissimuler ce que Marie Stuart dénomme bien «die wilde Glut verstohlener Lüste». La vertu prétendue se tourne en lubricité. Dans l'amour sans espoir que porte Elisabeth à Leicester se mêle une part de haine envers elle-même, qui se sent frustrée de sa plus haute exigence. Il en est de l'amour comme des affaires de l'Etat: elle voulait se donner le pouvoir suprême, la liberté suprême – elle se retrouve impuissante et enchaînée.

Elisabeth est femme. Mais elle veut vivre à la manière d'un homme. Lorsque Talbot, pour défendre la cause de Marie, évoque la faiblesse féminine, il ne peut, par cet argument, que provoquer la colère d'Elisabeth :

> Das Weib ist nicht schwach. Es gibt starke Seelen
> In dem Geschlecht – Ich will in meinem Beisein
> Nichts von der Schwäche des Geschlechts hören.

Comme Kleist le fera peu après dans *Penthésilée,* Schiller a décrit en Elisabeth la «virago», la femme qui cherche à nier sa nature de femme, mais qui ne parvient qu'à faire éclater sa faiblesse. Comme Penthésilée, Elisabeth vacille entre l'orgueil et l'abaissement, entre le fol amour et la haine démente. Car cette femme, qui se conduit comme un homme, est en réalité plus faible, plus menacée que la plus faible des femmes. Elle vit dans la peur: peur de son peuple, qu'elle prétend dominer, mais de la volonté duquel elle est dépendante; peur de Marie Stuart, peur de la décision, peur de ses propres abîmes. Lorsque, au second acte, faisant allusion à Marie Stuart, elle déclare:

> Wehmut ergreift mich, und die Seele blutet,
> Daß Irdisches nicht fester steht, das Schicksal
> Der Menschheit, das entsetzliche, so nahe
> An meinem eignen Haupt vorüberzieht,

on peut être convaincu qu'elle ne joue pas la comédie, mais découvre au contraire son véritable sentiment. Et lorsque, tout juste avant la décision définitive, elle se lamente:

> Bin ich
> Zur Herrscherin doch nicht gemacht! Der Herrscher
> Muß hart sein können und mein Herz ist weich ...
> Es kommt die erste schwere Königspflicht,
> Und ich empfinde meine Ohnmacht,

il serait faux encore de prendre ces paroles pour de l'hypocrisie. Son cœur est tendre; seulement les cœurs tendres sont poussés à l'extrême dureté. Le sentiment de son impuissance est pour Elisabeth l'écharde dans la chair, la racine de toute méchanceté.

Elisabeth se donne certes l'apparence de la bonne conscience. Dans sa victoire sur Maria, elle veut voir la victoire de la vertu sur le vice, la victoire du vrai Dieu, du Dieu qui est le vrai puisqu'il l'aide à emporter la victoire. Et cette foi n'est pas jouée: c'est à ce Dieu sévère, à cette inaccessible vertu qu'elle a sacrifié sa vie. Seul ce Dieu donne à son existence une justification. Mais elle voit en même temps combien elle le sert mal: combien sa puissance à elle est fragile et combien déraisonnable cette orgueilleuse négation de la nature, qu'elle s'est imposée comme règle de vie.

Car c'est bien là le sens de cette figure tragique: la négation de la nature:

> Wohl weiß ich, daß man Gott nicht dient, wenn man
> Die Ordnung der Natur verläßt, und Lob
> Verdienen sie, die vor mir hier gewaltet,
> Daß sie die Klöster aufgetan und tausend
> Schlachtopfer einer falschverstandnen Andacht
> Den Pflichten der Natur zurückgegeben.
> *Doch* eine Königin, die ihre Tage
> Nicht ungenützt in müßiger Beschauung

> Verbringt, die unverdrossen, unermüdet,
> Die schwerste aller Pflichten übt, *die* sollte
> *Von dem Naturzweck ausgenommen* sein...

Résumons : une femme, qui renie sa nature et vit comme un homme, tuant en elle tous les désirs de nature. Mais le désir refoulé se venge et surgit avec une force redoublée. Une véritable volonté de justice et de vertu, mais pervertie par la corruption intérieure, par la « tache princière » (ou mieux : par la conscience que prend Elisabeth de sa corruption intime). La volonté de justice mène à l'injustice, la volonté de vertu mène au vice. Elisabeth veut le bien et fait le mal. La « bonne volonté » mène aux enfers. En 1801, Schiller est bien éloigné de l'éthique raisonnable de Kant !...

A la fin de la pièce, Schiller rend sur ses deux héroïnes un jugement par delà la vie et la mort : Elisabeth, qui reste en vie, est damnée ; Marie Stuart meurt, mais elle est « grâciée ». Car cette chose qui est entrée en elle peu avant la mort peut être dénommée la grâce. C'est là qu'on voit à quel point Schiller est éloigné de ce plat moralisme que le 19ᵉ siècle a si souvent cru lire dans son œuvre. Marie Stuart, reste aimable en dépit de ses crimes ; elle est aimée et finalement « sauvée ». Elisabeth, qu'aucun homme n'aima, est finalement détestée même de Dieu. Une terrible doctrine de la prédestination règne sur cette tragédie. Elisabeth porte une tache, et tous ses efforts, quelle qu'en soit la sincérité, ne peuvent que la précipiter plus avant dans le mal. La légère Marie, qui s'est toujours laissé porter presque inconsciemment par la vie, est sauvée. Elle était demeurée, dans son mal, toujours plus proche du salut qu'Elisabeth dans son effort moral.

Elisabeth renie la nature. La vie morale signifiait pour elle victoire sur la nature, combat de l'âme contre la nature sensible. Et Marie ? Elle a vécu sa vie entière dans la domination de la nature, s'abandonnant candidement à son désir. Sa grâce est la grâce même de la vie. En elle seule, comme le dit Mortimer :

> ist des Lebens Reiz –
> Um sie in ew'gem Freudenchore schweben
> Der Anmut Götter und der Jugendlust,
> Das Glück der Himmel ist an ihrer Brust.

La vie n'a pas épargné à Marie Stuart la souffrance ; mais Marie est toujours demeurée, en quelque façon, intacte. Puis, dans les heures qui précédèrent sa mort, elle se transforma. La Marie Stuart que nous revoyons au dernier acte, au lieu d'une pécheresse, est devenue presque une sainte.

Elle s'est détachée de la terre. Comment s'est opérée cette métamorphose ? La nourrice Kennedy nous renseigne à ce sujet :

> Man löst sich nicht allmählich von dem Leben!
> Mit einemmal, schnell augenblicklich muß
> Der Tausch geschehen zwischen Zeitlichem
> Und Ewigem.

C'est par une illumination soudaine que Marie Stuart s'est libérée de l'illusion de la vie terrestre. Entre le monde sensible et la haute exigence de l'âme, il n'existe pas de conciliation ; seul est possible un « échange » (*Tausch*). Le classicisme allemand avait cru jadis à une conciliation ; cette conciliation s'incarnait dans la figure de la Belle Ame. Et elle s'obtenait par le lent progrès de l'éducation esthétique. Dans la conception tragique de *Marie Stuart*, il n'y a plus de place pour une conciliation de cette sorte. Au lieu d'une sagesse lentement acquise, une illumination soudaine. Et l'on comprend maintenant pourquoi Marie Stuart ne subit pas d'évolution psychologique ; ce qui lui arrive n'est préparé par aucun progrès intérieur ; elle fait un saut. Et ce saut par delà la « nature » ne peut être expliqué par la seule « nature ».

Certes, Marie Stuart est « sauvée » dès l'ici-bas ; il est même douteux que le terme d'« au-delà » ait gardé à cette époque encore beaucoup de sens pour Schiller. Et le renoncement humble de Marie Stuart ne doit pas être confondu avec l'orgueilleux reniement de la nature chez Elisabeth. La nature sensible est sauvée, en même temps que Marie. Dans les indications scéniques du dernier acte, on lit : « à la suite de Paulet et de Drury, de nombreux domestiques entrent sur scène ; ils portent des vases, des miroirs, des peintures et autres richesses, dont ils emplissent tout le fond de la scène. » Ces richesses terrestres ne sont pas réprouvées ; elles sont transfigurées. Et sur le chemin qui la mène à l'échafaud, Marie laisse errer ses regards une dernière fois sur ces richesses : « Vergönnet mir noch einmal der Erde Glanz auf meinem Weg zum Himmel ! » L'éclat du monde n'est ni méprisé ni détruit ; il accède, en même temps que Marie Stuart, au « surnaturel ».

Il n'est peut-être pas inutile, dans ces conditions, de se demander, pour conclure, ce que Schiller entendait par le mot « nature » dans les dernières années de sa vie. Nous trouverons la réponse dans un de ses derniers traités esthétiques, *Über das Erhabene,* qui parut en 1801, la même année que *Marie Stuart.* On y lit : « Wer verweilet nicht lieber bei der geistreichen *Unordnung* einer natürlichen Landschaft, als bei der geistlosen Regelmäßigkeit eines französischen Gartens ? Wer bestaunt nicht lieber den wunderbaren Kampf zwischen Fruchtbarkeit und Zerstörung in Siciliens Fluren (allusion à l'Etna!), weidet sein Auge nicht lieber in Schottlands wilden Katarakten und Nebelgebirgen, *Ossians großer Natur*, als daß er in dem schnurgerechten Holland den sauren Sieg der Geduld über das trotzigste der Elemente bewundert? Niemand wird leugnen, daß in Bataviens Triften für den physischen Menschen besser gesorgt ist, als unter dem tückischen Krater des Vesuv, und daß der Verstand, der begreifen und ordnen will, bei einem regulären Wirtschaftsgarten weit mehr als bei einer wilden Naturlandschaft seine Rechnung findet. Aber der Mensch hat noch ein Bedürfnis mehr, als zu leben und sich wohl sein zu lassen ... »

En 1801, Ossian est un nom dont on n'entendait plus guère parler depuis un quart de siècle. La comparaison entre le « paysage naturel » et le jardin à la française, tout dénué d'esprit, cette nature sauvage de volcans et de tempêtes, rappellent fort les descriptions de Rousseau; de même, ce mépris du bien-être social, ce dédain du travail humain, de la civilisation humaine. La « nature » est explosion brutale de forces imprévisibles, le théâtre du hasard et de l'arbitraire : « Wer freilich die große Haushaltung der Natur mit der dürftigen Fackel des Verstands beleuchtet und immer nur darauf ausgeht, ihre kühne Unordnung in Harmonie aufzulösen, der kann sich in einer Welt nicht gefallen, wo mehr der tolle Zufall als ein weiser Plan zu regieren scheint. » Combien ce monde est différent de l'ensemble ordonné que Gœthe à cette époque concevait sous le nom de nature : un ordre plein de sens, où l'homme avait son rang, où son activité, son art, prenaient place harmonieusement à l'intérieur du Tout. Cette nature ordonnée était à la fois la condition d'un art classique, et l'assurance qu'un art de cette sorte était possible. Ici, au contraire, chez Schiller, l'homme, avec les faibles armes de son intelligence, les œuvres misérables de sa civilisation, se trouve en quelque sorte rejeté hors du monde : il n'est plus que le spectateur d'une grandiose anarchie. Et l'histoire, à son tour n'est, comme la nature, qu'un combat aveugle, qui se rit de tout objectif raisonnable et dans lequel la nature « auf ihrem eigenwilligen freien Gang die Schöpfungen der Weisheit und des Zufalls mit gleicher Achtlosigkeit in den Staub tritt, das Wichtige wie das Geringe, das Edle wie das Gemeine in *einem* Untergang mit sich fortreißt, hier eine Ameisenwelt erhält, dort ihr herrlichstes Geschöpf, den Menschen, in ihre Riesenarme faßt und zerschmettert, ihre mühsamsten Erwerbungen oft in einer leichtsinnigen Stunde verschwendet und an einem Werk der Torheit oft jahrhundertelang baut. » Cette image pessimiste du monde est toute proche de la pensée baroque. L'âge baroque parlait de la «Fortune»: Schiller parle de la «perfidie du destin» (*Tücke der Verhängnisse*). L'âge baroque cherchait refuge dans une attitude de stoïcisme; Schiller invite à «renoncer avec dignité» (*preiszugeben mit Würde*).

Le beau harmonieux, la beauté classique, répondait à une réconciliation avec le monde. Maintenant le Beau n'est plus qu'un aimable Génie, «qui par son jeu joyeux abrège notre douloureux voyage», mais qui perd tout son pouvoir, dès que nous sommes confrontés au sérieux de la vie. Et même, la Beauté n'est plus qu'une imposture: «Unter der Gestalt der Göttin Kalypso hat sie den tapferen Sohn des Ulysses bezaubert und durch die Macht ihrer Reizungen hält sie ihn lange Zeit auf ihrer Insel gefangen. Lange glaubt er einer unsterblichen Göttin zu huldigen, da er doch nur in den Armen der Wollust liegt.» Le Beau n'est plus qu'une idole séductrice, qui nous livre traîtreusement à la perfidie du monde.

«Das Erhabene (aber) verschafft uns einen Ausgang aus der sinnlichen Welt, worin uns das Schöne gern immer gefangen halten möchte. Nicht allmählich (denn es gibt von der Abhängigkeit keinen Übergang zur Freiheit) – (pensons à Marie Stuart!) –, sondern plötzlich und durch eine Erschütterung reißt es den selbständigen Geist aus dem Netze los.» C'est ce que Schiller dénomme un «suicide moral» (*sich moralisch entleiben*).

Entre Kant et Gœthe, dont il a vainement essayé de s'assimiler les langages, Schiller a cherché sa vie durant sa vraie route. La notion de classicisme n'enferme pas toute sa profonde nature. Toujours perce par delà la mode du temps et les langages appris, sa pensée originale. Dans ses derniers ouvrages résonnent d'étranges échos des œuvres de sa jeunesse. Ce n'est pas l'harmonie qu'il voit, mais les contradictions sans issue; non le sens, mais l'absurde, «l'absence absolue de finalité» (*den gänzlichen Mangel einer Zweckverbindung*). Ce ne sont pas les hommes de raison qu'il célèbre, mais les «*Schwärmer*», les grands aventuriers dans le bien et dans le mal, Posa et Wallenstein. Ce n'est pas l'équilibre et la conciliation qu'il loue, mais la révolte et finalement, par delà la révolte, le «suicide moral».

EINE WEITERE GESCHICHTSTRILOGIE BEI SCHILLER?[1]

WILLIAM F. MAINLAND

> Der Chor verläßt den engen Kreis der Handlung, um sich über Vergangenes und Künftiges, über ferne Zeiten und Völker, über das Menschliche überhaupt zu verbreiten, um die großen Resultate des Lebens zu ziehen und die Lehren der Weisheit auszusprechen.
>
> *Über den Gebrauch des Chors*

> Indem sie [die Weltgeschichte] den Menschen gewöhnt, sich mit der ganzen Vergangenheit zusammen zu fassen und mit seinen Schlüssen in die ferne Zukunft voraus zu eilen: so verbirgt sie die Grenzen von Geburt und Tod, die das Leben des Menschen so eng und so drükkend umschließen, so breitet sie optisch täuschend sein kurzes Dasein in einen unendlichen Raum aus und führt das Individuum unvermerkt in die Gattung hinüber.
>
> *Was heißt und zu welchem Ende studiert man Universalgeschichte?*

Bei Schiller erwartet man im Rahmen seiner geistigen Haltung eine Stellungnahme zu den aufwühlenden Ereignissen seiner Zeit. Es überrascht daher keineswegs, ihn gegen Ende des Jahrhunderts ein Thema «nicht unwert des erhabenen Moments / Der Zeit, in dem wir strebend uns bewegen» auf die Weimarer Bühne bringen zu sehen.

Schon als Historiker hatte sich Schiller mit dem Panorama des Dreißigjährigen Krieges auseinandergesetzt; nun bietet sich hier dem Dramatiker eine Fülle, ein Vorbild der Ereignisse, und vor allem eine Persönlichkeit, die nicht, wie sie den damaligen Zeitgenossen erschien, *isoliert*, sondern im Zusammenhang und Gegensatz zu Schillers eigener Epoche zu untersuchen und zu schildern war. Obwohl mehr als hundertfünfzig Jahre seit der Ermordung des Condottiere verflossen waren, war man bisher nicht imstande gewesen, sich über seinen Charakter Gewißheit zu verschaffen. Nun brachte ihn Schiller von neuem in den Brennpunkt des menschlichen Interesses und appellierte an das Verständnis, an das Verstehenwollen einer vielseitigen Persönlichkeit, die im Tiefstinneren als tragisch aufzufassen ist und die es galt, den Herzen der Zuschauer menschlich näher zu bringen. Wie uns der Prolog der Wallenstein-Trilogie erweist, sieht

Schiller den Helden als das Opfer seiner selbst, des eigenen Herzens, des eigenen Machthungers.

Dies Interesse an der Figur des Usurpators, fast möchte man es eine Besessenheit nennen, läßt sich bei Schiller bis in die Anfänge seiner Laufbahn als Dramatiker verfolgen. Hatte sich doch Karl Moor im stolzen Übermute angemaßt, in einer vom Tyrannen verderbten Gesellschaft der Gerechtigkeit wieder zum Siege zu verhelfen; an Fiesco läßt uns dann Schiller einen Einblick in die Blutsbrüderschaft von Tyrannenmörder und Tyrann gewinnen; in *Kabale und Liebe* begreifen wir an Ferdinands Vater Verwurzelung und Verkettung von Ränkeschmieden und Tragik. *Don Carlos* befaßt sich mit der viel feiner differenzierten Machtübernahme des Marquis Posa, der, kraft seiner unheimlichen geistigen Verwandtschaft mit dem Könige, den Sohn beim Vater verdrängt. Und hinter allen diesen Verschwörungen dämmert die Erinnerung an jene, die ihm bei seinen Vorstudien für *Fiesco* zu Gesicht kam, und die nun erst durch die zeitgenössischen Ereignisse in Frankreich sich in ihrem wahren, paradoxen Lichte zeigt: die Gestalt des tumben tôren Dmitri, des unwissentlichen Handlangers politischer Pläne, der, durch die Umstände gezwungen, sich mit Gewalt und selbst mit Verbrechen als den Erben Iwan des Schrecklichen anerkennen läßt, als den man ihn fälschlich bezeichnet.

Zwischen den ersten vier experimentellen Dramen und der abschließenden Arbeit am *Wallenstein* liegen die bedeutungsvollen Jahre des Geschichtsstudiums, des reifen Nachsinnens über Dichtkunst und Drama. Daß es sich hier nicht bloß um Sklavendienst und erzwungenen Tribut an die «Göttin Kritik», sondern um eine verfeinernde Zuspitzung seiner Erfindungsgabe handelt, erweist sich eindeutig, sobald es an die Komposition des *Wallenstein* geht. Ein wahrer Berg an geschichtlichen Fakten wird gewissenhaft gesiebt und geordnet, so daß sich innerhalb des vorbestimmten Bildes ein Zusammenspiel von Idee und Gefühl ergibt, das die allgemeinmenschliche Erfahrung erhellt und der es mit Fug zur Seite gestellt werden kann. Zahllose Fragen aus den letzten Lebenstagen des Mannes Wallenstein werden aufgeworfen und formuliert: Entschlossenheit oder Zaudern, Zusammenprall von kurzsichtiger Selbstsucht und visionärer Einsicht, der tragische Einblick in den Konflikt des freien Willens mit eiserner Notwendigkeit, Maxens Hingabe, Wallensteins Verrat, der durch Mißlingen allein zum Unrecht geworden, das Pochen des Oktavio auf die Tradition, die unheilvolle Macht der Eifersucht und der gekränkten Eigenliebe bei Buttler, hinter und über allem der Widerspruch der ewig wiederkehrenden Frage, der niemand entgehen kann: «Und die Zukunft?» Wie könnte sich gerade derjenige ihr entziehen, der sich bewußt war, daß in seinen Händen das Schicksal so vieler Menschen ruhte? Und doch geht die Fragestellung weit über den Rahmen des Persönlichen hinaus. Die Themen fügen sich innerhalb des historischen Rahmens so «schmelzend» ein, daß wir an ihnen im Handeln und Leiden, in Vermessenheit und menschlicher Schwäche, in der seltenen und blitzartigen Wahrnehmung des Schönen und dem dräuenden Aufstieg zum Erhabenen gleichermaßen das Allgemeinmenschliche mitempfinden. In den Wirren kläglich mißverstandener Ereignisse werden Taten vollbracht, deren Nutzen fragwürdig und bei denen verzweiflungsvolles Handeln allein imstande scheint, den menschlichen Geist vor Vernichtung zu bewahren.

Wallenstein steht so am Scheideweg der Schillerschen Dramaturgie. Er ist sowohl der erhabene Verbrecher, «ehrwürdiger Missetäter», «Ungeheuer mit Majestät» (s. Erste Vorrede der *Räuber*), wie ihn der junge Schiller bei Plutarch vorfand und in seinem ersten Trauerspiel im Kampf mit der Außenwelt fixierte; darüber hinaus ist Wallenstein aber außerdem die sich innerlich zerfleischende menschliche Seele, deren Prototyp Schiller in Fiesco festlegte.

Auf diesen Zwist, diese Zwiespältigkeit des innern Menschen richtete Schiller in den nächsten drei Dramen sein hauptsächliches Augenmerk. Die englische Elisabeth erweist sich als «Schüler wider Willen» machiavellischer Strategie und Johanna als keineswegs williger Befreier ihres Volkes. Isabella bringt als Vizekönig eine Versöhnung unter ihren Söhnen zustande, und zwar um gleichzeitig den Stadtstaat zu festigen und die fürstliche Familie den Bürgern selbst gegenüber in Schutz zu nehmen. Während alle drei Gestalten nach außen stark erscheinen, verbergen sie auf kurze Zeit die innere Schwäche, die der Zwiespältigkeit der Beweggründe entspringt, und in allen drei Fällen drängt sich uns das Problem der Machtergreifung auf.

Elisabeth weiß, wie weitgehend man an der Rechtmäßigkeit ihres Anspruchs auf die Thronfolge zweifelt. Johanna ist sich bewußt, daß ihr eine heilige Aufgabe anvertraut wurde und daß diese nur von solchen Wesen ausgeführt werden kann, die jenseits der Regungen des menschlichen Herzens stehen. Isabella sieht sich in Messina als Haupt einer feindlichen Fürstenfamilie, da ihr Gatte dem ursprünglichen Regenten die Macht entriß.

Somit handelt es sich hier um eine Fortführung und Verstärkung von Themen, mit denen sich der junge Schiller seit seinen frühesten dramatischen Entwürfen beschäftigt hatte. Diese Themen sind es im übrigen, die er auch weiterhin in den dramatischen Fragmenten bis zum *Demetrius* verfolgt und die selbst in dem positivsten und optimistischsten seiner Dramen, *Wilhelm Tell,* ihre Rolle spielen. Tell liebt den Frieden. Nie zuvor ist sein Pfeil auf Menschen gerichtet worden; wenn er jetzt ein Menschenleben vernichtet, so muß er sich vor sich selber rechtfertigen. Aus diesem Grunde wird gewöhnlich seine Haltung dem Johannes Parricida gegenüber als die eines umsichtigen Ehrenmannes interpretiert. Doch solche ruhmredige Gipfelung müßte als nie dagewesenes Beispiel im Rahmen der Schillerschen Dramen angesehen werden. In keinem seiner sonstigen Schauspiele bleibt der Stolz unbestraft. Der ganze Tenor des heftigen Ausbruchs gegen Johannes bezeugt die Tiefe einer ganz persönlichen Gewissensqual. Als Hinweis auf diese Dissonanz brauchen wir nur auf die folgenden beiden Worte zurückzugreifen: Stauffachers «Sprecht nicht von Rache!» (II, 2) und Tells «Es lebt ein Gott, zu strafen und zu rächen» (IV, 3). Kann man wirklich Tell Gedanken an Rache zugestehen und ihn dennoch als den ausgeglichenen rechtschaffenen Menschen anerkennen? Die Frage scheint mir keineswegs belanglos, da die Kommentatoren unentwegt und eifrig Tells moralische Aufrichtigkeit im Gespräch mit Johannes Parricida hervorgehoben haben. Außerdem legt Schiller dem Tell Worte in den Mund, die unmittelbar an das biblische «Mein ist die Rache, spricht der HERR» anklingen. Es wäre daher, gelinde gesprochen, seltsam, wenn er mit den gleichen Worten Tell einen Freibrief und die Rolle Gottes zugestände, den Pfeil auf das Herz des Feindes abzusenden. Dies müssen wir uns in das Gedächtnis zurückrufen, wenn Tell auf des Sohnes Frage nach seiner Armbrust erwidert: «An heil'ger Stätte ist sie aufbewahrt; sie wird hinfort zu keiner Jagd mehr dienen». Damit wird die zwiespältige Natur der Situation weiter ins Licht gerückt. Den Bogen, der in Wirklichkeit im Zeughaus bewahrt wurde, versetzt Schiller an «heilige Stätte». Will er damit bezeugen, daß Tell dies im Vollgefühl seiner Unschuld und als Tribut an Gott tun konnte, oder versetzt er den Bogen in die Kapelle, um ihn dort zu entsühnen? (In der *Jungfrau von Orleans* sagt Dunois, indem er Johanna die Fahne darbietet: «Welch' andere Hand ist rein genug, das Heiligtum zu tragen!» Mit heftigem Widerstreben ergreift sie die Fahne, weil sie sich ihrer eigenen Anmaßung bewußt ist.) Und wie steht es mit den folgenden, gleichermaßen doppelsinnigen Reden aus dem Anfang der Parricidaszene? Hedwig: «Wie – wie kommst du mir wieder? – Diese Hand – Darf ich sie fassen? – Diese Hand? – o Gott!» Und Tell zu Johannes: «Laßt meine Hand los –» Zwar sagt Tell zu Hedwig: «Ich darf sie frei hinauf zum Himmel heben», aber gerade hier in der Hütte, wo die Unschuld wohnt, hat er sich auch als ein «Mensch der Sünde» gefühlt. Daß er sich selbst verteidigt und sich gleichsam schnell hinter seinem gewichtigen und fast sprichwörtlichen Ruf versteckt – «Vom Tell soll keiner ungetröstet scheiden» – darf uns nicht irreführen; Schiller billigt hier weder gerechte Tötung noch verdammt er Mord aus selbstischen Gründen, und wir können nicht entscheiden, ob die gebotene Hand aus Abscheu oder aus dem Gefühl ausgeschlagen wird, daß er sich selbst auch schuldig gemacht habe. Was geschieht, ergibt sich innerhalb dieser Szene und sollte von hier aus beurteilt werden. Was sich vor unseren Augen abspielt, könnte man kaltblütig, knapp und engstirnig als *diejenige* Situationsethik hinstellen, in der Schiller merkwürdig gut versiert war. Wenn man aber das Erhabene des Themas voll zu würdigen trachtet, so wird man sagen müssen, daß Schiller hier einen weiteren Beweis für seine im Grunde tragische Auffassung des Lebens liefert. Gedanken, die den Umständen ihre Geburt verdanken, werden durch die Macht der Umstände zur Tat, und, «hinausgegeben in des Lebens Fremde», setzen sie die verflochtene Kette von Umständen und Gedanken fort, und kehren zur Qual ihres Urhebers zu ihm zurück. In unserm Dasein, im Leben des unbedeutenden Menschen erscheinen diese Dinge beharrlich, unlösbar, ewig, und wir, die wir sie nur stückweise erfahren, beziehen sie direkt oder durch Analogie auf die großen Ereignisse der Gegenwart und Vergangenheit. «An seinen [des Helden] Gedanken liegt uns endlich mehr, als an seinen Taten, und noch weit mehr an den Quellen dieser Gedanken, als an den Folgen jener Taten» (*Der Verbrecher aus verlorner Ehre*). Bei der gewöhnlichen Behandlung der Geschichte bleibt aber «eine Lücke zwischen dem historischen Subjekt und dem Leser, die alle Möglichkeit einer Vergleichung oder Anwendung abschneidet...» (ebd.). Hier vermag uns nicht der Geschichtsschreiber als solcher zu helfen, sondern der Künstler, und zwar dieser nur in ganz seltenen und köstlichen Fällen. In großen Geschichtsdramen finden wir die Beziehungen ins Unendliche erweitert und durch die Schöpfer- und Empfindungskraft eines hervorragenden Geistes belebt. In der himmelweiten Tragödie unserer jetzigen Zeit werden wir uns kaum zu einem «Vergnügen an tragischen Gegenständen» bekennen. Und doch vermittelt uns zuzeiten das Werk des Dichters ein unerwartetes und um so tiefer schürfendes Zufriedensein mit dem wohlgeordneten Gewebe, das er aus Sehnsucht, Leiden und Streben schuf, und erhellt so, was für uns im eigenen Leben durch die Nähe selbst in Form und Zusammenhang nur dunkel erkennbar bleibt.

Das intensivste und koordinierteste Gewebe, das Schiller auf dem Gebiet der Geschichtstragödie gelang, ist jedoch nicht in der strukturell so überlegen aufgebauten Wallenstein-Trilogie enthalten, sondern in den drei Dramen, die danach entstanden: *Maria Stuart, Die Jungfrau von Orleans* und *Die Braut von Messina*. Hiergegen ließe sich zunächst einwenden, daß die *Braut* kein geschichtliches Drama ist, daß man es bisher auf keinerlei historische Quellen hat zurückführen können, so daß es als Flug ins Reich der Dichtung und als pure Erfindung, zwar im Geiste der attischen Tragödie, aber ohne ihr äußeres Merkmal, die stofflich geschichtliche Überlieferung, zu betrachten ist.

Ich gebe mich aber der Hoffnung hin, daß man gerade an Hand dieses Schauspiels sinnreiche Mutmassungen über den dichterischen Vorgang bei Schiller aufstellen kann, indem man mit Hilfe der *Braut* nachzuweisen versucht, daß es sich bei diesem Drama in Abwesenheit einer geschichtlichen Fabel um ein im wesentlichen geschichtliches Schauspiel im Schillerschen Geiste handelt. Um dieses anscheinende Paradoxon zu erhellen, müssen wir uns mit einigen wenigen Facetten dieses Stückes befassen, die aufs engste mit den beiden vorhergehenden Tragödien verbunden sind.

Um der Untersuchung einigermaßen festen Boden zu geben, möchte ich kurz auf den formellen Zusammenhang der drei Dramen hinweisen, dessen gründliche Behandlung einer eingehenden Analyse des Themas vorbehalten bleiben muß. Hauptkennzeichen dieses Zusammenhangs ist die *progressive Überhandnahme des Musikalischen,* und zwar (a) technisch, (b) als Darstellung von «Zuständen des Gemüts» und (c) als polyphone Behandlung einzelner, den drei Dramen als Totalität zugehöriger Themen.

Was den ersten Punkt (a) anbelangt, so haben wir es in erster Linie mit einem Anwachsen rhythmischer Variationen zu tun, von dem Auftritt im Park (*Maria Stuart*) durch Prolog und Monolog (*Jungfrau von Orleans*) bis zum Chor in der *Braut von Messina,* dann aber auch mit dem Einsatz musikalischer Begleitung: von dem Monodrama (*Jungfrau von Orleans,* IV, 1) wird fortgeschritten zur geplanten oratoriomäßigen Gestaltung der Chorpartien in der *Braut*.

(b) Die sinnliche Pointierung der wechselnden Gemütszustände durch musikalische Elemente erkennt man am deutlichsten im oben erwähnten Auftritt der *Jungfrau;* eine formelle Analyse der drei Stücke zeigt zur Genüge, daß Schiller nicht nur durch Wiederholung einzelner Worte mit jeweilig verschiedener Schattierung, sondern auch durch einsichtsvolles Wechseln der Stimmung in aufeinanderfolgenden Auftritten, durch «liebliche Sukzession der Bilder» das musikalische Moment der Dichtung in weit höherem Maße als in seinen früheren Dramen beachtet.

Von der polyphonen Behandlung einzelner Themen in den drei Dramen (c) soll nun im folgenden die Rede sein. Auf ein einzelnes durchgehendes Motiv dürfte jetzt bereits vorübergehend aufmerksam gemacht werden – das Motiv der Achtung (s. Mainland, *Schiller and the Changing Past,* 1957, S. 105). In *Maria Stuart* (besonders V, 15) und in der *Jungfrau* (III, 6) bilden die beiden Talbots einen vollkommenen Kontrast. Bis zum Äußersten aber wird es in dem letzten der drei Trauerspiele getrieben, wo Isabella sagt: «... doch bei Ehren bleiben die Orakel, und gerettet sind die Götter», denn in diesem Moment haben für sie die Götter wie die Orakel gar keinen Sinn mehr. Die Bedeutsamkeit dieses Motivs innerhalb des Geschichtsdramas ist unverkennbar und nicht fortzudenken. Denn wo – ohne *Achtung* – bliebe die Möglichkeit geschichtlicher Dauer?

Das Gemeinsame der drei Schauspiele, das Band, welches sie augenfällig zusammenhält und ihnen Bedeutung verleiht, besteht in der einfachen Tatsache, daß in ihnen allen die Frau der Träger der Handlung ist. Von der ursprünglichen Figur der Frau als Dulderin (Amalia, Bertha, die Gräfin Leonore, Luise Miller) sondert sich allmählich das Bild der Intrigantin ab, zunächst nur versuchsweise und einigermaßen ungeschickt, wie in der Prinzessin Eboli, später mit viel größerer Sicherheit in der Gestalt der Gräfin Terzky. Bei Beendigung des *Wallenstein* gestaltet sich dieses Thema als so herausfordernd und anziehend, daß Schiller sich ihm mit zunehmendem Eifer hingibt. In seinem Gedicht *Würde der Frauen* (1796) hieß es:

> Aber mit sanft überredender Bitte
> Führen die Frauen den Zepter der Sitte,
> Löschen die Zwietracht, die tobend entglüht,
> Lehren die Kräfte, die feindlich sich hassen,
> Sich in der lieblichen Form zu umfassen,
> Und vereinen, was ewig sich flieht.

Mit diesen Worten legt Schiller fest, welche Rolle im idealen Sinne seiner Ansicht nach der Frau im kultivierten Leben zustand; in liebender Hingabe an diese Rolle besteht ihre Würde. In diesem Sinne und in völliger Übereinstimmung mit dem Ideal bereitet Johanna der Fehde zwischen Frankreich und Burgund ein Ende. Die Königin Isabeau hat anscheinend den Wunsch, ähnliche Eintracht zwischen Burgundern und Engländern herbeizuführen, während Isabella sich bemüht, Frieden unter ihren Söhnen zu stiften. Die Mutter des Dauphins und die Mutter der Braut jedoch handeln im eigenen Interesse; Zweckdienlichkeit ist das Triebrad ihres Vorgehens und in ihren Herzen herrscht der Groll. «Fluch soll ihn treffen bis ins zehnte Glied!» sagt Isabeau über ihren eigenen Sohn, und Isabella entläßt die Stadtväter mit den Worten:

> Versöhnt, vereinigt, sind sie mächtig gnug,
> Euch zu beschützen gegen eine Welt
> Und Recht sich zu verschaffen – gegen euch!

Auf ganz andere Weise bringt dagegen Johanna die Versöhnung zwischen Du Chatel und dem Herzog von Burgund zuwege, denn solange das eigene Herz frei von Zwietracht und Zweifel ist, solange wirkt sie hier in Würde und Ruhe über menschliche Herzen:

> Eine Versöhnung
> Ist keine, die das Herz nicht ganz befreit.
> Ein Tropfe *Haß,* der in dem Freudenbecher
> Zurückbleibt, macht den Segenstrank zu Gift.

Innerhalb dieses Stückes ist zwar Isabeau Johannas natürliche Gegenfigur, ihre wahre aber ist die englische Elisabeth des vorhergehenden Dramas. Diese zweifelt an sich selbst, und so sind ihr Macht und Würde unsicher und ohne Halt. Zwischen beiden Frauen, Johanna und Elisabeth, bestehen Gegensätze und Ähnlichkeiten, die ihre Wirkung nicht verfehlen. Beide müssen auf menschliche Erfüllung ihres Frauentums Verzicht leisten, denn beide haben eine Aufgabe, die, wie sie betonen, von Gott befohlen ist. Für beide liegt die Vorbereitungszeit in idyllischer Umgebung in der Vergangenheit, beiden fällt es, eingestandenermaßen, schwer, sich der Pflicht zu widmen. In dieser Lage gesteht eine gequälte Elisabeth sich ein, daß ihr die Tugend äußerlich und durch den Umstand zeitbedingter Notwendigkeit aufgedrungen sei, wohingegen Johanna, selbst als sie vorübergehend moralisch unterliegt, ihre Rechtschaffenheit und ihren Abscheu vor allem Schein behält. Und Isabella, im Rahmen der dritten Tragödie, ist zwar Mutter dreier Kinder, die sich aber durch die Entfremdung ihrer Eltern nie kennengelernt haben. Obwohl Isabella somit beschert zu sein scheint, was Elisabeth und Johanna versagt blieb, Ehe und Mutterschaft, so ist die Dominante ihres Lebens in Messina dennoch tragisch, denn ihr Leben verläuft «der Not gehorchend, nicht dem eignen Trieb». Die Not aber, der es sich zu unterwerfen galt, diktiert wohl die Rettung ihrer kleinen Tochter, die geheime und zweideutige Triebhandlung aber, mittels derer sie diese gute, natürliche Handlung ausführt, muß ihr unweigerlich den Fluch des eigenen Sohnes zuziehen. Isabella scheut sich – gerade wie Elisabeth – in die innersten Winkel des eigenen Herzens («in den Falten ist Finsternis», wie es Johanna sagt) zu blicken. Bei beiden muß dies ein Maß an Selbsttäuschung im Gefolge haben und beiden ist gemäß, was Johanna verabscheut: das Dunkel, mit dem sie ihre Handlungen umhüllen.

> Bei solchen Taten doppelter Gestalt
> Gibt's keinen Schutz, als in der Dunkelheit
> (Elisabeth, *Maria Stuart*, II, 5)

> Verflucht der Schoß, der mich
> Getragen! – Und verflucht sei deine Heimlichkeit,
> Die all dies Gräßliche verschuldet! –
> (Don Cesar, *Braut von Messina*, IV, 5).

Aus tiefster Seele spricht Johanna, als sie dem schwarzen Ritter mit den Worten begegnet:

> Verhaßt in tiefster Seele bist du mir,
> Gleichwie die Nacht, die deine Farbe ist.

Hier, in diesem Treffen, ja in der Schwärze des Ritters selber, beide wohl als symbolhafte Darstellung der Verwirrung der Gefühle aufzufassen, denen Johanna zum Opfer zu fallen droht, erweist sich, was schon in den Anfangsworten dieser Szene anklang:

> Arglist'ger! Jetzt erkenn' ich deine Tücke!
> Du hast mich trüglich durch verstellte Flucht
> Vom Schlachtfeld weggelockt

und was in Johannas Monolog später als Echo widerhallt:

> Arglistig Herz! Du lügst dem ew'gen Licht,
> Dich trieb des Mitleids fromme Stimme nicht!

Burgund, der sie mit «Erstaunen und Rührung» erblickte, hatte gesagt: «Sie trügt nicht», und dieser Regung war sie in der Tat nie verfallen. Dem Dunois verwies sie den Versuch, sich die Rolle des Dauphins anzumaßen, und nun, wo es um weit mehr geht, ist sie erbarmungslos mit sich selber und weigert sich, sich mit schalem Selbstbetrug zu betäuben. Johannas Seelenstärke gleicht der der Maria, aber ihr Freimut sich selber gegenüber ist viel strenger. Jedoch steht weder ihr noch Maria die völlige Selbsterkenntnis frei, denn niemand auf dieser Erde kann die Grenzen überschreiten, die solchem menschlichem Begehr gesetzt sind. Am Ende ihrer Beichte hat Maria geglaubt sagen zu dürfen: «Ich fürchte keinen Rückfall», und doch hatte sie, als ihr Leicester auf dem Wege zum Richtplatz begegnet, mit fast vormaliger Bitternis gesagt:

> Ein zärtlich liebend Herz hast du verschmäht,
> Verraten, um ein stolzes zu gewinnen.
> Kniet zu den Füßen der Elisabeth!

Auf ähnliche Weise hatte Johanna Raimond erklärt: «Ich bin mir keiner Schwachheit mehr bewußt.» Doch nach ihrer Gefangennahme durch die Engländer und im Begriff Lionel zugeführt zu werden, fühlt sie die neugewonnene Kraft und den Seelenfrieden zerrinnen. Im Gefühl äußerster Verlassenheit hören wir sie sagen:

> Furchtbare Heil'ge! Deine Hand ist schwer!
> Hast du mich ganz aus deiner Huld verstoßen?

Allein durch persönliche Entschlußkraft gewinnt Johanna ihre Stärke wieder, und mit ihr «das Erhabene der Fassung».

Johanna ist es, die uns die Größe des Menschseins zeigt. In der sie bedrohenden Verwirrung von Stolz und menschlicher Neigung, begegnet sie als Gefangene dem Lionel zum zweiten Male und erweist in der Überwindung ihrer menschlichen Schwäche das Erhabene der Fassung. («Ein Erhabenes der Fassung ist jeder vom Schicksal unabhängige Charakter» – *Über das Pathetische*.) Auch Maria erreicht ein Maß an Selbstüberwindung; als sie in Mortimer jene Leidenschaft entdecken muß, die in früheren Jahren in ihr selber loderte, wählt sie, um der Gewalt zu entweichen, einen Weg, der sie bewußt dem Tode zuführt. In Elisabeth ist anderseits, da ihr Leben völlig durch Diplomatie und Staatsraison bedingt wird, das Erhabene bloß Schein. Im Drange des Affekts gebärdet sie sich, wie Burleigh es innerhalb dieses Lebensraumes zutreffend bezeichnet, mit «unköniglichen Worten». Daß Shrewsbury sowohl auf Maria wie auf Elisabeth wiederholt die Wendung «außer sich» anwendet, zeigt wie unsicher es um die erhabene Fassung bei beiden bestellt ist. Einmal, an bedeutungsvoller Stelle, begegnet uns dasselbe Wort in der *Jungfrau von Orleans*, und zwar in der bereits erwähnten Szene, wo Johanna sich weigert, die Fahne entgegenzunehmen. Als aber Agnes sagt: «O sie ist außer sich!» – drückt sie nicht, wie das in *Maria Stuart* der Fall ist, Abscheu vor dem begreiflichen, wenn auch verwerflichen Durchbruch menschlicher Affekte aus, sondern den allgemeinen Mangel an Verständnis für das, was in Johannas Seele vorgeht. An Johannas *Worten* im Dialog überhaupt ließe sich ihr Gemütszustand kaum verfolgen; denn der kritische Höhepunkt wird in dem bedeutungsvollen und auch gänzlich mißverstandenen *Schweigen* nach der Anklage des Vaters erreicht (IV, 11).

Im klassischen Sinne, d. h. dem des französischen Dramas handelt es sich bei Johanna um den Konflikt der Leidenschaften, der «passions noble et tendre », ein Konflikt, aus dem am Ende die Freiheit mit erhabener Handlung und herber Entsagung als Preis hervorgeht. In der *Braut* erreicht nur Don Cesar solche Erhabenheit der Handlung, und sie, die einmal errungene, wird nie widerrufen. Der Entschluß, sich selbst das Leben zu nehmen, die Ausführung dieses Entschlusses ist absolut im Sinne antikheldischer Tradition und der einzige ihm zugängige Weg zur Freiheit. Wie der Tod, nach dem sich Orest aus den Händen der Schwester sehnt, kann Don Cesars «freier» Tod, und nur dieser, die «Kette des Geschicks» zerbrechen und die Familie vom Fluch befreien. Nicht so Isabella. Sie glaubt dem Furchtbaren entgehen zu können. Dem schreckensvollen Traum des Gatten folgt des Mönches Deutung ihres eigenen Traums, und diesem schenkt sie Glauben, will sie Glauben schenken. Und die trotzende Verzweiflung mit der sie schließlich die tragische Identität beider Prophezeiungen erkennt, ist keineswegs erhaben. Ihre Antwort auf den Ruf des Geschicks ist impulsiv und verworren, und gleichermaßen ihre Deutung jener Mächte, die, anscheinand außerhalb der Reichweite des Lebens, das Leben des Einzelnen und der Gemeinschaft leiten.

Die Suche nach Sinn und Zweck des Lebens beherrscht diese Dramen, wie sie es auch im *Wallenstein* getan hatte. Genau wie dort spielen die Hauptpersonen ihre Rolle, indem sie Träger der Verantwortung und sich dessen bewußt sind. Die Verantwortung und die Frage an das Schicksal, die sich in ihrem Gefolge ergibt, wird in dreifacher Weise einer Prüfung unterzogen: auf politischem Gebiet, als Interpretation des Verwandtschaftsgefühls und als Sache des Glaubens. In jedem der drei Dramen scheinen politische Einheit und Zusammengehörigkeit eine Aufgabe der Diplomatie und Politik zu sein. In der *Maria Stuart* befaßt sich die diesbezügliche Fabel mit der Überwindung der Rivalin und Kronprätendentin, dem einzigen Mittel um endlich mit Verschwörung und den Anschlägen ausländischer Mächte aufzuräumen. In der *Jungfrau* ist Johanna mittels ihrer politischen Weitsicht die einzige, die den gordischen Knoten, die Nebenbuhlerschaft des Dauphins und des Herzogs von Burgund lösen kann. Aus der primitiven Völkerschaft einer Insel wird in der *Braut* nach langer, barbarischer, brüdermordender Fehde eine zivilisierte Gemeinschaft. Und in diesem Drama bietet sich uns das Ab- und Ebenbild unzähliger Unruhen im Staate. Von jeher sind sie in der Geschichte durch feindliche Brüder, wie z. B. Eteokles und Polyneikes, die Erbschaft oder Eroberung zur Regierung brachte, hervorgerufen worden.

Von *Don Carlos*, dem bürgerlichen Trauerspiel im königlichen Hause an gehören Verwandtschaftsbeziehungen widerspruchsvoller Art zum Stoff des geschichtlichen Dramas Schillerscher Prägung. Es ist dies nicht ohne Belang, wenn man behaupten will, daß gerade in der *Braut,* als drittem Teil der «Trilogie», wo solche Beziehungen die Handlung krisenhaft bestimmen, die Quintessenz der Geschichtskatastrophe dargestellt wird. Ein schnelles Crescendo führt von Elisabeths Verachtung des verstorbenen Vaters in *Maria Stuart* über Isabeaus unerbittlichen Haß gegen den wahnsinnigen Gatten und den eigenen Sohn in der *Jungfrau von Orleans* bis zur sonderbaren Mischung von Achtung und Abscheu vor dem toten Gemahl bei Isabella, von Groll und possessiver Liebe, von Furcht und Trotz unter den noch lebenden Mitgliedern der Familie. In der *Jungfrau* kommt es erst langsam zum Erwachen eines Gefühls für Familie und Zusammengehörigkeit. Johanna, die zu Beginn naiv und impulsiv sich für ihr Volk einsetzt, hat zur gleichen Zeit kaum Mitgefühl für dasselbe, und ihrer eigenen Familie gegenüber nur kaltes Nichtverstehen. Erst um die Zeit, zu der ihr Sinn nicht mehr unveränderlich auf ihr Vorhaben gerichtet ist, erwacht in ihrem Herzen ein warmes, persönliches Gefühl für Volk und Familie. Sie beginnt mitzufühlen, so daß des Vaters Weigerung, sich mit dem Schicksal der Herrscher zu befassen:

> Lassen wir die Großen,
> Der Erde Fürsten um die Erde losen;
> Wir können ruhig die Zerstörung schauen,
> Denn sturmfest steht der Boden, den wir bauen

gerade dann von Johannas Lippen widertönte –

> Kümmert *mich* das Los der Schlachten,
> Mich der Zwist der Könige?

als Thibaut sie zurechtweisen will. – Im Chor der *Braut* begegnen wir einer Wiederholung dieser «Stimme des Volks»:

> Nichts ist, das die Gewaltigen hemme.
> Doch nur der Augenblick hat sie geboren,
> Ihres Laufes furchtbare Spur
> Geht verrinnend im Sande verloren,
> Die Zerstörung verkündigt sie nur.

Weder in *Maria Stuart* noch in der *Braut* wird wie in der *Jungfrau von Orleans* die Verschmelzung von Gefühlswertung der eigenen Familie und religiöser Auseinandersetzung erzielt. In Maria Stuart erscheint das Paradoxon des religiösen Moments in seiner prägnantesten Form. Die gegensätzlichen Glaubensbekenntnisse der beiden Königinnen erlauben Elisabeth ihren Glauben an Gott zu bekennen und ein Recht auf unmittelbare Zwiesprache mit Gott zu beanspruchen. Doch in der Stille, die sie aufsucht, um Gottes Ruf zu vernehmen, hört sie nur Rat, der aus dem eigenen Herzen stammt. Im Gegensatz zu ihr hört Maria, die ja auf Grund ihrer Glaubenskonfession einen Mittler braucht um Absolution zu erlangen, stets und je auf die Stimme des eigenen Gewissens. Johanna steht im unmittelbaren Auftrag der Jungfrau Maria und weigert sich, ihr Leben durch den vermittelnden Rat kirchlicher Autorität lenken zu lassen. Sie steht abseits, muß abseits stehen, und daraus entsteht nicht nur unter ihren weltlichen Feinden, sondern auch bei der kirchlichen Autorität ein Zweifel an ihrer göttlichen Sendung, der in den Worten des Erzbischofs (V, 7) zum Ausdruck kommt:

> Wir haben uns mit höll'schen Zauberwaffen
> Verteidigt, oder eine Heilige verbannt.

Hiermit erwähnt er die beiden gegensätzlichen Deutungen, denen Johannas Unternehmen fast das ganze Stück hindurch unterliegt. Der Zuschauer seinerseits ist sich des Konflikts bewußt, denn ehe noch ein Wort darüber fällt, zeigt schon das Bühnenbild den Gegensatz: «Vorn zur Rechten ein Heiligenbild in einer Kapelle; zur Linken eine hohe Eiche.» Zu Beginn wie zu Ende der Handlung leugnet Johanna standhaft, daß sie Gauklerin oder Zauberin sei, und doch fällt an wichtiger Stelle unvermutet das Wort «Zauber» von ihren eigenen Lippen; sie gebraucht es in der Szene unmittelbar nach der Krönung, in der sie ihren Geschwistern *und* ihrem Gott am nächsten kommt. Über dem Bekenntnis «daß ich mich eitel über euch erhob» und ihrer Liebe zu dem heimatlichen Paradies Domrémy, spricht sie sehnsuchtsvoll von vergangenen Tagen und von jenem Orte, wo sie ruhte und träumte. Nicht daß sie die hohe, himmlische Erscheinung erwähnte, doch gedenkt sie all der gewichtigen Dinge, die seither sich ereigneten, als seien sie ein Traum. – Und hier scheint es mir, als ob die meisten Kommentatoren, im Banne jener herben Auffassung, die in Schiller den Philosophen oder den Rhetoriker, aber nie den Dichter zu hören vermeint, eine der beredtsten und rührendsten lyrischen Stellen in seinem ganzen dramatischen Schaffen überhört hätten. Mit der lyrischen Einfühlungsgabe, die wir bei Shakespeare gewohnt sind, lenkt er Ohr und Sinn, bis sie uns ein Wort in seiner vollen dramatischen Wirkung erkennen läßt, selbst wenn es ohne jegliche Emphase fällt. Gerade wie Shakespeare in sukzessiven Szenen des *Macbeth* das Wort «Schlaf» einflicht, so fällt bei Schiller in der eben genannten Szene das Wort «ein langer Traum», und Worte wie «Traum», «träumen», «geträumt» beherrschen hier den Dialog. So gleiten wir, uns rückerinnernd, unmerklich zu «Ich war entschlafen unterm Zauberbaum». – Nie zuvor gebrauchte Johanna dieses Wort, nie wieder hören wir es von ihr — wohl aber in seiner düstersten heidnischen Bedeutung («an verfluchter Stätte» v. 2990) von Thibaut. Dadurch wird hier eine Verschmelzung der Bedeutungen angeschlagen, die bewußt, und in ausdrücklichen Worten nie so überzeugend wirken könnten. Mit diesem Wort «Zauberbaum» bestätigt sich die Einheit des einfachen menschlichen Glaubens, innerhalb dessen die katholische Kirche auf den geheimnisvollen, uralten, heidnischen Lehren von Johannas Landsgenossen aufbaut, und unterstreicht so das neuerwachte Gefühl der Verwandtschaft, die sie mit ihnen empfindet. Der Zustand der Erschöpfung, in dem die historische Jeanne d'Arc ihrem Glauben abschwor, wird hier auf markanteste Weise durch eine Stimmung der Gelassenheit ersetzt, und, gerade in dem Moment, wo das Volk und alle diejenigen, für die sie sich eingesetzt hatte, sie zu verlassen im Begriff waren, findet sie ein Maß an Harmonie, wie dies ihr nie zuvor beschert gewesen war.

Wo aber der Glaube ein Ausdruck antiken Heldentums ist, fehlt Harmonie und Gelassenheit, und er muß bankrott und ohnmächtig erscheinen. Denn als Don Cesar den Entschluß zum «freien Tode» gefaßt hat, weiß er, daß sein Glaube an die Macht des Todes den Überlebenden nicht helfen kann, obwohl er überzeugt ist, daß sein Sterben selber die Familienangehörigen von dem Fluch, der auf dem Hause lastet, befreien wird; nur vermag er nicht, sich dies im Rahmen seines eigenen Glaubens zusammenzureimen:

> Den alten Fluch des Hauses lös' ich sterbend auf,
> Der freie Tod nur bricht die Kette des Geschicks.
> ...
> Zuerst den Todesgöttern zahl' ich meine Schuld,
> Ein andrer Gott mag sorgen für die Lebenden.

Aber in der *Braut* haben wir es mit den Traditionen von drei verschiedenen Glaubensformen zu tun, denen der Antike, des Christentums und des arabisch-«maurischen Aberglaubens». Alle diese Überlieferungen, diese kontrastierenden Themen und der ständige Wechsel ihrer Sprache gehören unumstößlich zum Gang des tragischen Geschehens. Der Fürst, wie es seiner Natur entspricht, sucht für seinen Traum die Auslegung des «schwarzen Magiers», während Isabella für den ihren die tröstliche Hilfe eines «gottgeliebten Mannes» in Anspruch nimmt. Sie sehnt sich nach einem Wink von oben, aber es ist nicht, wie sie glaubt, sein Rat, sondern ihr eigener Entschluß, mittels dessen sie die schaurige Erfüllung der Prophezeiung aus der Welt zu schaffen hofft. Selbsttäuschung ist die Achse ihres Unglücks, und das *primum mobile* ihres Handelns. Uns klingt es wie die schrecklichste Ironie, wenn sie voller Verzweiflung schwört, daß Orakel und Götter Recht hatten, und sie doch von sich sagen kann: «Alles dies erleid' ich schuldlos.» (v. 2509.) In der *Braut* wird alles, was jenseits menschlicher, rationeller Deutung liegt, als Schicksal und Notwendigkeit hingestellt, und die handelnden Personen halten in ihrer Verwirrung ihre eigenen Impulse meist für die Notwendigkeit, der ihre Leben unterstellt sind.

Von allen Gestalten dieser drei Tragödien beherzigt nur Johanna Schillers energische Mahnung (in *Über naive und sentimentalische Dichtung*): «Fürchte dich nicht vor der Verwirrung außer dir, aber vor der Verwirrung in dir.» Ihr als einziger wird Harmonie zugestanden. Wie Schiller von ihr in seinem Gedicht *Das Mädchen von Orleans* schrieb – «Dich schuf das Herz» – so wird auch die ganze Tragödie der *Jungfrau* von dem Wort «Herz» beherrscht. Das Herz vermittelt der Menschheit Verständnis und Versöhnung, und mit dem Herzen schlägt sie die Brücke und gelangt zu denjenigen Mächten, die ihr Schicksal lenken. Johannas naive Einfalt weicht der innerlichen Dissonanz von Hybris und menschlicher Liebe. Im Augenblick der geistigen Niederlage glaubt sie ihrem Herz nicht trauen zu dürfen, und doch läßt sie diese Schickung einen klaren Einblick in sich selber gewinnen. Sie weiß, daß sie Dorf und Vater mit eitlem Mut verließ, und wie die sentimentalische Figur des Schillerschen Essays sehnt sie sich «mit schmerzlichem Verlangen» nach der Glückseligkeit, die sie verlor. Dem Idyllischen ihres Daseins folgt das sanft Elegische, um sie nach erreichter Erhabenheit der Fassung mit jener naiven Inspiration, die ihrem Gedächtnis nie entschwand, dem Rufe des Ideals folgen zu lassen. Wie Tell schreitet Johanna vom Naiven zum Reflektiven, wie ihn quält sie der Zweifel an der Echtheit der eigenen Beweggründe, wie er, ist sie sich neuer Impulse bewußt, die nun mit ihrer Pflicht in Einklang gebracht werden müssen.

Wie im *Tell* fügt sich in der Jungfrau vor unseren Augen das Gewebe des menschlichen Lebens auf dem Hintergrunde der Natur, der schönen und der erhabenen, zusammen. Dieses allmähliche Entwirren des Prozesses ist eine der Facetten; die Erlösung Johannas aber wird nur durch die immergegenwärtige Macht des Herzens ermöglicht. Denn das Herz forscht ständig und unbeirrt nach Wahrheit, trotz Gezänk oder Glaubensstreitigkeiten, trotz Verwirrung natürlicher Gefühle, und selbst der Vernunft zum Trotz. In jedem der drei Dramen begegnet uns das Sehnen nach Natur. Maria sieht Kahn und See und in ihnen den Weg zur Freiheit, die sie zu versprechen scheinen; Elisabeth möchte so gerne zurück nach jenem ländlichen Woodstock, wo sie Hoheit in sich selber fand; Johanna träumt von Domrémy wie von einem verlorenen Paradiese; und der Ruf der Isabella: «Auf den Bergen ist Freiheit» (v. 2586) scheint prophetisch auf eine Verwirklichung im Tell hinzuweisen. Daß Isabella aber auch sagen kann: «Nicht Sinn ist in dem Buche der Natur» (v. 2393) unterstreicht den Kontrast zwischen ihr und Johanna. Als Kind der Natur kann diese erkennen, was jenseits menschlicher Reichweite und dem «Natürlichen der Dinge» liegt. Isabella, der diese Erkenntnis verschlossen ist, stellt sich uns daher von den feindlichen Impulsen der Natur beseelt dar. Ihre Augen bleiben am Bild der Zerstörung haften, und die Flamme, die im Traum des Gatten lodert, wie jene, welche die Hütte des Anachoreten verzehrt, wird zum Symbol.

In all den Schattierungen seiner Bedeutung beherrscht das «Herz» die Tragödie der *Jungfrau*. Ebenso hält in der *Braut von Messina* die «Natur» mit ihren verwirrend facettierenden Nüancen unsere Aufmerksamkeit gefangen. Wenn wir aus Schillers Brief an Körner (5. I. 1801) wissen, daß ihm das Thema der *Jungfrau* «aus dem Herzen fließt», so fällt es nicht schwer, einzusehen, wie sehr er sich in der *Braut* mit der Idee «Natur» befaßt. Man denke nur an den folgenden Satz aus der Auseinandersetzung *Über den Gebrauch des Chors:* «Die Natur selbst ist nur eine Idee des Geistes, die nie in die Sinne fällt.» Das Hin und Wider der Auslegung dieses Gedankens ist genau so sehr Teil der tragischen Katastrophe in der *Braut* wie der Triumph des Herzens in der *Jungfrau* der Wegweiser zu Johannas Erlösung und Apotheose. Von des Chors «Aber die Natur ist ewig gerecht» (*Braut,* v. 230) und Isabellas optimistischem «Nur die Natur ist redlich» (v. 361) führt der andere Weg, der Weg der Verzweiflung, zum leeren, hoffnungslosen Zugeständnis: «Nicht Sinn ist in dem Buche der Natur» (v. 2393). Mittels der Natur verließ sich Isabella auf den natürlichen Zusammenhang der Dinge, welche menschliche Laune wieder auf das rechte Maß zurückführen sollte. Sie verkannte, mit welch zerstörender Gewalt die natürlichen Impulse in ihrem Leben und in dem ihrer Familie wirkten. Es ist ihr Wunsch und Wille, daß die Natur, die Don Cesar und Don Manuel zu Brüdern machte, sie auch einander freundschaftlich in die Arme führen möge. Ihr Wille ist es nicht, daß die Natur ihr Herz mit Gewissensbissen heimsucht, was zur entfremdenden Entfernung der Tochter und dadurch zu unbewußt blutschänderischem Verlangen in den Herzen der Söhne führt. Nicht sie will es, noch ahnt sie, daß die einzige Sünde, die Beatrice begeht, die des Ungehorsams, aus dem geheimnisvollen Sehnen nach Verwandtschaft entspringt. So muß es ihr am Ende scheinen, als ob eine blinde Macht triumphiere, und ihre Willenskraft durch die Unausbleiblichkeit des Leidens lähme und zermalme: dies ist «das einzig Schreckliche». Des Menschen Vorrecht ist sein freier Wille; er kann als Teil der Natur «der Gewalt Gewalt entgegensetzen» – wie es Maria in ihrem Kampf mit Elisabeth als ihr Recht beansprucht –, oder er kann wahres Menschentum erreichen und von seinem idealen Vorrecht Gebrauch machen, indem er «aus der Natur heraustritt und so in Rücksicht auf sich den Begriff der Gewalt vernichtet» (*Über das Erhabene*). Maria tut dies, als sie sich in das Schloß zurückbegibt; gleichfalls Don Cesar, mit dem Entschluß sich freiwillig zu töten, und Johanna mit ihrer Absage an natürliche Gefühle und als williges Opfer für die Freiheit ihres Volkes; denn der Mensch negiert seine Freiheit «wenn er auch nur in einem einzigen Punkte gebunden ist».

So erscheinen die drei Dramen als Facetten des uns aus der Geschichte wohlbekannten Kampfes gegen äußere Umstände, noch mehr aber als Ringen des Menschen mit der «wirklichen Natur» in sich selber, um zur Erkenntnis «wahrer» Natur zu gelangen. In *Maria Stuart* steht uns der Kontrast zwischen Marias Sühne und Elisabeths tristem Kompromiß, in der *Braut* Don Cesars geistige Befreiung und die Niederlage Isabellas vor Augen. Nur in der *Jungfrau* endet die Handlung im Triumph, einem Triumph, der die Erweiterung des Themas jenseits geschichtlicher Begrenzungen und jenseits der Lebensspanne der Jeanne d'Arc voraussetzt. Nur so kann die spätere Lossprechung mit all der überzeugenden Symbolik einer poetischen Illusion im letzten Auftritt uns vor Augen gerufen werden.

Seit seiner Arbeit an *Maria Stuart* hatte sich Schiller potenziert auf jenes Schachspiel mit geschichtlichen Fakten eingelassen, mit dem er schon versuchsweise, obwohl mit nur mäßigem Erfolg in *Fiesco* und *Don Carlos* zu Werke gegangen war. In der *Jungfrau* versucht er nun bewußt, und als ein kundiger Historiker den geschichtlichen Stoff als solchen zu «überwinden», doch erst in der *Braut* ist die «Überwindung» des Stoffes als gelungen zu betrachten. Hier haben wir es mit einer Tragödie zu tun, die, ohne jegliche Spur einer nachweisbar geschichtlichen Quelle doch, im Schillerschen Sinne, ein Abglanz menschlicher Geschichte ist. Vom Beginn der «Trilogie» an sind die Hinweise auf spezifische Zeiträume und Glaubenssätze nicht etwa als in sich selbst genügend anzusehen, sondern als Abbilder des Menschen in seinen widerstreitenden Reaktionen auf Zeit und Raum. Schon auf diese Weise rechtfertigt Schiller den abrupten Gebrauch von Wendungen, die, streng geschichtlich gesprochen, unzugehörig sind, so z. B. «Frisch blutend steigt die längst vergebne Schuld aus ihrem leicht bedeckten Grab empor» (*Maria*

Stuart, v. 286-287), oder die Verquickung der einfältigen Frömmigkeit, mit der Johanna ihre Begegnung mit der Jungfrau Maria schildert und der abgemessen herb-homerischen Sprache, die sie an Montgomery richtet; und die völlig «unhistorische» Verbrüderung verschiedener Kultur- und Glaubensformen in der *Braut,* gegen die sich Florian Prader (*Schiller und Sophokles* [Zürich 1954]) ebenso kenntnisreich wie beredt wehrt.

Innerhalb der drei Dramen hat Schiller so mit absichtlichen Verallgemeinerungen und mit kunstvoller, progressiv symbolisierender Tendenz das Wesentliche der Geschichte geboten, und Distanzierung, Verfremdung, ja die von ihm verlangte «optische Täuschung» erreicht. Was jenseits des Natürlichen der Dinge liegt, scheint, Schillers Ansicht nach, in allen denen zu ruhen, die, bewußt oder unbewußt, die Schicksale der Menschheit in ihrer Macht haben. Am deutlichsten und am widersprüchlichsten aber erweist es sich in einer Reihe weiblicher Gestalten, die doch im Idealfalle die Natur selber verkörpern könnten.

Die Welt als historischer Gegenstand, ist im Grunde nichts anderes als der Konflikt der Naturkräfte untereinander selbst und mit der Freiheit des Menschen, und den Erfolg dieses Kampfes berichtet uns die Geschichte. (*Über das Erhabene*)

ANMERKUNG

(1) Diese Ausführungen sind teilweise das Ergebnis längerer Zusammenarbeit an einer geplanten Ausgabe von Schillers *Jungfrau von Orleans* mit meiner Kollegin Dr. Eva Engel, die dann die Übertragung der englischen Fassung unternommen hat. Dank ihrer Einsicht ist also, und von neuem unter gemeinsamer Besprechung, aus der Übertragung der vorliegende Beitrag entstanden.

ELEMENT INTO ORNAMENT:
THE ALCHEMY OF ART

A reading of *Die Braut von Messina*

ILSE APPELBAUM-GRAHAM

If, a few years ago, I had been asked what associations the thought of Schiller's last tragedy evoked in my mind, I should at once have mentioned its frankly rhetorical character; under which term I would have comprehended both the majestic stance of the final choruses and, at the other extreme, those stiff and slightly ludicrous declarations that exude from the lips of the dramatis personae like the explanatory tapes fluttering from the figures in mediaeval paintings, such as when Don Caesar says «Verachtung nicht erträgt mein edles Herz.» Above all, however, I would have mentioned the solemn symmetries in which the opposing forces of this drama are contrapuntally composed: two choruses, two brothers, two heroines, two dreams, two oracles, two alternating backdrops—a two-foldness which every time betokens conflict and its appeasement in the realm of form and figure. In short, what would have sprung to mind is the immensely formalised character of this «tragedy in the Greek manner»: the generalising reflections of the chorus, the typifying treatment of character and motive, the power of the poetic form—all those anti-naturalistic tendencies in fact which have found their theoretical justification in the famous preface.

I doubt whether I would have recalled with equal vividness the unruliness of the subject matter. For unruly it is in the extreme, this fable of incestuous passion perpetuated through generations and persisting beyond recognition, until it is appeased by death; as preposterous as perhaps only one other work of art in the German tongue: Thomas Mann's *Der Erwählte*. None other is so sombre and, withal, serene, none other so chaotic and so contrived, none so precariously close to our deepest taboos and yet so self confidently and sublimely composed. It is the combination that matters and asks to be examined. How did Schiller handle such uproarious materials?

The tragedy is set in Sicily, scene of ancient edifices and senseless devastation, sea-girded and fire-spitting. A place of dynamic tensions, it seems to be compounded of these two elements, each life and death bringing, opposed to each other and together pitted against the structures of man's making. The characters that people this scene, too, are compounded of the same stuff. Images of the sea are used to characterise the people of Messina—open, labile, easily accessible, bearing the shortlived imprint of every impression and, for all the evanescence of the individual, lasting.

Imagery of water and fire is used more threateningly to build up the principal figures of the tragedy, those of the ruling family of Messina, and the relations between them. Time and again, the hatred of the brothers, their love of Beatrice, the intrepid and passionate way of responding that characterises them all, is articulated in terms of the associated imagery of dynamic elemental forces, of fire and of water. References abound to «Lebens Glut», «Feurige Kraft», «Kochendes Blut», «Liebesglut», «Zwistes Flammen», «Hasses Flammen», etc. At first these seem to be rhetorical figures of speech, remnants from the poetic language of the Baroque which have no more than a conventional significance. Undoubtedly they are rhetoric forms. But if language itself here has prefigured the connection between human passions and natural elements, it is because that connection is basic and universally experienced; besides, the poet has given expression to it in a more personal idiom. Embedded in this context, even the petrified rhetorical elements are restored to fluid life and meaning. The metaphors and similes taken from the sphere of elements are legion, and to recount them in full is impossible. A few selected instances must suffice to give an indication of their force and direction.

Immediately after their father's death, Isabella tells us, the brothers' hatred came out into the open. This is the simile she uses:

> Als er die Augen
> Im Tode schloß, ... bricht der alte Groll,
> Gleichwie des Feuers eingepreßte Glut,
> Zur offnen Flamme sich entzündend los.
> (I, 1.)

This opening simile is straightaway linked with the associated imagery of water. For in the preceding lines Isabella has said of their father's repression of his sons' hatred,

> Der Starke achtet es
> Gering, die leise Quelle zu verstopfen,
> Weil er dem Strome mächtig wehren kann. (ibid.)

Again, imagery of fire and water persists and fuses in the image of the sulphur stream, in which Isabella describes her sons' hatred:

> Wer möchte noch das alte Bette finden
> Des Schwefelstroms, der glühend sich ergoß?
> Des unterird'schen Feuers schreckliche
> Geburt ist alles, eine Lavarinde
> Liegt aufgeschichtet über dem Gesunden ...
> (I, 4.)

The chorus takes up the same image, as it muses over the events it has just witnessed—the quick reconciliation of the brothers and the story of Don Manuel's intrepid passion:

> Auf der Lava, die der Berg geschieden,
> Möcht' ich nimmer meine Hütte bauen.
> (I, 8.)

Isabella associates herself with the volcanic image pattern when she says of her secret passionate hopes:

> Nichts Kleines war es, solche Heimlichkeit
> Verhüllt zu tragen diese langen Jahre,
> ... und ins Herz zurückzudrängen
> Den Trieb des Bluts, der mächtig, wie des Feuers
> Verschloßner Gott, aus seinen Banden strebte!
> (IV, 1.)

The pattern is supported by imagery of water which is variously linked with imagery of fire in the composite image of a flood or stream of fire; not only in the instances already quoted, but, most importantly, in the twice repeated account of the dream which culminates in the image of a «Feuerflut» devouring the ancestral house. Thus, too, Isabella says about her sons:

> Vom Berge stürzt der ungeheure Strom,
> Wühlt sich sein Bette selbst und bricht sich Bahn,
> Nicht des gemeßnen Pfades achtet er,
> Den ihm die Klugheit vorbedächtig baut.
> (II, 5.)

As the peripetia approaches and their passions begin to outrun all caution, her metaphor echoes what the chorus had anticipated:

> Jene gewaltigen Wetterbäche,
> Aus des Hagels unendlichen Schlossen,
> Aus den Wolkenbrüchen zusammen geflossen,
> Kommen finster gerauscht und geschossen,
> Reißen die Brücken und reißen die Dämme

> Donnernd mit fort im Wogengeschwemme,
> Nichts ist, das die gewaltigen hemme ...
> (I, 3.)

Two things emerge form these examples. Firstly, the figures of this drama are built up of the very verbal materials that are used to characterise this wild and profuse nature. The Aetna is more than a scenic property. It is a symbol. Volcanic forces rage within these characters. The homogeneous verbal fabric links indissolubly the natural and the human spheres, showing both to be permeated by the all-pervading element. Secondly, there is an unmistakeable movement in these images. Held in check and controlled at first, the elements rise to the surface and break out in the images that occur toward the end of the tragedy. And it is part of this movement that what is true on the metaphorical level at the beginning finally becomes true on the level of outward reality—a progressive poetic intensification of symbolism into realism which we commonly associate with Kleist. The eruption of pent-up elements is symbolically enunciated in the choruses following Don Caesar's impetuous murder of his brother:

> In schwarzen Güssen
> Stürzet hervor, ihr Bäche des Bluts.
> ...
> Stürzet ein, ihr Wände!
> Versink, o Schwelle,
> ...
> Schwarze Dämpfe, entsteiget, entsteiget
> Qualmend dem Abgrund! ...
> Schützende Götter des Hauses, entweichet ...
> (IV, 4.)

It becomes real—with a realism which is at the other side of symbolism—in the conflagration that destroys the sage's hut; an action which in its turn confirms the truth of the father's dream and prepares for the elemental catastrophe about to be revealed. Thus the imagery of flood and fire may be said to articulate poetically the elemental forces or passional drives within the characters, repressed at first and then released uncontrollably and catastrophically.

Contrapuntally pitted against these forces of the unconscious are the controlling powers of reason, symbolised in the imagery of structures. In most of the instances which I have quoted, such images of man-made structures are in fact juxtaposed to elemental imagery—to wit, bridges, dams, sluices, paths, and edifices of every kind which fail to check the torrential rush of the elements; the walls and thresholds of the house tumble down as vapours and streams of sulphur gush forth from the earth; the men of the chorus would not build their huts on the lava of hatred.—Don Manuel and Isabella, the protagonists who are most steadily associated with images of repressed elemental forces, are also most steadily associated with images of permanence, of control. Isabella gives us the first intimation of her secret hopes, saying:

> Noch heute soll dies Herz befriedigt sein,
> Und dieses Haus, das lang verödet war,
> Versammle alles, was mir teuer ist.   (I, 2.)

In her hour of triumph she exclaims:

> Gegründet
> Auf festen Säulen seh ich mein Geschlecht,
> Und in der Zeiten Unermeßlichkeit
> Kann ich hinabsehn mit zufriednem Geist.
> (II, 5.)

And, in her dream, reconciliation and fulfillment present themselves under the double image of fire and a new edifice that will withstand the onslaught of the elements:

> Und wie der Eulen nachtgewohnte Brut
> Von der zerstörten Brandstatt, wo sie lang
> Mit altverjährtem Eigentum genistet,
> Auffliegt in düsterm Schwarm, den Tag verdunkelnd,
> Wenn sich die lang vertriebenen Bewohner
> Heimkehrend nahen mit der Freude Schall,
> Den neuen Bau lebendig zu beginnen ...
> (II, 5.)

Don Manuel, too, is preoccupied with the «house» into which he will introduce his bride, and images of it permeate his speeches. Indeed, his very first mention of Beatrice is coupled with this association:

> Ich sehe diese Hallen, diese Säle
> und denke mir das freudige Erschrecken
> Der überraschten, hocherstaunten Braut,
> Wenn ich als Fürstin sie und Herrscherin
> Durch dieses Hauses Pforten führen werde.
> (I, 7.)

And again:

> Als eine Fürstin, fürstlich will ich sie
> Einführen in die Hofburg meiner Väter.
> (I, 8.)

To perceive the full significance of such literal sounding references, we must read them in conjunction with passages which have a clear metaphorical meaning. The enmity between elements and edifices comes out in juxtapositions such as that of the early choruses:

> Bauen wir auf der tanzenden *Welle*
> Uns ein lustig schwimmendes *Schloß?*   (I, 8.)

A rhetorical question which is presently answered in the negative by the recognition that the wet element permits of no permanence

> Auf den Wellen ist alles Welle,
> Auf dem Meer ist kein Eigentum,   (ibid.)

and, more categorically still, by the reflection that impermanence reigns even on terra firma, the stablest of the elements.

> Auch auf der Erde, so fest sie ruht
> Auf den ewigen, alten Säulen,
> Wanket das Glück und will nicht weilen.
> (I, 8.)

«Wanken», «Schwanken»—these are words perpetually used of the fluidity of wave and water, and their appearance here betokens the realisation that there is no permanence to be found anywhere in the sphere of the elements. This dichotomy between element and edifice finally becomes apparent on the level of an action that has itself become pregnant with symbolic meaning, in the conflagration of the seer's hut. On the level of poetic metaphor it becomes explicit in images such as:

> Des Jammers Fluten, die auf dieses Haus gestürmt
> (IV, 9.)

or in Isabella's moving words:

> – Komm, meine Tochter! Hier ist unseres Bleibens
> Nicht mehr – den Rachegeistern überlaß ich
> Dies Haus – Ein Frevel führte mich herein,
> Ein Frevel treibt mich aus – Mit Widerwillen
> Hab ichs betreten und mit Furcht bewohnt,
> Und in Verzweiflung räum ichs ...
> (IV, 5.)

This enmity and the ultimate victory of the elements over the permanence of all structures except one—the grave—was already foreshadowed in the dream of the father:

> Er säh, aus seinem hochzeitlichen Bette
> Zwei Lorbeerbäume wachsen, ...
>   – zwischen beiden
> Wuchs eine Lilie empor – Sie ward
> Zur Flamme, die, der Bäume dicht Gezweig
> Und das Gebälk ergreifend, prasselnd aufschlug
> Und um sich wütend, schnell, das ganze Haus
> In ungeheurer Feuerflut verschlang.
>   (II, 5 and cf. IV, 4.)

The lily which turns into a flame engulfing everything around it in a flood of fire is, of course, Beatrice. Beatrice is the focus of the associated imagery of fire and water. If the other figures are part element, part permanent, and if what strives for permanence in them holds in check what is elemental, Beatrice is wholly a creature of the elements. On the unconscious level, she *is* the flood of fire of the father's dream. Even to the interpreting consciousness she remains the force which would reconcile the brother's hatred «mit *heißer* Liebes*glut*» (II, 5 and IV, 4). Her abode is on the slopes of the volcano, and from there, from the safety of her cell, she actively breaks out twice, to engulf the members of her family in destruction. The true significance of these eruptions is pointed up by the seer's symbolic action in answer to the question where she is. His burning down of his hut, itself near the top of Aetna, is the confirmation of the father's dream. There is no controlling of a sheer elemental force; the more it is controlled, the more it will expand. Her eruptions are as irrepressible as the eruptions of the fiery element itself; and the poetic symbol is the closest the poet could devise short of letting the volcano itself erupt.[1]

Equally close is Beatrice's association with the fluid element. Before her birth, even, she was destined to be cast into the ocean (II, 5). She belongs to the element. She lives by the shores of the sea and images evoking the sea pervade her speeches as indeed they pervade the choruses which flank her first appearance. More importantly still, her expositional speeches themselves (II, 1) with their irregular fluid structure, their constant shift of mood and metre, each following upon the other with a fleeting finality, most insistently suggest by purely formal means that she is of the sea and partakes of the labile fluidity of this element. As wave follows upon wave, so impression follows upon impression, and each terminates without a trace in the one that succeeds it. And if the very structure of her speech reflects the structure of the element, it is by the apparent finality of each moment as well as by its evanescence. Her impressionableness is infinite. Like the crest of the wave, the contour of her every mood is sharp and, for a short moment, final; then it dissolves. But as the wave has no separate existence from the surrounding waters:

> Auf den Wellen ist alles Welle,
> Auf dem Meer ist kein Eigentum. (I, 8.)

so Beatrice. There is no context of consciousness that encompasses the single mood and makes it hers. On the contrary, she is the mood. So, far from her having it, it has her. She is nothing but a pure succession of states. This lack of encompassing consciousness is reflected in the vocabulary she uses. Indeed, it is imprinted on the very syntax and grammar of her speeches. The sentences in which she refers to herself predominantly show the same pattern. She appears, not as the grammatical subject, but the object of the sentence and she uses verbs in the passive or reflexive voice. And the imagery she uses: she is the leaf torn from the tree, the prey of the waves, the victim of destructive forces! She is constantly affected, seized, compelled, the passive recipient of passionate stimuli, except when she breaks forth in order to—lose herself. Only when she recounts her fatal escapades does she momentarily become the grammatical subject and chooses the active voice and verbs that connote activity and choice!

Indeed, we might say that Beatrice is the dramatic embodiment of that philosophical abstraction which Schiller, in the *Ästhetische Briefe,* calls «der reine Zustand». In the twelfth letter we read:

> Indem man auf einem Instrument einen Ton greift, ist unter allen Tönen, die es möglicherweise angeben kann, nur dieser einzige wirklich; indem der Mensch das Gegenwärtige empfindet, ist die ganze unendliche Möglichkeit seiner Bestimmungen auf diese einzige Art des Daseins beschränkt. Wo also dieser Trieb ausschließend wirkt, da ist notwendig die höchste Begrenzung vorhanden; der Mensch ist in diesem Zustande nichts als eine Größeneinheit, ein erfüllter Moment der Zeit – oder vielmehr *er* ist nicht, denn seine Persönlichkeit ist solange aufgehoben, als ihn die Empfindung beherrscht und die Zeit mit sich fortreißt.

Beatrice is this instrument which is played upon by the world. She is «der sinnliche Trieb», receptivity personified. And the passage from the *Ästhetische Briefe,* which describes this character with such extraordinary exactitude, makes us ask even at this point: how can such a being, the central figure of Schiller's drama, be made aesthetically tractable, seeing that tragedy in any case suffers form an excess of immediacy?

The final, and perhaps most telling, token of Beatrice's lack of personhood, however, is her lack of identity, her namelessness and total ignorance about herself and her origin:

> Nicht kenn ich sie und will sie nimmer kennen,
> Die sich die Stifter meiner Tage nennen, ...
> Ein ewig Rätsel bleiben will ich mir ...
> (II, 1.)

This anonymity is confirmed—and accepted—by both brothers. She is a mystery, «ein Geheimnis»:

> Nicht forschen will ich, wer du bist – Ich will
> Nur *dich* von *dir,* nichts frag ich nach dem andern.
> (II, 2.)

for «ein Verborgenes ist sich das Schöne». (ibid.) Thus Don Caesar, and he is echoed by Don Manuel who confesses her anonymity, saying:

> Sich selber ein Geheimnis wuchs sie auf.
> (I, 7.)

But most interesting in throwing light on the nature of her anonymity is Don Caesar's reply to Isabella's question who his bride is:

> Fragt man,
> Woher der Sonne Himmelsfeuer flamme?
> (II, 5.)

He asks in reply, and then

> Am reinen Glanz will ich die Perle kennen,
> Doch ihren Namen kann ich dir nicht nennen.
> (II, 5.)

Beatrice is nameless and anonymous because she is of the elements. And the image of the pearl recalls the chorus that follows her first appearance. Here, too, she is likened to a pearl:

> Von den Perlen, welche der tauchende Fischer
> Auffängt, wählt er die reinsten für sich ...
> (II, 4.)

a glistening gift of the elements retrieved from the bottom of the deep sea, and here, in varied images of pirates and power and robbery, the lure and the danger of a beauty that is born of the elements is brought home.

They all seek out this elemental being: the mother and both her sons. They seek her out because in the effort of conquest and of controlling what they have conquered, they have denied their deepest elemental life, and they now perceive that their existence is incomplete and ugly. Beatrice represents what they lack. Indeed, she not merely represents it. The homogeneous fabric of the words tells us that her being is part of the being of Isabella, of Don Manuel and Don Caesar: she embodies their deepest elemental drives. As Don Caesar has it:

> Es war ihr tiefstes und geheimstes Leben,
> Was mich ergriff mit heiliger Gewalt;
> ...
> Fremd war sie mir und innig doch vertraut ...
> (II, 5.)

By owning her, they seek to retrieve what they lack in themselves, and, therewith, wholeness of being. This is the deeper significance of that hope of reconciliation that plays such an important rôle in their fantasies. It is, essentially, an inner regeneration these characters are seeking through Beatrice, an ultimate wholeness of what is partial and divided. This innerpsychological significance becomes quite evident from Don Manuel's apostrophe to the power of love:

> Allmächt'ge Liebe! Göttliche! ...
> ...
> Dir unterwirft sich jedes Element,
> Du kannst das feindlich Streitende vermählen,
> ...
> Und auch des Bruders wilden Sinn hast du
> Besiegt, der unbezwungen stets geblieben.
> (II, 5.)

This belief in the regenerative power of love is voiced on all sides, and its religious quality is only too apparent. Don Caesar invokes an ancient myth when he says, as the messenger approaches with the news of Beatrice's discovery:

> Du siehst die Liebe aus des Hasses Flammen
> Wie einen neu verjüngten Phönix steigen.
> (I, 6.)

Similarly, the dream which impels Isabella to save her unborn daughter draws its force from the soil of myth and legend:

> Ein Kind, wie Liebesgötter schön,
> Sah ich im Grase spielen, und ein Löwe
> Kam aus dem Wald, der in dem blutgen Rachen
> Die frisch gejagte Beute trug, und ließ
> Sie schmeichelnd in den Schoß des Kindes fallen.
> Und aus den Lüften schwang ein Adler sich
> Herab, ein zitternd Reh in seinen Fängen,
> Und legt es schmeichelnd in den Schoß des Kindes,
> Und beide, Löw und Adler, legen fromm
> Gepaart sich zu des Kindes Füßen nieder.
> (II, 5.)

Don Manuel resorts to the imagery of religious experience to express the significance of Beatrice's love:

> Und wie der Pilger sich nach Osten wendet,
> Wo ihm die Sonne der Verheißung glänzt,
> So kehrte sich mein Hoffen und mein Sehnen
> Dem einen hellen Himmelspunkte zu.
> (I, 7.)

Don Caesar, similarly, describes her coming as «eines Engels Lichterscheinung» (II, 2). And he assures his mother that, in falling in love with Beatrice at his father's funeral rites, his mind was deeply in tune with the solemnity of the occasion. For he finds love at the most solemn moment when

> ... auf den Seraphsflügeln des Gesangs
> Schwang die befreite Seele sich nach oben,
> Den Himmel suchend und den Schoß der Gnade.
> (II, 5.)

The operative word here is «Gnade». Don Caesar, Isabella, and Don Manuel all look to Beatrice for an ultimate grace that has eluded their lives of conquest and repression. Beatrice's beauty is but the reflection of an inner beauty they seek: the beauty of the Phoenix, the beauty of the child that, playing, appeases the strife of elemental forces—the beauty of inner harmony and fulfillment which adds lustre to greatness and transcends it. Their dream is the dream of every Schillerian hero, of a higher, aesthetic humanity, of totality. Beatrice is the tool and the token of such totality, such beauty. To possess her means to be the «*beglückte* Besitzer der Macht», as the chorus has it, and the images in which that possession is described leave no doubt of its aesthetic nature. The "beglückte Besitzer der Macht" possesses «die Blume, die Perle, die Blume der Frauen, die das Entzücken ist aller Augen, die schönste Gestalt» (II, 4). And it is the aesthetic, humanising nature of love that is expressed in the epithet «*schöne* Liebe» which occurs so often in this tragedy.[2]

Thus each character dreams of retrieving through Beatrice the same long repressed elemental stratum of his psyche, and with it, wholeness; and each dreams of incorporating this elemental force, safely and permanently, into the stable structure of his personality.

Isabella's joy at the overwhelming fulfillment of her hopes finds expression in an image that is saturated with a sense of stability and permanence:

> Gegründet
> Auf festen Säulen seh ich mein Geschlecht,
> Und in der Zeiten Unermeßlichkeit
> Kann ich hinabsehn mit zufriednem Geist.
> (II, 5.)

Manuel announces his love in similar images:

> Es zieht die Freude ein durch alle Pforten,
> Es füllt sich der verödete Palast
> Und wird der Sitz der blühnden Anmut werden.
> (ibid.)

And again:

> Ich sehe diese Hallen, diese Säle
> Und denke mir das freudige Erschrecken
> Der überraschten, hocherstaunten Braut,
> Wenn ich als Fürstin sie und Herrscherin
> Durch dieses Hauses Pforten führen werde.
> (I, 7.)

Don Caesar, a more elemental character than Isabella and Manuel, and closer to Beatrice, has a finer intuition than they of the elemental power embodied in her. He reads her reticence at his courtship as an awareness of that power:

> Denn ein Verborgenes ist sich das Schöne,
> Und es erschrickt vor seiner eignen Macht.
> (II, 2.)

For himself, however, he lacks no confidence that he can find this mysterious force a place in his life:

> Belehret sie von ihres Standes Größe,

he instructs his men, continuing:

> Bald kehr ich selbst zurück, sie heimzuführen,
> Wies *meiner* würdig ist und ihr gebührt.[3] (ibid.)

There is hybris in this confidence of the rulers that they will be able to domesticate the elemental force they are letting into their lives. It is an uneasy confidence bred of haughtiness, suspicion and fear. How aware both brothers are of their superior position vis-à-vis their nameless bride! Notwithstanding the fact that she is beauty incarnate and they need her to clothe their naked power with the mantle of humanity. This ambivalence comes out very strikingly in Don Manuel's reflection:

> Noch liebt sie nur den Liebenden! Dem Fremdling,
> Dem Namenlosen hat sie sich gegeben.
> Nicht ahnet sie, daß es Don Manuel,
> Messinas Fürst ist, der die goldne Binde
> Ihr um die schöne Stirne flechten wird.
> Wie süß ists, das Geliebte zu beglücken
> Mit ungehoffter Größe Glanz und Schein!
> Längst spart ich mir dies höchste der Entzücken:
> Wohl bleibt es stets sein höchster Schmuck allein.
> Doch auch die Hoheit darf das Schöne schmücken,
> Der goldne Reif erhebt den Edelstein.
>
> (I, 7.)

What ambiguity in the use of the word «hoch», repeated four times in so many lines! What is higher: grace or greatness? The glistening beauty of the elemental, of the pearl, of the gem that is the centre piece of a man's crown or the firm setting in which that gem is placed and which it adorns—his might and his dominion? Caesar and Manuel bow to the elemental force that has seized them, and, withal, they want to raise it up to their height. Beatrice may be «eines Engels Lichterscheinung» to Caesar. Yet he finds it necessary to assure this blessing from above that he is able

> das Geliebte
> Mit starkem Arm zu mir emporzuheben

even in the worst of contingencies:

> Und wärst du selbst die Niedrigste geboren (!)
> (II, 2.)

And there is fear too, compounded with adoration and contempt. How slow is Isabella to release into life the force that she has retrieved from death; how long does she leave Beatrice buried, «in Lebens Glut den Schatten beigesellt»! How vigilantly Manuel guards her safe hiding place, and how loath is he to unlock his secret! This conflict of feelings is reflected in the multitude of names that are showered on the nameless one. She is «die schönste Gestalt, die Anmut, die Perle»; she is «das Glück» and «das Geheimnis», she is «das Opfer» and «der Raub». And, through the vagaries of the plot as well as through the poetic imagery, all three figures, Isabella as well as the two brothers, become associated with the image of robbers. Conquerors from the North, they view the sensuous, the elemental, which they have held in subjugation and which nevertheless they covet, with dread and superstition. It is a dangerous thing from the depth, a lure towards chaos, threatening the edifices of their civilising will and intellect. Can they retrieve it from life without surrendering to its unpredictable powers? Can beauty and grace be snatched like a crown jewel or a pearl to adorn greatness, without surrender of dominion, and death? These are the questions this Sicilian tragedy asks, with its clash of North and South, of intellect and sense, of permanence and transience, with its precarious structures pitted against the passion of the elements. It asks these questions fearfully, suspiciously and haughtily, as they have been asked by many an artist torn between a Puritan heritage and the richer life of the senses disclosed by art—by Oscar Wilde, by Thomas Mann and by George, to mention but a few.

Schiller's last tragedy answers these questions in the negative. To toy with beauty is impossible. For beauty is the gateway to the dark elemental forces of the unconscious, and thence to surrender and dissolution of forms that have become arid, «öde».[4] Beatrice, estranged elemental force and exiled member of the house, is doomed to destroy those who, arrogantly and too late, seek her out demanding their redemption. The attempt to incorporate the aesthetic into a rigidly structured personality must end in catastrophe. Too long subjected and too little trusted, the elements, once released, break out, sweeping before them all the careful structures and stratifications of spirits bent on permanence, and leaving devastation in their wake.

But if these be the thematic perspectives of the tragedy, how are we to understand the famous preface «Über den Gebrauch des Chors in der Tragödie?» What has its message of sculptured form and aesthetic distance to do with this tragedy of wild elemental uprising, of chaos and catastrophe? In this preface we read the programmatic words that it is the task of dramatic art as of all art to induce in the spectator «die Freiheit des Gemüts in dem lebendigen Spiel aller seiner Kräfte; ... dadurch, daß sie eine Kraft in ihm erweckt, übt, und ausbildet, die sinnliche Welt, die sonst nur als ein roher Stoff auf uns lastet, als eine blinde Macht auf uns drückt, in eine objektive Ferne zu rücken, in ein freies Werk unseres Geistes zu verwandeln und das Materielle durch Ideen zu beherrschen».

Under this concept of «roher Stoff» Schiller includes all mere matter or 'content'—the intellectual and moral components of an aesthetic composition as well as its emotional content. A little later he says, quite explicitly: «Alles, was der Verstand sich im allgemeinen ausspricht, ist ebenso wie das, was bloß die Sinne reizt, nur Stoff und rohes Element in einem Dichterwerk und wird da, wo es vorherrscht, unausbleiblich das Poetische zerstören.»

It is easy to understand how by the introduction of the chorus the poet is enabled to deal with any excess of intellectual matter in his tragedy. This is beautifully expressed in the analogy of the sculptor and his art which dominates this essay, recurring time and again. The sculptor, too, turns the materials in which his figures are clothed—his «Stoff»—to good artistic account. He endows their texture and movement with intrinsic charm, and he uses them to help him arrange and «compose» the human forms that are the centre of his work: to connect them and yet to keep them separate, in fact, to organise them in their aesthetic space in such a manner that they appear «composed» (however much in movement they may be) so that, perceiving them, we feel «composed» in turn.

This is, in fact, how the lyrical language does operate in the tragedy itself. That excess of reflective matter (the «Stoff» of the sculptor) which cannot be assimilated into the aesthetic organisation of the central dramatic structures—the tragic characters—without impairing it, is used to form a separate poetic structure. A fully matured aesthetic organ itself—Schiller calls it «ein Kunstorgan»—the poetic idiom provides as it were a verbal continuum in which the tragic characters and events are arranged and «composed». The lyrical interpolations of the chorus expand on the related themes of discourse, the themes of permanence, transience and beauty, and by doing so they interpret, relate and transmute the events they frame. Moreover, they hold these events apart in time, as the sculptor's mantle connects and holds apart in space the human forms it surrounds, and thus they give the characters in the tragedy, as well as its spectators, time and breathing space to recover from the impact of the action and regain a measure of freedom.

But how does this break the force of the affective ingredient which is embodied in Beatrice, the central figure of the tragedy and the centre of the vortex in which all are swallowed up? She is in perpetual commotion —abducted, escaping, fainting; and this is merely the outward reflection of the incessant inner affect in which she lives. For she is, as we have seen, receptivity personified, pure elemental flux. We might say that she is constitutionally beside herself. How can any *surrounding* part of the structure suffice to stay the flight and still the ceaseless movement of this figure and to break the force of its impact? For this and nothing less is Schiller's own ambition, when he says «daß der Künstler kein einziges Element aus der Wirklichkeit brauchen kann, wie er es findet, daß sein Werk in *allen* seinen Teilen ideell sein muß». And how, furthermore, can any extraneous device redeem the central area of the tragic action—the brothers' incestuous entanglement with their sister, and, especially, the love idyll between her and Don Manuel? Love-idyll indeed! The poet here handles a matter so explosive, so close to our unconscious fears and taboos and so disturbing that it is difficult to see how he could aesthetically transmute it at all. Nor does the preface answer that question, for it deals with the problem of excess intellectual matter rather than with that of excess sensematter, of "was bloß die Sinne reizt": a problem which is raised but not expressly answered at all. And yet the poet succeeded. If anything, he succeeded too well, for we feel a little too emotionally distanced from his materials. What school teacher has ever stopped to wonder whether *Die Braut von Messina* makes fit reading for his sixth form charges?—So we are back at the beginning. How did the poet manage his volcanic materials? How did he transform what seems «Stoff» and «rohes Element» par excellence—the elemental figure of Beatrice and the surrounding area of passionate relationship—into mature aesthetic components, capable of functioning within the poetic organisation as a whole?

Although the preface does not seem to hold out an answer, the commanding metaphor of the sculpture still lingers in the mind; surely, there is somewhere some connection with Beatrice!

Aber ebenso, wie der bildende Künstler die faltige Fülle der Gewänder um seine Figuren breitet, ... um die menschlichen Formen zugleich geistreich zu verhüllen und sichtbar zu machen, ebenso durchflicht und umgibt der tragische Dichter ... die festen Umrisse seiner handelnden Figuren mit einem lyrischen Prachtgewebe, in welchem sich, als wie in einem weitgefalteten Purpurgewand, die handelnden Personen frei und edel mit einer gehaltenen Würde und hoher Ruhe bewegen.

The lines come to mind in which Don Manuel describes Beatrice arrayed in her bridal clothes:

> Dann zum Gewande wählt das Kunstgewebe
> Des Indiers ...
> Und leicht umfließ es, wie der Morgenduft,
> Den zarten Bau der jugendlichen Glieder.
>
> (I, 7.)

We read the whole passage, and the scene in which it is embedded, and presently the connection we had suspected is before our eyes, important and clear. Before Beatrice is ever introduced into the tragedy as a «handelnde Person», and before the catastrophic character of her being and relationships is revealed, the poet, through the offices of Don Manuel, projects a verbal image of her in the stillness of a sculptured form, and of her disturbing bond with Don Manuel as a state of tranquil aesthetic self-sufficiency. In other words, before the outset of the tragic action proper he introduces and uses his precarious poetic materials in such a fashion that they themselves induce a distanced aesthetic response in the spectator, an inner freedom which he is then able to sustain vis-à-vis a figure itself lacking in all freedom, and the action about to issue from this character. Let us see by what means the poet accomplishes this poetic transmuttation.

Don Manuel introduces his description of his bride by words that mark the transition from the psychological plane of empirical reality to the poetic plane:

> In banger Furcht ließ ich sie dort allein
> Zurück, die sich nichts weniger erwartet,
> Als in dem Glanz der Fürstin eingeholt
> Und auf erhabnem Fußgestell des Ruhms
> Vor ganz Messina ausgestellt zu werden.
>
> (I, 8.)

«Auf erhabnem Fußgestell»—«ausgestellt»—these are strange words, fitting, not a living being, but a statue. By placing a statue on a pedestal and removing it from the ordinary space we share, we not only display it the better; we also declare that it belongs, not to life, but to the world of forms. This is what Don Manuel does. He views Beatrice as he views the beauty of the Orient which is «displayed» (ausgestellt)[5] in the bazaar—"fertig und vollendet"—as a thing of beauty which is apprehended with disinterested pleasure. And presently the living person—the anxious prey of impinging forces—is left behind «in wesenlosem Scheine» and Don Manuel's words chisel, from the pedestal upwards, the being of his sister in its pure aesthetic semblance. In this composition there is no remnant of chaos, no raw material, no matter waiting to be formed. The raw materials of living and inorganic nature alike are inherently beautiful. Beatrice's feet are as delicate as the sandals that are to adorn them, her garments, «Kunstgewebe aus edlem Stoff», are as exquisite as the «zarte Bau der jugendlichen Glieder» they are to clothe. The «feine Kunstgebild» of the Orient, the wrought bracelets, the diadem, «gefüget aus dem köstlichsten

Gestein», the veil, the wreath, beautiful themselves, serve merely to enhance the native beauty they adorn—the «schönen Arme», the «Haarschmuck», the «glänzende Gestalt». There is scarcely a word that does not belong to the sphere of beauty, of art and skilled craftmanship:

> edler Stoff, feines Kunstgebilde, zierliche Sandalen, zartgeformte Füße, Zier, Kunstgewebe, hellglänzend, leicht, zarter Bau, zarte Fäden, durchwirkt, reizend, glänzend, gewebt, schöne Arme, reizend, umzirken, gefüget, köstliches Gestein, Haarschmuck, glänzende Gestalt, helles Lichtgewölk, vollende, krönend, schönes Ganze.

Where is matter here? Where nature in the raw? Where are those dark demoniac forces that drive Beatrice to her doom? Where the elements that she embodies? They are all there, transmuted. Nature is Beatrice's jewel box. The pearl and the coral from the dangerous depths of the ocean reappear fashioned into her «Schmuck»; the «feurig glühende Rubin» crosses «Farbenblitze» with the emeralds in her wrought diadem. Even Aetna itself, symbol of those pent-up dark demoniac forces that are embodied in Beatrice, is invoked, but invoked, significantly, as the symbol of snow and light, of ethereal beauty suffused with spirituality. Heaviness, darkness, matter, the forces of the depth are transfigured. Light and lightness reign. Nature is imbued with form, the demoniacal has become design, and element is transmuted into ornament by the alchemy of art. The dangerous beauty of Beatrice has been «composed» into the tranquil perfection of the sculptured form.

The artist is Don Manuel, and the stillness which informs his creation is created by the verbal forms themselves. The longest of his speeches—it takes up forty-six lines, considerably more than the account of his first meeting with Beatrice—is almost wholly composed of nouns, adjectives and participial forms, with a bare minimum of finite verbs. In strange contrast to the introductory words:

> Doch nur mit ihr werd ich beschäftigt sein (I, 8.)

its syntax expresses the virtual cessation of activity; and the «ich» of the lover is lost in the disinterested contemplation of the object: until the end of his speech, the personal pronoun does not occur again! It is true that images from the dynamic sphere of nature and the elements pervade Don Manuel's speech. But they are used ornamentally, in the measured mode of the simile.—To say, then, that Manuel evokes a verbal sculpture or a «word picture» means more than that an actual visual image of a sculptured form is presented to our imagination. It means, more importantly, that language itself is here treated statically by every means in the poet's power, and that by the consistent use of syntactical, verbal and rhetorical forms that express such an intention the objective and distanced mode of response is produced that is characteristic of the plastic arts.

The same aesthetic distance and contemplative tranquillity characterises Manuel's love story:

> Versunken in dich selber stehst du da,
> Gleich einem Träumenden   (I, 7.)

the chorus says in what are virtually the opening words of the scene. And just as in his verbal evocation of Beatrice's beauty, the initial movement terminates in stillness—we recall the «bange Furcht» at the opening of the description—so here, too, the motionless stillness of their first encounter is enhanced by the wild flight preceding it. It is in giving chase to a deer that Don Manuel chances upon his sister; and as soon as he sets eyes on her, all activity except that of perception is brought to a standstill:

> Bewegungslos starr ich das Wunder an,
> Den Jagdspieß in der Hand, zum Wurf ausholend –
> ... so stehn wir schweigend gegeneinander –
> Wie lange Frist, das kann ich nicht ermessen,
> Denn alles Maß der Zeiten war vergessen.
>   (I, 7.)

This timelessness is surely the mark of the true contemplative experience. —Don Manuel not only presents to us his love as an essentially aesthetic experience; he not only transmutes the object of his passion into a work of art, but he also communicates the basic aesthetic temper which informs these responses by subtler means. He transmits it to us, precisely, through the timelessness and expansiveness of his speeches, by what we might call their heavenly lengths. We share this timeless tranquillity with him, and permit our response to him, to Beatrice and to the relationship between them to be pervaded by a sense of pure duration and by a lit-up perceptiveness which not all the impact of characters and action can take from us again.—Looked at from the outside, the aesthetic time-dimension which Don Manuel creates appears like emptiness and stagnation. And as the poet has led us into the aesthetic region by depicting the cessation of initial movement, so he gradually leads us from the aesthetic plane back onto the plane of action and entanglement by letting the chorus voice the time-experience of the uncomprehending and bored outsider. Schiller must have had a twinkle in his eye, as he concluded the high aesthetic venture of this scene with words which are little short of a healthy yawn:

> Sage, was werden wir jetzt beginnen,
> Da die Fürsten ruhen vom Streit,
> Auszufüllen die Leere der Stunden
> Und die lange unendliche Zeit?[6] (I, 8.)

Don Manuel is the author of the distilled art experience within the aesthetic experience of the tragedy as a whole. I have elsewhere dealt fully with the predominantly aesthetic character of Schiller's tragic protagonists in general and this figure in particular and with the pivotal function of this trait for the aesthetic structuring of Schiller's tragedies[7]. The aesthetic character of Manuel's and, to a lesser degree, Isabella's dominant response may be seen, not only from these scenes, but also from the enormous amount of aesthetic imagery which pervades the tragedy and has its focus in these figures. It is finally confirmed by the preface, where the ultimate function of the chorus is seen precisely in its distancing effect on the characters themselves: « Sie stehen gewissermaßen schon auf einem natürlichen Theater, weil sie vor Zuschauern sprechen und handeln, und werden eben deswegen desto tauglicher, von dem Kunst-Theater zu einem Publikum zu reden». The protagonist is not an agent but an actor[8], an artist, a distanced and conscious spectator of himself as he acts out his destiny, and by that token enabled to induce just this distanced and illuminated response in the spectators once removed. This identity of our response with that of the tragic protagonists themselves is confirmed by the striking similarity of the vocabulary which Schiller, in the preface, uses to characterise each. The spectator's «*Freiheit*», we read there, is ensured by the «schöne und *hohe Ruhe, die der Charakter eines edeln* Kunstwerks sein muß». And so, too, the tragic 'actor-spectators' *within* the drama move «*frei* und *edel* mit ... *hoher Ruhe*». Such correspondences, in a critic who never ceases to write as a poet, deserve to be taken seriously.

Yet it is not with the distanced being of Don Manuel, the main pillar of the tragic structure, but with his own aesthetic transmutation of Beatrice, the most disruptive element in its economy, that we are here principally concerned. His ornamental handling of this elemental material does not involve a psychological sleight of hand; indeed it does not involve Beatrice as a «handelnde Person» at all, although it modifies our perception of her. It is a purely poetic transmutation of her personality, a purely verbal staying of the fluidity and movement that is Beatrice.

In a letter to Goethe, Schiller defines the difference between the tragic and the epic action as follows: «Die dramatische Handlung bewegt sich vor mir, um die epische bewege ich mich selbst und sie scheint gleichsam stille zu stehen[9].» Obviously the spatial image in which the poet envisages the different time patterns of the two genres stems from the sphere of the visual arts, in fact, from the realm of sculpture. If, a moment later, the poet urges that the main danger of tragedy as an art form lies in its excessive immediacy, and if he sees the remedy of that shortcoming in the poetic tendency of tragedy «immer zu dem epischen Charakter herauf(zu)streben», we can fully understand the aesthetic significance of the still sculpted form in Schiller's classical tragedy itself and in the preceding essay. The stylistic tendency which, here and there, finds expression in the metaphor of chiselled calm is the tendency toward epic forms as the necessary «contrepois», or counterpoise, to the excessive immediacy of tragedy. Thus element is turned into ornament. Beatrice attains to the stillness of the statue through the transmuting force of Manuel's aesthetic perception, Don Manuel, in turn, becomes the «actor» of his destiny vis-à-vis the chorus, whilst the chorus, finally, is the embodied consciousness of the «actors», the spectator within the play. Filters are built into filters, removes are built into removes. Such is the secret alchemy by which an art of epic stance is distilled out of a tragedy of incest.

It would seem, then, as if Schiller's tragedy might be described as a polarity of forces straining in opposite directions. On the plane of theme, elemental forces dominate, on the level of structure, the energies working for form. But if we look more closely, a strange identity becomes apparent where we saw contrast. For is there not on the thematic level, too, a persistent preoccupation with the redeeming power of form? Did we not find the theme of the tragedy in the unremitting attempt on the part of the characters to retrieve the elemental and to incorporate it into the stable structure of the aesthetic personality? It is as if the theme of this play in its entirety were a large poetic metaphor of that formal preoccupation which drove Schiller to write his tragedy in the Greek manner: the quest for a form which would transmute the elemental immediacy of tragedy as such.

This is a strange identity. The artistic process is not quite resolved in the final product. It is mirrored in the total conception, and it shows through in many places, making us feel that for all its force this creation is sometimes lacking in substance and opaqueness. The verbal evocation of Beatrice's sculpted form is one such bit of process shining through the matter in which it is embedded and making it seem a trifle thin, just as conversely the metaphor of the sculptured group which dominates the preface is a bit of subject carried forward into the definition of artistic process and obstructing it. For as an analogy it hides the subtlest discoveries of the aesthetician on the effect of poetic language on character.

Perhaps there is a trace here of that paucity to which Schiller confessed years earlier, when he wrote to Goethe: «Erwarten Sie bei mir keinen großen materialen Reichtum von Ideen ... Mein Bedürfnis und Streben ist, aus wenigem viel zu machen ... und eine Mannigfaltigkeit, die dem Inhalte fehlt, durch die Form zu erzeugen [10].» Perhaps also the severely functional character of the subject was what Humboldt had in mind when he criticised the tragedy for a certain lack of weight and substance [11].

Be that as it may, the austere homogeneity of this soliloquy in the dramatic mode is also its fascination. Like Lessing in his *Emilia Galotti,* and Thomas Mann in his late work, the greatest creator-critic of all, in his last tragedy, articulates the artistic process in a creation that is transparent with consciousness. We can hold it up and grasp it, yet the mystery of it remains.

NOTES

(1) Nor is the converse poetic statement missing in the tragedy. This elemental force, Beatrice, cannot be restrained or repressed. And there is no stronghold of nature or of man's devising, however ancient, however permanent, that can bind this force. This is the burden of Beatrice's own statement:
> Eindringt der Gott auch zu verschlossnen Toren,
> Zu Perseus' Turm hat er den Weg gefunden,
> Dem Dämon ist sein Opfer unverloren.
> Wär es an öde Klippen angebunden
> Und an des Atlas himmeltragende Säulen,
> So wird sein Flügelroß es dort ereilen.   (II. 1.)

The reference to the firm ancient pillars of the earth, which Isabella will echo presently, is eloquent. Even now it casts a tragic shadow over Isabella's faith that this elemental being she has saved can be safely incorporated into the firm structure of her existence.

(2) Cf. also IV. 5, where Isabella once more looks back upon her shattered hopes in terms which are consistently aesthetic: «Schöne Früchte, schöne Bande, schöne Liebe.»

(3) It is significant that Don Caesar does not resort to the imagery of firm structures to express his vision of fulfillment. A fiery, elemental character, he is closer to Beatrice than the others; and the poet has articulated this kinship by the similarity of the image materials associated with these two figures.

(4) «Öde» is a frequent word in this tragedy; significantly it occurs in conjunction with images of structures which are destroyed by Beatrice's coming.

(5) The word «ausgestellt» occurs in two passages, at the beginning and at the end of Manuel's word picture of Beatrice, and is thus placing it into a significant context of disinterestedness and objectivity.

(6) But the poet could hardly have forseen the interpretation of a well-meaning critic, who, defending him against repeated charges of lengthiness, explains: «Die wunderbare

Wandlung, die mit Manuel geschehen ist, konnte gar nicht glücklicher gezeichnet werden als durch die Sorgfalt, mit der er, der rasche Krieger von einst, die Toilettenfrage behandelt.» H. Gaudig, Schillers Dramen II, p. 276, in *Aus Deutscher Dichtung*, Vol. XIII, Leipzig und Berlin, 1914.

(7) Cf. my thesis for the Ph. D., *Schiller's View of Tragedy in the Light of His General Aesthetics*, University of London, 1951. Cf. also "Reflection as a Function of Form in Schiller's Tragic Poetry", *Publications of the English Goethe Society,* Vol. XXIV, (1955), pp. 1–32. Cf. also «The Structure of the Personality in Schiller's Tragic Poetry», *Proceedings of the Schiller Bicentenary Conference,* London, 1959. In press.

(8) Edward Bullough has given a most lucid definition of the precise sense in which I use the word "actor" here and of that aesthetic mode of response to real life-situations which I hold to be characteristic of Don Manuel and indeed of all Schiller's tragic protagonists. «There are many who are 'actors',» he writes, «not in the sense that they pretend to do and think before others what they could neither do nor think in the privacy of their own chambers, but in the sense that they perform perfectly natural and spontaneous acts with so clear a perception of their nature, their value and their sensuous, concrete effectiveness that these acts assume for them an intrinsic importance ... In the doing of them they experience a kind of separation within themselves, a doubling of consciousness, as if they were two individuals, of which one acts while the other looks on ... with the free and impartial interest which the artist feels ... Thus they combine in themselves the threefold aspect of artist, work of art and spectator, an exceedingly complex mental state, common enough in the actor, but realised in actual life, too, more often than we are inclined to think.»—E. Bullough, *Aesthetics,* ed. E. M. Wilkinson, London, 1957, pp. 66 f. —
It is easy to see the application of this passage to the scene we have discussed. Don Manuel combines within himself the threefold aspect of which Bullough speaks: he is the «actor», the verbal evocation of Beatrice and of his relationship with her is his work of art, whilst the chorus here as throughout the tragedy, might be described as the embodiment or externalisation of that part of himself that looks on in the rôle of spectator.

(9) [26. December 1797] *Briefwechsel zwischen Schiller und Goethe,* ed. Muncker, Vol. I, p. 219. Stuttgart, 1892.

(10) Letter to Goethe, 31 August 1794, ed. cit., Vol. I. p. 35.

(11) «Was ich indessen wünschte, wäre, daß Sie ... bald wieder einen in sich mächtigen, schon durch seinen Umfang mühsam zu bändigenden Stoff ... behandelten. Der unkünstlerische Teil des Publikums wird zwischen der Braut und diesen Stücken *[Wallenstein* und *Die Jungfrau von Orleans]* ... Vergleichungen anstellen und den letzteren in jeder Rücksicht den Vorzug geben, schon darum, weil sie neben der künstlerischen Wirkung auch einer anderen durch ihren bloßen Stoff fähig sind. Eine gewisse Wahrheit liegt aber diesen Urteilen ... zu Grunde. ... Alles in diesem Werk besteht nur durch die dichterische Form ... » Letter to Schiller, 22 October 1803.

TOTER BUCHSTABE UND LEBENDIGER GEIST
SCHILLERS STELLUNG ZUR SPRACHE

MATTHIJS JOLLES

Schiller lebt in unserer Vorstellung nicht nur als der Dichter und Dramatiker, sondern auch als der Theoretiker und große Schönheitslehrer, der uns das Wesen der Kunst und ihrer Bedeutung für das Leben gedeutet hat. Überblicken wir im Geiste die lange Reihe der Schriften, in denen er sich zunächst mit dem Drama und dem Begriff des Tragischen beschäftigte, um sich dann in den großen Arbeiten über *Anmut und Würde*, die *Ästhetische Erziehung* und *Naive und Sentimentalische Dichtung* zu allgemeineren Problemen zu erheben und endlich im regen Austausch mit Goethe in die technische Struktur der einzelnen Gattungen immer tiefer einzudringen, so erstaunt es uns gewiß, daß wir keine Abhandlung über die Sprache als das Medium des Dichters von ihm besitzen. Ja, wenn wir uns nach theoretischen Äußerungen über dieses Problem umsehen, so finden wir merkwürdig wenig; hie und da einige Anmerkungen in den Schriften, einige verstreute Hinweise in den Briefen und einiges in den kritischen Abhandlungen. Vielleicht dürfen wir in dieser Tatsache einen der Gründe dafür finden, daß die Schillerforschung bisher nur einzelne Ansätze gemacht hat, sich mit diesem wichtigen Thema zu beschäftigen. Die Stellung Schillers zur Sprache hat jedenfalls immer noch nicht die ihr unbedingt gebührende Würdigung gefunden. Gewiß spielen aber auch andere Gründe hier mit. Die Fremdheit, die so viele von uns der lyrischen und dramatischen Sprache Schillers gegenüber empfinden, mag dazu beigetragen haben. Vor allem aber hat uns wohl die lange vorherrschende Tendenz, die dichterischen Werke vorwiegend im Lichte der theoretischen Äußerungen zu sehen, daran gehindert, dort mit einer Untersuchung des Problems einzusetzen, wo sie doch bestimmt anfangen sollte, nämlich bei diesen Werken selbst. Sie sind eine unerschöpfliche Quelle für jede Betrachtung über das, was Schiller als schaffender Dichter selbst mit der Sprache getan hat. In ihnen finden wir aber auch manch einen unerwarteten Hinweis auf seine Ansichten über die Grenzen und Möglichkeiten der Sprache als Medium des Dichters.

Wer das lyrische Werk Schillers in seiner Gesamtheit betrachtet, der wird sich wahrscheinlich sehr bald der Tatsache bewußt, daß eine erstaunlich große Zahl der Gedichte in irgendeiner Form von der Kunst handeln. Das ist nicht nur so für die großen Lehrgedichte von den «Göttern Griechenlands» und den «Künstlern» bis zu dem «Ideal und das Leben» und dem «Spaziergang». Auch viele von den kleineren lyrischen Gebilden haben die Kunst oder die Beziehung der Kunst zur Geschichte und dem Leben des Menschen zum Gegenstand, wie z. B. «Die Macht des Gesangs» und «Nänie». Selbst in die Balladen dringt dies Thema in mancherlei Formen direkt oder indirekt ein. Wir brauchen nur an den «Pegasus im Joche» oder die «Kraniche des Ibykus» zu denken. Direkte Hinweise auf das Wesen und die Problematik der Sprache in den Gedichten sind seltener. Das Wenige aber ist wichtig, besonders wenn wir nicht nur auf den Inhalt der Aussage, sondern auch auf die Form und die sprachlichen Bilder achten. Halten wir die so gewonnenen Ergebnisse mit den Äußerungen in den theoretischen Schriften zusammen, so tun sich unerwartet neue Zusammenhänge auf, und wir beginnen die zentrale Bedeutung des Sprachproblems für den Dichter zu erkennen.

Unter den dichterischen Äußerungen, die auf das Wesen der Sprache hinweisen, ist es vor allem ein oft zitiertes Distichon aus dem *Tabulae Votivae,* das uns in die Mitte des Problems hineinführt. Es trägt bezeichnenderweise den Titel «Sprache».

Warum kann der lebendige Geist dem Geist nicht erscheinen?
Spricht die Seele, so spricht, ach! schon die *Seele* nicht mehr.

Hier drückt sich offenbar eine tragische Spannung zwischen dem Bedürfnis des lebendigen Geistes, sich mitzuteilen, und dem Sprechen aus, das ein ungeeignetes Medium einer solchen Mitteilung ist, weil im Moment der Sprachwerdung der Geist nicht mehr lebendig, die Seele nicht mehr Seele ist. Ganz ähnlich klagt Don Carlos

> O schlimm, daß der Gedanke
> Erst in der Sprache tote Elemente
> Zerfallen muß, die Seele zum Gerippe
> Absterben muß, der Seele zu erscheinen;
> Den treuen Spiegel gib mir Freund, der ganz
> Mein Herz empfängt und ganz es wiederscheint[1].

Wieder handelt es sich darum, daß die Seele, wenn sie sich durch die toten Elemente der Sprache mitzuteilen sucht, selbst abstirbt. Die Sprache scheint für Schiller kein geeignetes Medium zu sein, in dem das Herz sich ganz, das heißt in seiner ungeteilten Einheit auszudrücken vermag.

Sie ist kein treuer Spiegel, der Ganzheit empfängt und widerscheint. Das Dilemma, welches in dem Distichon und in dem Zitat aus dem *Don Carlos* Ausdruck findet, hat verschiedene Deutungen gefunden, die jedoch in einem wichtigen Punkt übereinstimmen, in der Annahme nämlich, Schiller bezeichne damit ein Kernproblem aller Sprache. Wilhelm Spengler[2] z. B. meint, es handle sich für Schiller um «das Problem der *psychologischen Wahrheit* der Sprache». Er sieht einen inneren Zusammenhang zwischen dem Distichon und den Ausführungen Schillers in den Kallias-Briefen. Seiner Ansicht nach kreisen alle Äußerungen Schillers über die Sprache um das gleiche Problem. «Das Individuelle kann von außen schließlich durch Sprache *gemeint* werden, aber eingehen und identisch werden kann es mit Sprache nicht. Jede individuelle Situation müßte sich gleichsam eine Sprache mit neuen Wörtern und neuer Syntax bilden. Die Sprache ist eben allgemein, ,und hat eine der Individualität ganz entgegengesetzte Tendenz'[3].» Da Spengler, von den Dramen ausgehend, findet, daß psychologische Wesensgemäßheit und unwiederholbare Individualität der Charaktere keineswegs das Ziel von Schillers Schaffen sei, so ist die von ihm angenommene Tendenz der Sprache zum Allgemeinen seiner Ansicht nach auch kein eigentlich tragisches Problem für den Dichter.

In anderer Weise deutet Eduard Spranger das Distichon über die Sprache. Er meint, eine tiefe Skepsis Schillers gegen die Sprache überhaupt komme hier zum Ausdruck. «Die bloße Überführung der Seelenbewegung in eine Sprache», sagt er, sei notwendig mit Realitätsverlust verbunden, so hoch man den Mitteilungswert der Sprache veranschlagen mag, und kaum jemand habe «gerade diese verhängnisvolle Schwelle von der Seele zum Wort und damit zum Begriff ... so stark empfunden wie Schiller[4].» Demnach wäre also Wort und Begriff identisch. Spranger kann daher zu dem Ergebnis kommen, daß die Übersetzung Schillers in unsere eigene Sprache zwar mit Schwierigkeiten verbunden aber doch möglich sei. «Wir, die wir in ihn als eine fremde Seele hineinleuchten, mögen an Begriffen reicher sein. Aber – das ist das entscheidende Resultat – wir müssen ihn in seiner Sprache anhören, ehe wir ihn in unsere teils ärmere, teils verfeinerte Sprache übersetzen können[5].» Der Ansicht, daß man Schiller in seiner eigenen Sprache anhören müsse, muß gewiß zugestimmt werden; ob man ihn aber in eine neuere Form der Ausdrucksweise übersetzen kann, das soll zunächst dahingestellt bleiben, da dies eine Deutung seiner eigenen Worte voraussetzt. Schiller selber hat sich, wie wir sehen werden, ausdrücklich gegen eine solche Möglichkeit gewehrt.

Benno von Wiese stimmt im wesentlichen mit Sprangers Ansicht überein. Schiller, der «große Meister der Rede und Überredung» sei, meint er, «von einem tiefen Verdacht gegen die Sprache erfüllt» gewesen. Sprache «blieb für Schiller eine Leistung des Verstandes». Sein «Vorbehalt gegen die Sprache beruht auf der falschen Voraussetzung, daß er sie nur als ein Begriffssystem reiner Verstandesoperationen auffaßte[6].» Wie Spengler stützt auch von Wiese sein Urteil vorwiegend auf das Distichon «Sprache» und auf die Kallias-Briefe.

Es erhebt sich nun die Frage, ob die Ansicht, wie sie von Eduard Spranger formuliert wurde und in der radikalen Schärfe, mit der sie Benno von Wiese vertritt, uneingeschränkt aufrechterhalten werden kann. Irgend etwas wehrt sich in uns von vorneherein gegen die Annahme, daß ein Dichter wie Schiller die Sprache ausschließlich als eine Leistung des Verstandes angesehen haben sollte. Daß ein Problem für ihn bestand, darüber kann gewiß kein Zweifel sein, spricht er doch selber einmal von einem «Abgrund», in den man nicht ohne Schaudern sehen könne, zwischen der Begrifflichkeit und der Sprache, die auf ihr beruht, einerseits und der individuellen Besonderheit der Einzelphänomene andererseits. Beruht aber wirklich alle Sprache auf allgemeinen Begriffen? Wenn das Schillers Meinung gewesen wäre, dann hätte er doch wohl seinen Dichterberuf verfehlt; ja es wäre schwer zu sehen, wie dann überhaupt Dichtung in seinem Sinne möglich sein kann. Denn Poesie, davon war er Zeit seines Lebens fest überzeugt, hat nichts mit Begrifflichkeit zu tun. Das galt für ihn sogar von der sogenannten didaktischen Dichtung, einer Gattung, die sich, wie er sagte, überhaupt nicht ohne inneren Widerspruch denken läßt, wenn man nicht klar zwischen Begriff und Gedanke oder Idee unterscheidet. «Denn, um es noch einmal zu wiederholen, nur diese zwei Felder besitzt die Dichtkunst: entweder sie muß sich in der Sinnenwelt, oder sie muß sich in der Ideenwelt aufhalten, da sie im Reich der Begriffe oder der Verstandeswelt schlechterdings nicht gedeihen kann[7].» Der tiefe Verdacht, von dem Schiller angeblich gegen alle Sprache als Mitteilungsmedium für Gefühle erfüllt war, richtet sich also vermutlich nur gegen die diskursive Sprache des Verstandes, welche niemals ein treuer Spiegel sein kann, der das Herz *ganz* empfängt und *ganz* widerscheint.

Wenn wir mit dieser Vermutung recht haben, so bedürfen das Distichon und das Zitat aus dem *Don Carlos* doch wohl einer weniger verallgemeinernden Deutung, als sie bisher erfahren haben. Nicht die Sprache an sich hat einen begrenzten Mitteilungswert. Nur eine Übersetzung des Seelischen und Geistigen in Verstandesbegriffe ist unmöglich. Das

‚spricht' in «spricht die Seele» wäre demnach aufzufassen als ein diskursives Sprechen, ein Sprechen in einem Medium, das aus toten Elementen zusammengesetzt ist.

Es käme also darauf an nachzuprüfen, ob sich das, was hier zunächst nur als eine Vermutung ausgesprochen wird, tatsächlich evident machen läßt. Dazu ist es nötig, die Quellen, auf welche sich die bisherige Ansicht von dem Verdacht Schillers gegen die Sprache stützt, neben dem Distichon also vor allem die *Kallias-Briefe* und eine Reihe von Äußerungen Schillers in seinen Briefen, im Lichte dieser Hypothese noch einmal kritisch ins Auge zu fassen. Bevor wir uns an diese Aufgabe machen, sei aber zunächst auf eine Stelle aus einem Briefkonzept Schillers an Fichte hingewiesen, die merkwürdigerweise bisher nicht in diesem Zusammenhang erwähnt worden ist, obwohl sie die Antwort zu dem ganzen Problem zu enthalten scheint.

Fichte hatte die Meinung geäußert, Schiller trage seine Spekulationen in Bildern vor und man müsse ihn erst in Begriffe übersetzen, um ihn zu verstehen. Gegen diesen Vorwurf wendet sich Schiller mit großer Schärfe. Seine Absicht, sagt er, sei keineswegs nur die eines didaktischen Schriftstellers. «Meine beständige Tendenz ist, neben der Untersuchung selbst, das Ensemble der Gemütskräfte zu beschäftigen, und so viel möglich auf alle zugleich zu wirken. Ich will also nicht bloß meine Gedanken dem andern deutlich machen, sondern ihm zugleich meine ganze Seele übergeben und auf seine sinnlichen Kräfte wie auf seine geistigen wirken[8].» Es ist auffällig, wie sehr diese Worte an die des Don Carlos erinnern, wo von dem treuen Spiegel die Rede ist, der das Herz *ganz* empfängt und *ganz* widerscheint. Diese Möglichkeit wird hier der Sprache nicht abgesprochen, sondern im Gegenteil als das Ziel der eigenen Ausdrucksweise bezeichnet. Daß er mit Bildern etwas beweisen wolle, fährt Schiller fort, sei nicht wahr. Er besteht vielmehr darauf, daß er seine Untersuchungen mit skrupulöser Sorgfalt, mit «precision und logischer Strenge» durchgeführt habe, daß er dann aber auch bewußt versuche, das, was er dem Verstande vorlege, auch der Phantasie (doch in strenger Verbindung mit jenem) vorzuhalten. Wie sich Verstand und Phantasie zueinander verhalten, darüber wird später etwas zu sagen sein, wenn wir uns den Votivtafeln zuwenden. Hier sei zunächst nur festgehalten, daß Schiller selbst in seinen theoretischen Abhandlungen nicht nur nach begrifflicher Klarheit strebt, sondern auch als ein Dichter spricht, dem es auf Anschaulichkeit seiner Bilder ankommt[9]. Beides schließt sich offensichtlich nicht aus. Bilder andererseits lassen sich so wenig in Begriffe übersetzen wie Begriffe nicht durch Bilder dargestellt werden können. Mit nicht geringem Stolz gibt Schiller am Ende des Briefes Fichte zu verstehen, daß man nach etwa 100 Jahren ihn, den Philosophen, zwar noch zitieren und seinen Wert schätzen, gewiß aber nicht mehr lesen werde, weil Schriften, die nur zum Verstande sprechen und deren Wert in ihren Resultaten liegen, entbehrlich werden. Mit anderen Worten, philosophische Schriften lassen sich wohl übersetzen und ohne Verlust in eine vielleicht verfeinerte begriffliche Terminologie übertragen, etwa im Sinne, wie es Eduard Spranger sich zum Ziel setzt[10]. Nun aber folgen die entscheidenden Worte Schillers, die das ganze Problem der Sprache in einem anderen Licht erscheinen lassen. «Schriften dagegen, die einen von ihrem logischen Gehalt unabhängigen Effekt machen, und in denen sich *ein Individuum lebendig abdrückt*», werden nach Schillers Meinung nie entbehrlich, da sie «ein untilgbares Lebensprinzip in sich enthalten, eben weil jedes Individuum einzig und mithin auch unersetzlich ist[11]». Ganz deutlich wird aus diesem Zusammenhang, was mit Schriften, die einen von ihrem logischen Gehalt unabhängigen Effekt machen, gemeint sei. Es sind Schriften, die auf die sinnlichen Kräfte wie auf die geistigen wirken, die das «Ensemble der Gemütskräfte» beschäftigen, in denen sich das Individuum lebendig abdrückt, kurz Schriften, die durch Bilder sprechen und einen poetischen Charakter haben. Nicht alle Sprache ist «tot». Es gibt für Schiller eine lebendige Sprache, in der die Seele sich mitzuteilen vermag. Selbst in einer theoretischen Abhandlung, sofern sie über das rein Verstandesmäßige und Logische hinausgeht, läßt sich die einzigartige und unersetzliche Individualität eines Menschen und seiner Seele lebendig abdrücken. So spricht Schiller, wenn er die anschaulichen Bilder der dichterischen Sprache einem Philosophen gegenüber verteidigt. Wir erhalten ein zu einseitiges Bild, wenn wir immer nur die Briefe an Goethe im Auge haben, wo ein Dichter dem anderen gegenüber die begriffliche und grammatische Beschränktheit der Sprache beklagt.

Auch für die Form unserer eigenen Interpretation ist diese Stelle von Wichtigkeit. Wir können offensichtlich nicht einfach von den Bildern der Sprache absehen, ohne in Gefahr zu laufen, das, was Schiller darzustellen beabsichtigte, zu zerstören. Wenn das bildhafte Sprechen allein die sinnlich-geistige Einheit, das «untilgbare Lebensprinzip» des Individuums zum Ausdruck bringt, dann muß die Kritik, die die Stellung Schillers zur Sprache zu ergründen sucht, von der Form des lebendigen dichterischen Wortes ausgehen. Wir tun daher vielleicht besser daran, auch die Prosa der theoretischen Abhandlungen als das Produkt eines dichterischen Geistes anzusehen, statt etwa umgekehrt selbst die poetischen Werke als bloße Beispiele und konkrete Anwendungen von philosophischen Abstraktionen zu betrachten. Bei Schiller wäre das letztere Verfahren ganz besonders unangebracht, gerade weil uns seine zahlreichen theoretischen Spekulationen dazu einzuladen scheinen. Wenn wir in Schillers Prosa gewisse Bilder wiederkehren sehen, so müssen wir sie wie im Dichtwerk selber durchaus ernst nehmen und stehen lassen, denn sie sind ja nicht poetische Verbrämungen abstrakter Begriffe.

DIE SPRACHE IN DEN TABULAE VOTIVAE

Das Distichon über die Sprache steht nicht isoliert in den *Tabulae Votivae* und darf daher auch nicht aus dem Zusammenhang herausgelöst werden. Ihm folgt ein anderes mit dem Titel «An den Dichter».

> Laß die Sprache dir sein, was der Körper den Liebenden; er nur
> Ist's, der die Wesen trennt und der die Wesen vereint.

Wie eine Antwort auf die Frage «warum kann der lebendige Geist dem Geist nicht erscheinen» wirkt das, was hier ausgesagt wird. Dem klagenden «ach» und «nicht mehr», mit dem das vorangehende Distichon ausklingt, wird hier ein positives Ende entgegengestellt: «und der die Wesen vereint.» Wie der Körper, so hat auch die Sprache eine Doppelnatur. Das Körperliche vereinzelt. Durch die Liebe aber wird die Vereinzelung überwunden und die körperliche Vereinigung wird zum Symbol einer höheren Einheit. Ebenso ist es mit der Sprache. Der lebendige Geist ist in steter Gefahr, in der Sprache zu erstarren, und doch kann er nur «erscheinen», wenn er sich sinnlich anschaulich in der Sprache manifestiert. Die Sprache muß von ihrer trennenden Körperlichkeit befreit und zum vereinigenden Symbol werden, wenn sich der lebendige Geist wahrhaft in ihr verkörpern soll.

Für Schiller gehört auch das Schweigen mit zur Sprache; ja es kann beredter und ein treuerer Spiegel sein als viele wortreiche Aussagen. Zu dieser Dimension der symbolischen Ausdruckssprache des Dichters, die auch spricht, wenn sie schweigt und gerade durch das Nichtsaussprechen Geheimstes vernehmbar macht, leitet ein anderes Distichon über.

> ### Der Meister
> Jeden anderen Meister erkennt man an dem, was er ausspricht;
> Was er weise verschweigt, zeigt mir den Meister des Stils.

Reden oder aussprechen kann also sehr wohl ‚nichtssagend', das Schweigen dagegen als eine Gebärde höchst ‚beredt' sein. So steht die Sprache des Dichters redend und schweigend zwischen einem ausdruckslosen Verstummen und einer nichtssagenden Vielrednerei. Ein anderes Distichon führt uns einen Schritt weiter.

Vergebliches Geschwätz
Fortzupflanzen die Welt sind alle vernünftgen Discurse
Unvermögend, durch sie kommt auch kein Kunstwerk hervor.

Hier wird mit aller Schärfe das Unvermögen und das Unlebendige einer diskursiven Sprache als vergebliches Geschwätz bezeichnet und dem schöpferisch fortpflanzenden Wesen der Kunst gegenübergestellt. Aber gewiß ist andererseits auch nicht alles, was Dichtung zu sein glaubt, weil es in Versen spricht, echte gestaltende Überwindung der Widerstände einer diskursiven Sprache, wie denn überhaupt die Sprache nicht nur Widerstände bietet und trennt, sondern auch dem formenden Dichter entgegenkommen kann.

Dilettant
Weil ein Vers dir gelingt in einer gebildeten Sprache,
Die für dich dichtet und denkt, glaubst du schon Dichter zu sein.

Die Sprache kann also die Anlage zu einem Gebilde bereits in sich tragen, bevor der Dichter sie ergreift und gestaltet; in diesem Sinne kann sie für uns dichten und denken. Machen wir uns dies klar, so ist es doch wohl nicht ganz berechtigt, Schillers Stellung zur Sprache so negativ zu beurteilen, wie man es bisher getan hat. Gewiß, Schiller war seiner ganzen Natur nach nie in der Sprache, wie sie ihm entgegentrat, so heimisch, er konnte sich ihr nicht so unmittelbar vertraulich hingeben, wie es Goethe tat. Das hängt aber mit seiner ganzen Auffassung des Dichters und seiner Stellung zur Wirklichkeit zusammen. Sein Verdacht gegen die Sprache war nicht größer als sein allgemeiner Verdacht gegen alles bloß Wirkliche und Stoffliche, das erst durch die gestaltende Hand des Künstlers zum Leben erweckt wird. Das, was wir gewöhnlich im Gegensatz zu den sogenannten toten Sprachen eine lebendige Sprache nennen, hat nichts mit dem «lebendigen Wort» in Schillers Sinne zu tun. Im Gegenteil, er litt, wie wir schon sahen, unter der Tendenz der modernen Sprachen zu einer tötenden Begrifflichkeit.

Tote Sprachen
Tote Sprachen nennt ihr die Sprache des Flakkus und Pindar,
Und von beiden nur kommt, was in der unsrigen lebt!

Eins dürfte aus all dem Bisherigen bereits klar geworden sein. Wenn Schiller über die Sprache spricht, so meint er offensichtlich nicht notwendig das, was wir uns gewöhnlich darunter vorstellen. Es handelt sich vielmehr, wie so häufig bei ihm, um eine radikale Umwertung langläufiger Begriffe. Er stellt uns bewußt vor ein scheinbares Paradox nach dem anderen, ja er scheint gleichsam mit den Worten zu spielen.

Diese Widersprüche und starken Gegensätze, besonders die immer wieder auftauchende Spannung zwischen dem Toten und dem Lebendigen, erinnern uns dem Inhalt und der Form nach an die Art wie Schiller über das Schöne, das Wesen der Kunst und über die Beziehung des schaffenden und belebenden Künstlers zur Wirklichkeit und zu seinem Medium spricht. So definiert er z. B. im 15. der «Ästhetischen Briefe» das Schöne als «lebende Gestalt» und fährt dann fort:
«Ein Marmorblock, obgleich er leblos ist und bleibt, kann darum nichtsdestoweniger lebende Gestalt durch den Architekt und Bildhauer werden; ein Mensch, wiewohl er lebt und Gestalt hat, ist darum noch lange keine lebende Gestalt. Dazu gehört, daß seine Gestalt Leben und sein Leben Gestalt sei[12].»

Im gleichen Sinne, könnte man sagen, hat auch nicht jede lebende Sprache Gestalt und nicht jede gestaltete Sprache ist lebendig. Fragwürdig wird der Vergleich, wenn wir die Analogie zwischen dem Bildhauer und dem Dichter zu weit treiben. Gewiß, wie jener sich zum Marmorblock, so verhält dieser sich zur rohen Sprache, die erst durch ihn zur lebenden Gestalt wird. Dennoch besteht ein sehr erheblicher Unterschied zwischen dem Bildhauer, der in dem Medium des Steins arbeitet, und dem Dichter, der eine ungebildete aber auch eine bereits ‚gebildete' Sprache, die für ihn «dichtet und denkt», vorfinden kann. Dieser Gegensatz, der den Dichter grundsätzlich von allen anderen Künstlern unterscheidet, braucht uns hier aber zunächst noch nicht zu beschäftigen. Gemeinsam ist beiden das Verhältnis zur Wirklichkeit. Diese Gemeinsamkeit veranlaßt Schiller immer wieder den Poeten neben den Künstler zu stellen. Wenn er z. B. an Goethe schreibt, zweierlei gehöre zum Poeten und Künstler, daß er sich über das Wirkliche erhebt und daß er innerhalb des Sinnlichen stehen bleibt, so wirft dies auch ein Licht auf die Beziehung des Dichters zur Sprache. Er muß sich über die Wirklichkeit der Alltagssprache erheben und doch innerhalb der Grenzen der sinnlichen Sprache bleiben. Daraus ergeben sich zwei mögliche Gefahren für den Dichter. Er erhebt sich entweder zu weit und verläßt mit der formlosen Alltagssprache auch zugleich die anschauliche Sinnlichkeit; dann wird sein Werk idealistisch-abstrakt oder, «wenn sein Verstand schwach ist, gar phantastisch».

Will und muß er aber, «durch seine Natur genötigt, in der Sinnlichkeit bleiben, so bleibt er gern auch bei dem Wirklichen stehen und wird, in beschränkter Bedeutung des Worts, realistisch, und wenn es ihm ganz an Phantasie fehlt, knechtisch und gemein[13]».

Zwischen zwei Extremen, einer abstrakten oder phantastischen Unsinnlichkeit und einer gemein-naturalistischen Formlosigkeit bewegt sich die Sprache des Dichters. Beide Extreme sind für Schiller Formen einer toten Sprache. Erstarrung im Abstrakt-Begrifflichen oder Verflüchtigung im Phantastischen ist ebenso unlebendig wie das Scheinleben einer rohen und verwilderten Alltagssprache. Eine diskursive Verstandessprache kann wohl ordnen und unterscheiden, aber sie kann nie zum treuen Spiegel einer lebendigen Seele werden.

Verstand

Bilden wohl kann der Verstand, doch der Tote kann nicht beseelen.
Aus dem Lebendigen quillt alles Lebendige nur.

Eine phantastisch-unsinnliche Sprache kann dem Gefühl wohl Ausdruck geben, aber das Gefühl bleibt gestaltlos, eine bloße Impression.

Phantasie

Schaffen wohl kann sie den Stoff, doch die wilde kann nicht gestalten,
Aus dem Harmonischen quillt alles Harmonische nur.

Die lebendige Sprache ist somit weder seelenlose Verstandesordnung noch ungestalteter Gefühlsausbruch. Wie die Dichtung, ist sie ‚lebende Gestalt'. Die Sprache lebt nur in der Dichtung.

Dichtungskraft

Daß dein Leben Gestalt, dein Gedanke Leben gewinne,
Laß die lebende Kraft stets auch die bildende sein.

Eine nähere Betrachtung der *Tabulae Votivae,* welche das Distichon über die Sprache, nicht, wie das bisher geschehen ist, aus dem Zusammenhang herauslöst, bestätigt also die Vermutung, daß die Seele sich durchaus in der Sprache mitzuteilen vermag. Schillers Klage betrifft nicht die Sprche an sich sondern nur einseitige Formen der Sprache, d.h. eine begriffliche oder eine ungestaltete Sprache, die beide jene eigentümliche Kraft nicht besitzen, durch poetische Symbole der Totalität der menschlichen Seele einen sinnlich anschaulichen Ausdruck zu geben.

DIE KALLIAS-BRIEFE

Die Ansicht, Schiller habe gegen die Sprache als Medium der Mitteilung einen tiefen Verdacht gehegt, stürzt sich neben dem Distichon über die Sprache vor allem auf die sogenannten *Kallias-Briefe,* das heißt auf die Fragmente des Konzepts zu einer Abhandlung über das Schöne, die Schiller den Briefen vom 23. und 28. Februar 1793 an seinen Freund Körner beilegte[14]. Da es sich in diesen Briefen nur um den ersten Entwurf zu einer größeren Arbeit handelt, unterscheiden sich die Fragmente im Stil deutlich von den vollendeten theoretischen Schriften. Ihre Sprache ist ungewöhnlich abstrakt und unanschaulich. Sie enthalten eine philosophisch-begriffliche Ableitung des Schönen, die Schiller in einer Zeit, wo er sich gerade von Kant abzusetzen begann, seinem Freunde zur Begutachtung vorlegte.

Das erste Fragment trägt den Titel: «Freiheit in der Erscheinung ist eins mit der Schönheit.» Schiller geht von der Definition aus, Schönheit sei *Natur* in der *Kunstmäßigkeit. Natur* ist für ihn in diesem Zusammenhang als fast gleichbedeutend mit Freiheit zu verstehen. Er ziehe den Ausdruck «Natur nur deswegen dem der Freiheit vor», sagt er, «weil er zugleich das Feld des Sinnlichen bezeichnet, worauf das Schöne sich einschränkt und neben dem Begriff der *Freiheit* auch zugleich die *Sphäre* in der Sinnenwelt andeutet[15].» Natur bedeutet also hier das, was durch sich selbst ist: Freiheit, Voninnenbestimmtsein, Autonomie. Wenn man in diesem Sinne von der Natur eines Dinges spricht oder sagt, das Ding folgt seiner Natur, fährt Schiller erklärend fort, so meint man das, was allem demjenigen entgegengesetzt ist, «was bloß als zufällig an demselben betrachtet wird, und hinweggedacht werden kann, ohne zugleich sein Wesen aufzuheben». Er nennt die Natur eines Dinges «gleichsam die Person», womit nicht die Individualität gemeint ist, denn am Individuum mag manches durch inneren oder äußeren Zufall bestimmt sein. Oder noch anders ausgedrückt ist Natur «das innere Prinzip der Existenz an einem Dinge, zugleich als der Grund seiner Form betrachtet; *die innere Notwendigkeit der Form*»[16].

Technik oder *Kunstmäßigkeit* bezeichnet andererseits das, was durch eine Regel ist. Natur in Kunstmäßigkeit ist folglich das, was sich selber die Regel gibt, Freiheit in der Regel, Regel in der Freiheit. Ein schönes Ding ist ein Ding, an dem die innere Gesetzlichkeit seines Wesens ganz unbehindert von allem Zufälligen und von außen Bestimmtem rein hervorleuchtet.

Schönheit ist für Schiller nicht identisch mit Vollkommenheit. «Vollkommen ist ein Gegenstand, wenn alles Mannigfaltige an ihm zur Einheit seines Begriffs übereinstimmt.» So nennt man z. B. ein Gebäude vollkommen, wenn «sich alle Teile desselben nach dem Begriff und dem Zwecke des Ganzen richten, und seine *Form* durch seine Idee rein bestimmt worden ist»[17]. Die zweckgerechte Form, wo alle Teile sich aus der Einheit des Ganzen ableiten lassen, wo alles dem Ganzen *dient,* ist aber nur dann schön, wenn die Zweckmäßigkeit oder Vollkommenheit zugleich als Natur, das heißt frei erscheint. In einem schönen Gebäude sind die Teile nicht die Diener des Ganzen, sondern sie scheinen freiwillig und absichtslos sich in das Ganze einzufügen. Sie erfüllen ihren Zweck ohne zweckvoll zu erscheinen. In der Schönheit scheinen alle Dinge und alle Teile eines Ganzen ihren Zweck in sich selber zu tragen; alles ist sich *Selbstzweck,* d. i. frei und doch zugleich gesetzlich[18]. Schönheit setzt voraus, daß alle Einseitigkeiten aufgehoben sind und sich zur Totalität durchdringen.

Wenden wir diesen Begriff der Schönheit und Freiheit, dem Argument Schillers einen Augenblick vorauseilend, auf die Sprache an, so würde das Wesen der schönen Sprache darin bestehen, daß in ihr nichts nur Mittel und nichts nur Zweck ist. Alles ist um seiner selbst willen da, alles erscheint frei und natürlich. Alle Heteronomie zwischen dem Wort und dem Gedanken ist aufgehoben. Heteronomie besteht z. B. in einer mathematischen Formel zwischen dem Zeichen «a» und dem, was durch dieses «a» bezeichnet wird. Das «a» hat keinen Selbstzweck, es ist ein auswechselbares, bloß dienendes Zeichen. Das Zeichen erfüllt nur dann seinen Zweck, wenn es gar nicht auf sich selbst hinweist und ganz unmißverständlich einem Bezeichneten dient.

In der schönen Sprache hört das Wortzeichen auf, ein bloß dienendes Mittel zu sein. Das Wort ist sich scheinbar Selbstzweck. Schiller macht dies deutlich am Beispiel der Komposition oder Versifikation. Wieder wird klar zwischen dem Großen (dem Vollkommenen oder Zweckhaften) und dem Schönen unterschieden. In einer *großen* Komposition ist alles Einzelne eingeschränkt, um das Ganze zum Effekt kommen zu lassen. In einer *schönen* Komposition ist die «Einschränkung des Einzelnen zugleich eine Wirkung seiner Freiheit, d. i. es setzt sich diese Grenze selbst ... Schönheit ist durch sich selbst gebändigte Kraft; Beschränkung aus Kraft»[19]. Eine Versifikation ist daher nach Schillers Ansicht *schön,* «wenn jeder einzelne Vers sich selbst seine Länge und Kürze, seine Bewegung und seinen Ruhepunkt gibt, jeder Reim sich aus innerer Notwendigkeit darbietet und doch wie gerufen kommt – kurz wenn kein

Wort von dem andern, kein Vers von dem andern Notiz zu nehmen, bloß seiner selbst wegen dazustehen scheint, und doch alles so ausfällt, als wenn es abgeredet wäre »[20]. In einem schönen Gedicht ist alles, würden wir heute sagen, ‚stimmig' oder ‚einstimmig', es stimmt. Kein Wort kann verändert werden, ohne daß damit das Ganze zerstört würde. Blickt aber aus irgendeinem Zuge die Absicht hervor, so ist der Eindruck der Schönheit zerstört. Das offenbar Absichtliche und Zweckhafte wirkt immer ‚verstimmend'.

Der nächste wichtige Schritt des Arguments ist die Feststellung, daß Schönheit an keiner Materie haftet, sondern bloß in der Behandlung besteht. Schönheit ist ein Kriterium der Form, nicht des Inhalts. Alles, was in die Sinne fällt – dies schaltet das bloß Begriffliche aus – kann frei und doch zugleich gesetzlich erscheinen und somit schön sein. Dieser Gedanke, daß das Schöne nicht an einem Gegenstand haftet, nichts mit dem Inhalt oder Stoff zu tun hat, ist absolut zentral für Schillers Denken und kehrt in unzähligen Abwandlungen in seinen Schriften und dichterischen Werken wieder[21]. Das Schöne ist also ein Schein; die Dinge *erscheinen* in einer schönen Behandlung frei. Die schöne Kunst will nichts aussagen über die objektive Beschaffenheit wirklicher Dinge. Sie ist ein echter und ehrlicher Schein, der sich als solcher zu erkennen gibt und klar geschieden werden muß von dem betrügerischen Schein einer bloßen Illusion. Echte Kunst ist für Schiller niemals die Vorspiegelung falscher Tatsachen[22].

Hier fällt nun in Schillers Abhandlung das entscheidende Wort «Symbol». Die schön dargestellte Sinnenwelt ist «das glückliche Symbol, wie die moralische sein soll und jedes schöne Naturwesen außer mir ein glücklicher Bürge, der mir zuruft: «Sei frei wie ich!»[23]»

Wenden wir dies wieder auf die Sprache an, so sehen wir, daß sie als schöne Sprache eine ganz andere Funktion als die begriffliche hat. Das dichterische Wort beschreibt nicht wirkliche Dinge und ihre logischen Zusammenhänge; es symbolisiert ein Ideal. Wer die eindeutige Bezeichnung von Wirklichkeit für die einzige Funktion der Sprache hält, für den ist Dichtung in der Tat bloße Illusion, «Schaum und Schein», sinnloses leeres Spiel. Noch gefährlicher ist es andererseits für Schiller, dichterische Bilder als gültige Aussagen über die Wirklichkeit anzusehen. Das würde zu nichts als ganz willkürlichen Deutungen der Wirklichkeit führen, die sich leicht als ‚unwahr' im Sinne kausaler und diskursiv-logischer Zusammenhänge entlarven ließen. So angesehen wäre die Dichtung nichts als ein «armseliger Gauklerbetrug» und nichts wäre mit ihr gewonnen «als ein gefälliger Wahn des Augenblicks, der beim Erwachen verschwindet»[24]. Beide, das dichterische, bildhafte Sprechen und das diskursive Bezeichnen, sind Formen der Wahrheitsaussage. Sie schließen einander nicht aus. Verarmung wäre es, wenn man eine der beiden Funktionen der Sprache leugnete; eine gefährliche Illusion, wenn man sie unkritisch miteinander vermischen würde.

Bisher hat Schiller das Schöne in der Natur definiert. In dem zweiten Brief an Körner vom 28. Februar 1793 geht er nun zum Problem der Schönheit in der Kunst über. Naturdinge mögen uns schön – d. i. frei und zugleich gesetzlich – erscheinen. Die Kunst stellt aber nicht nur schön erscheinende Dinge dar; das würde ihr Gebiet ungemein eng machen. Durch eine schöne Behandlungsweise können *alle* Dinge als frei und gesetzlich erscheinen. «Freiheit der Darstellungsweise» ist also der Begriff, den Schiller jetzt zu definieren unternimmt. Zunächst unterscheidet er *Darstellung* von *Beschreibung* und klärt damit, was uns anbelangt, den Gegensatz von einer dichterischen und einer diskursiven Sprache. «Man *beschreibt* einen Gegenstand, wenn man die Merkmale, die ihn kenntlich machen, in Begriffe verwandelt, und zur Einheit der Erkenntnis verbindet[25].» Darstellung verwandelt nicht in Begriffe. Sie macht den Gegenstand *unmittelbar anschaulich* für die *Einbildungskraft*. «Frei dargestellt heißt also ein Gegenstand, wenn er der Einbildungskraft als durch sich selber bestimmt vorgehalten wird[26].» Die Autonomie des Gegenstandes muß sinnlich anschaulich sein, nicht nur begrifflich erkannt werden, sonst ist der Gegenstand nicht schön.

Dieser Autonomie, oder wir könnten auch sagen, ‚Stimmigkeit' des Gegenstandes stehen nun in der Kunst eine Reihe von Widerständen entgegen. Die Darstellung bedarf nämlich eines Mediums, das von dem Dargestellten «materialiter» ganz verschieden ist. Der Gegenstand ist in einem Kunstwerk nicht selber da. Nur seine Form erscheint in einem Medium vorgestellt, «welches wieder

a) seine eigene Individualität und Natur hat;
b) von dem Künstler abhängt, der gleichfalls als eine eigene Natur zu betrachten ist[27]».

Drei Naturen ringen also nach Schillers Auffassung im Kunstwerk miteinander. Die *Form* des dargestellten Gegenstandes, zweitens der *Stoff* oder das Medium der Darstellung, und drittens die individuelle Natur des Künstlers[28]. Es erhebt sich damit die Frage, wie denn die Form eines dargestellten Gegenstandes noch frei und rein, d. h. durch sich selbst bestimmt erscheinen kann, wenn die fremde Natur der Sprache und die fremde Natur des Dichters sich in die Darstellung einmischen. Darüber besteht für Schiller kein Zweifel, daß sobald dem Repräsentierten durch das Darstellungsmedium oder die Natur des Künstlers Gewalt angetan wird, dies Repräsentierte nicht mehr autonom oder ‚stimmig' und daher nicht mehr schön ist. Er ist daher überzeugt, daß in einem schönen Kunstwerk beide, das Medium und der Künstler, «durch völlige Ablegung oder vielmehr *Verleugnung*»[29] ihrer Natur ganz in der Form des Gegenstandes aufgehen müssen. *Stil*, d. h. eine reine Objektivität der Darstellung, ist «der höchste Grundsatz der Künste». «Der Stil ist eine völlige Erhebung über das Zufällige zum Allgemeinen und Notwendigen[30].» Auf seinem eigenen Wege ist damit Schiller zu der Unterscheidung gelangt, die auch Goethe macht, wenn er den *Stil* der «Manier» und der «einfachen Nachahmung» entgegenstellt[31].

In der Anwendung dieses Stilbegriffs ist Schiller äußerst rigoros. Empfindet man an einer Marmorstatue den Marmor als etwas Heterogenes, dann leidet die Schönheit des Werkes darunter. Empfindet man an einem Gedicht die Sprache als etwas Heterogenes, ist ein Wort, ein Bild oder eine grammatische Konstruktion nicht ganz in der Form des Gebildes aufgegangen, so ist das Wortkunstwerk nicht ‚stimmig'. Und ebenso ist es mit der Natur des Künstlers. Ist an einem Kunstwerk «der eigentümliche Geschmack des Künstlers, die Künstler-Natur sichtbar, so ist [es] *manieriert*»[32]. Wir müssen dies wohl so verstehen, daß die Autonomie oder Stimmigkeit des schönen Kunstwerks, die hier mit «Stil» bezeichnet wird, den eigentümlichen Geschmack oder die Geisteseigentümlichkeit des Künstlers nicht völlig ausschließt. Wie wäre dies auch möglich? Diese dürfen nur nicht so in den Vordergrund treten, daß wir uns mehr für den Künstler als für die Erscheinung des Dargestellten interessieren. In diesem Falle wäre die Eigentümlichkeit des Künstlers der Idee des dargestellten Gegenstandes heterogen. Wir würden einen leisen oder offenen Konflikt zwischen beiden verspüren und das Resultat wäre, daß wiederum an dem Kunstwerk etwas nicht ‚stimmt'. Schiller unterscheidet daher drei Stufen, die den Wert eines Künstlers oder seines Werks ausmachen. «Der große Künstler», sagt er, «zeigt uns den Gegenstand (seine Darstellung hat reine Objektivität), der mittelmäßige zeigt sich selbst (seine Darstellung hat Subjektivität), der schlechte seinen Stoff (die Darstellung wird durch die Natur des Mediums und durch die Schranken des Künstlers bestimmt)[33].» Schlecht ist also ein Kunstwerk, das durch die Natur des Darstellungsmediums bestimmt wird. Hier nun endlich kommt Schiller zu dem Teil der Abhandlung, in dem er sich über das Wesen der Sprache als Medium des Dichters ausläßt.

Die Schwierigkeit für den Dichter besteht seiner Meinung nach darin, daß die Sprache, so wie er sie vorfindet, unfähig ist, die Dinge direkt darzustellen und für die Einbildungskraft anschaulich zu machen. «Das Medium des Dichters», sagt er, «sind *Worte;* also abstrakte Zeichen für Arten und Gattungen, niemals für Individuen; und deren Verhältnisse durch *Regeln* bestimmt werden, davon die *Grammatik* das System enthält[34].» Daß keine materielle Ähnlichkeit zwischen der Sprache und den Dingen, die in ihr dargestellt werden sollen, besteht, scheint ihm nicht wichtig, denn eine materielle Ähnlichkeit besteht ja auch nicht zwischen einer Marmorstatue und dem vorgestellten Menschen. Auch daß die formale Beziehung des Wortzeichens zum Bezeichneten, mit Ausnahme von onomatopoetischen Wörtern, auf einer bloßen Konvenienz beruht, macht seiner Meinung nach nichts aus, solange es Wörter und Sätze gibt, welche im Stande sind, «die ganze objektive Eigentümlichkeit des Einzelnen», den Charakter der Dinge und ihre individuellen Verhältnisse darzustellen. Gerade daran aber fehlt es nach Schillers Ansicht. Die Worte wie auch die grammatischen und syntaktischen Gesetze sind allgemein und bezeichnen nicht *ein* Individuum, sondern eine unendliche Anzahl von Individuen und Verhältnissen, die nur durch «eine besondere *Operation* des Verstandes einer individuellen Vorstellung angepaßt werden. Das darzustellende Objekt muß also, ehe es vor die Einbildungskraft gebracht und in Anschauung verwandelt wird, durch das abstrakte Gebiet der *Begriffe einen sehr weiten Umweg nehmen,* auf welchem es viel von seiner Lebendigkeit (sinnlichen Kraft) verliert »[35].

Das Medium der Dichtung, die Sprache, liegt für Schiller damit seiner Natur nach im Streit mit der Aufgabe, das Individuelle eines Gegenstandes *darzustellen* und der Einbildungskraft *anschaulich* zu machen. «Die Sprache stellt alles vor den *Verstand,* und der Dichter soll alles vor die *Einbildungskraft* bringen (darstellen); die Dichtung will *Anschauungen,* die Sprache gibt nur *Begriffe*[36].» Die Autonomie des Gegenstandes, seine Anschaulichkeit und Individualität wird durch die Natur des Mediums, die Begrifflichkeit und Allgemeinheit der Sprache beeinträchtigt. Es tritt damit das ein, was Schiller Heteronomie nennt und was wir mit ‚Verstimmung' bezeichnet haben, d. i. ein Zustand, der Schönheit ausschließt, die ja in der Erscheinung der Freiheit besteht. Er fährt daher fort: «Der Gegenstand wird also der Einbildungskraft nicht als durch sich selbst bestimmt, also nicht frei, vorgestellt, sondern gemodelt durch den Genius der Sprache, oder er wird gar nur vor den Verstand gebracht; und so wird er entweder nicht frei dargestellt, oder gar nicht dargestellt, sondern bloß beschrieben. Soll eine poetische Darstellung frei sein, so muß der Dichter ‚*die Tendenz der Sprache zum Allgemeinen durch die Größe seiner Kunst überwinden und den Stoff* (Worte und ihre Flexions- und Konstruktions-Gesetze) *durch die Form* (nämlich die Anwendung derselben) *besiegen*'. Die Natur der Sprache (eben diese ist ihre Tendenz zum Allgemeinen) muß in der ihr gegebenen Form völlig untergehen, der Körper muß sich in der Idee, das Zeichen in dem Bezeichneten, die Wirklichkeit in der Erscheinung verlieren. Frei und siegend muß das Darzustellende aus dem Darstellenden hervorscheinen und trotz allen Fesseln der Sprache in seiner ganzen Wahrheit, Lebendigkeit und Persönlichkeit vor der Einbildungskraft dastehen. Mit einem Wort: Die Schönheit der poetischen Darstellung ist *,freie Selbsthandlung der Natur in den Fesseln der Sprache*'[37].» An dieser in unserem Zusammenhang entscheidenden Stelle brechen Schillers Ausführungen ab.

Die Ansicht, für Schiller sei die Sprache eine Leistung des Verstandes geblieben und er habe einen tiefen Verdacht gegen sie gehegt, stützt sich vor allem auf diesen Abschnitt der *Kallias-Briefe*. In der Tat scheint die Tatsache, daß sie hier als eine Fessel bezeichnet wird, daß sie alles vor den Verstand stelle und es ihre Natur sei, eine Tendenz zum Allgemeinen zu haben, für die Berechtigung einer solchen Auffassung zu sprechen.

Bereits verschiedentlich war es notwendig, auf die Eigenart und die gelegentliche Doppeldeutigkeit der Schillerschen Ausdrucksweise hinzuweisen[38]. Auch an dieser Stelle darf nicht unbeachtet bleiben, daß Schiller, wenn er von Natur spricht, diesen Ausdruck in zwei ganz verschiedenen Weisen benutzt. Natur kann ,wirkliche Natur' bedeuten, oder aber auch das, was er ,wahre Natur' nennt. Wahre Natur ist für ihn, wie wir bereits sahen, gleichbedeutend mit Freiheit[39]. Von der wahren Natur kann nun aber, wie Schiller in der Abhandlung über *Naive und sentimentalische Dichtung* sagt, die wirkliche nicht sorgfältig genug unterschieden werden. «Wirkliche Natur existiert überall, aber wahre Natur ist desto seltener; denn dazu gehört eine innere Notwendigkeit des Daseins. Wirkliche Natur ist jeder noch so gemeine Ausbruch der Leidenschaft ... wirkliche menschliche Natur ist jede moralische Niederträchtigkeit, aber wahre menschliche Natur ist sie hoffentlich nicht ... Es ist nicht zu übersehen, zu welchen Abgeschmacktheiten diese Verwechslung wirklicher mit wahrer menschlicher Natur in der Kritik wie in der Ausübung verleitet hat[40].» Hier verhält sich die wirkliche zur wahren Natur wie das noch ungeformte Rohmaterial oder der Stoff zur idealen Form oder der Gestalt, die im Kunstwerk zur Erscheinung kommt. Obwohl dies Schiller an keiner mir bekannten Stelle ausdrücklich tut, scheint mir die Annahme berechtigt, daß er in der Tat eine ähnliche Unterscheidung zwischen der *wirklichen* und der *wahren Natur* der Sprache macht. Der Satz:

«Die Natur der Sprache (eben diese ist ihre Tendenz zum Allgemeinen) muß in der ihr gegebenen Form völlig untergehen, der Körper muß sich in der Idee, das Zeichen in dem Bezeichneten, die *Wirklichkeit* in der Erscheinung verlieren», deutet unmißverständlich darauf hin, daß Schiller hier nur von der ‚wirklichen Sprache' spricht. Zur wahren Sprache, wie sie in der Dichtung hervortritt, verhält sich die wirkliche, wie der Stoff zur Form oder der Körper zur Idee. Was für die Beziehung der Kunst zur wirklichen Natur im allgemeinen gilt, würde demnach auch für die Beziehung der Dichtung zur ‚wirklichen Sprache' gelten. Der Dichter muß die ‚wirkliche Sprache', ihre Abstraktheit und Allgemeinheit, durch die Größe seiner Kunst überwinden. Die ‚wirkliche Sprache' ist nur der Stoff, das Rohmaterial, das in der freien poetischen Darstellung durch die Form besiegt wird. Der Verdacht Schillers richtet sich nur gegen die ‚wirkliche Sprache', die in der Tat als Leistung des Verstandes eine Fessel für den Dichter bedeutet. Ganz allgemein aber von einem tiefen Verdacht Schillers gegen die Sprache zu reden, scheint mir irreführend. Gegen die ‚wahre Sprache' der Dichtung hat Schiller niemals einen Verdacht gehegt. Im Gegenteil, von ihr und nur von ihr, glaubte er, könne eine befreiende Wirkung auf die Menschheit ausgehen.

Noch einen Punkt gilt es nun zu klären. Schiller klagt, wie wir sahen, über die Tendenz der Sprache zur begrifflichen Allgemeinheit. Diese begriffliche Allgemeinheit ist klar zu unterscheiden von der Allgemeinheit, die zum Wesen aller Kunst gehört. Die höchste Aufgabe der Kunst, in der körperlichen Form eines Gegenstandes seinen Geist erscheinen zu lassen, nennt Schiller ‚Idealisierung'. Auch diesen so leicht mißverständlichen Begriff müssen wir im Sinne Schillers zu verstehen suchen. Ein Dichter oder Künstler ‚idealisiert' einen Gegenstand, wenn er ihn von allem Zufälligen reinigt, von allem Fremdartigen befreit und seine innere Notwendigkeit dadurch zur Erscheinung bringt, daß er das Individuelle und Lokale zum Allgemeinen erhebt. Diese Allgemeinheit der Idee oder des Ideals, die sich in sinnlichen Formen offenbart, ist der abstrakten Allgemeinheit der Begriffe radikal entgegengesetzt. Durch die abstrahierende Verallgemeinerung der Verstandesbegriffe verliert der Gegenstand seine Individualität, niemals aber durch die Idealisierung der Kunst, welche gleich weit entfernt ist von der Beschränktheit einer individuellen sinnlichen Wirklichkeit und der Allgemeinheit abstrakter Begriffe[41]. Das Kunstwerk hat Individualität und Leben, aber es ist nicht gestaltlos, zufällig, bedingt und subjektiv wie das individuelle Leben in der Wirklichkeit. Das Kunstwerk hat Allgemeinheit, aber nicht die tote, seelenlose Abstraktheit des Verstandesbegriffs. Es ist gereinigte, objektive

Sinnlichkeit und anschaulich dargestellte Idee; es ist, wie wir schon vorher sagten, eine ‚lebende Gestalt', oder noch anders ausgedrückt, symbolisch.

Aus dieser sinnlich anschaulichen Allgemeinheit ergibt sich zweierlei. An einem Kunstwerk ist nichts *wirklich*. In allen seinen Teilen erhebt es sich über die bloße, beschränkte Wirklichkeit. Es ist wahrer Schein. An einem Kunstwerk ist aber auch nichts *begrifflich* und abstrakt. Alles an einem Kunst- oder Dichtwerk ist Symbol des Wirklichen oder sinnliches Abbild eines idealen Urbildes. Ein gemalter Baum ist kein wirklicher Baum, der Tag auf dem Theater ist kein wirklicher Tag, das Ich in einem lyrischen Gedicht ist kein wirkliches Ich. Der Baum, der Tag und das Ich sind aber auch keine Begriffe. Genau in diesem Sinne ist nun auch die Sprache des Dichters, die prosaische sowohl als die metrische, ganz besonders aber die letztere, nicht *wirkliche* Sprache und nicht *begriffliche* Sprache, sondern *symbolische* Sprache. Wie die Kunst überhaupt, so steht auch die dichterische Sprache am Indifferenzpunkt zwischen dem Ideellen und dem Sinnlichen und muß klar von beiden abgegrenzt werden.

Aus der Mittelstellung der Kunst ergeben sich ferner zwei ganz verschiedene Anforderungen an den Dichter auf der einen Seite und an die Sprache als dichterisches Medium andererseits. Der Dichter muß nach Schillers Meinung das Individuum in sich auslöschen und sich zur Gattung erheben. So kann er z. B. nicht mitten aus der Leidenschaft heraus dichten, weil sonst seine Empfindungen unausbleiblich «von ihrer idealischen Allgemeinheit zu einer unvollkommenen Individualität herabsinken»[42]. In bezug auf die Sprache liegt das Problem für Schiller genau umgekehrt. Die wirkliche Sprache, wie der Dichter sie vorfindet, ist zu allgemein und begrifflich. Hier besteht der Sieg der Form über den Stoff und die Wirklichkeit darin, daß das Allgemeine individualisiert und das Begriffliche vor die Anschauung gebracht wird. Der allzu subjektive Dichter muß sich von sich selbst distanzieren und sich über das Besondere erheben. Die allzu allgemeine und der Sinnlichkeit entfremdete Sprache muß sich andererseits zum Individuellen herablassen. Der Dichter ist zu sinnlich und lebendig und darunter leidet das Ideal und die Gestalt. «Alles, was der Dichter uns geben kann, ist seine Individualität ... Diese seine Individualität so sehr als möglich zu veredeln, zur reinsten herrlichsten Menschlichkeit heraufzuläutern, ist sein erstes und wichtigstes Geschäft, ehe er es unternehmen darf, die Vortrefflichen zu rühren[43].» Die Sprache dagegen ist so allgemein, daß sie in Gefahr steht, zum toten Buchstaben und zur Formel zu werden, die überhaupt nicht mehr zu rühren und zu erschüttern vermögen. Der Dichter muß die Sprache von ihrer starren Gesetzlichkeit und abstrakten Begrifflichkeit erlösen und dem Wort sinnliche Anschaulichkeit und Leben geben. Nur durch die Überwindung beider Extreme, einer ungestalteten Sinnlichkeit und einer leblosen Allgemeinheit kann die Dichtung ihre höchste Aufgabe erfüllen, ein anschauliches Symbol für die Freiheit des Menschen und für seine Einheit und Ganzheit im lebendigen Spiel aller seiner Kräfte zu sein.

DAS LEBENDE WORT IN DER SPRACHE DES GENIES UND DER NAIVEN DICHTUNG

In der Abhandlung *Über naive und sentimentalische Dichtung* finden wir eine Darstellung, wie sich nach Schillers Ansicht die Sprache des genialen Dichters von der abstrakten Begrifflichkeit der diskursiven Sprache unterscheidet. Mit einer «naiven Anmut», heißt es da, «drückt das Genie seine erhabensten und tiefsten Gedanken aus ... Wenn der Schulverstand, immer vor Irrtum bange, seine Worte wie seine Begriffe an das Kreuz der Grammatik und Logik schlägt, hart und steif ist, um ja nicht unbestimmt zu sein, viele Worte macht, um ja nicht zu viel zu sagen, und dem Gedanken, damit er ja den Unvorsichtigen nicht schneide, lieber die Kraft und die Schärfe nimmt, so gibt das Genie dem seinigen mit einem einzigen glücklichen Pinselstrich einen ewig bestimmten, festen und dennoch ganz freien Umriß. Wenn dort das Zeichen dem Bezeichneten ewig heterogen und fremd bleibt, so springt hier wie durch innere Notwendigkeit die Sprache aus dem Gedanken hervor und ist so sehr eins mit demselben, daß selbst unter der körperlichen Hülle der Geist wie entblößt erscheint. Eine solche Art des Ausdrucks, wo das Zeichen ganz in dem Bezeichneten verschwindet, wo die Sprache den Gedanken, den sie ausdrückt, noch gleichsam nackend läßt, da ihn die andere nie darstellen kann, ohne ihn zugleich zu verhüllen, ist es, was man in der Schreibart vorzugsweise genialisch ... nennt[44].»

In der Sprache des genialen Dichters ist also das Problem, von dem wir ursprünglich ausgingen, völlig gelöst. Das Herz kann sich mitteilen und das Ausgesprochene ist ein treuer Spiegel der seelischen Ganzheit. Instinktiv, mit «anspruchsloser Simplizität und Leichtigkeit» spricht der geniale Dichter. Er «verfährt nicht nach erkannten Prinzipien, sondern nach Einfällen und Gefühlen»; aber seine Einfälle sind nicht willkürlich, sondern artikuliert und geformt; sie sind, wie Schiller sagt, «Eingebungen eines Gottes ..., seine Gefühle sind Gesetze für alle Zeiten und für alle Geschlechter der Menschen[45].» In seinen Werken wie in seinem

Umgang mit Menschen ist die Sprache des Genies ein vollkommenes Symbol für eine ursprüngliche, noch ungeteilte geistig-sinnliche Einheit des Menschen.

Von der Möglichkeit einer solchen Einheit wissen wir nach Schillers Meinung heute nur noch durch die Sprache der Dichter, denn im Leben wie auch in der Umgangssprache existiert sie schon lange nicht mehr. Die instinktive Übereinstimmung zwischen Empfinden und Denken ist in den meisten Menschen unwiderruflich durch die Reflexion aufgehoben und damit ist auch die Beziehung zwischen Natur und Kunst, wirklicher Sprache und wahrer Sprache problematisch geworden. Die modernen Menschen sind nicht mehr in der Sprache und in der Natur beheimatet. Die Natur erscheint uns nur noch, wie Schiller sagt, «als glückliche Schwester, die im mütterlichen Hause zurückblieb, aus welchem wir im Übermut unserer Freiheit heraus in die Fremde stürmten. Mit schmerzlichem Verlangen sehnen wir uns dahin zurück, sobald wir angefangen, die Drangsale der Kultur zu erfahren und hören im fernen Ausland der Kunst der Mutter rührende Stimme »[46]. Wenn Schiller einmal sagt, daß unser «Gefühl für Natur ... der Empfindung eines Kranken für die Gesundheit »[47] gleiche, so gilt das durchaus auch für die Stellung zur Sprache. An die Stelle sinnlicher Bestimmtheit und Anschaulichkeit ist durch die Furcht vor dem Irrtum die harte und steife Gesetzlichkeit von Grammatik und begrifflicher Logik getreten und an die Stelle der geistigen Freiheit eine unsinnliche Subjektivität. Das Zeichen und das Bezeichnete sind einander heterogen und fremd geworden. Daraus entsteht das tiefe Leiden an der Sprachlosigkeit der Seele. In der begrifflichen Erstarrung, im gesetzlosen Lärm und in der Nichtigkeit des leeren Geschwätzes muß das lebendige Wort verstummen.

Aus der Sprachnot seiner Zeit heraus schaut Schiller auf jene früheren Zeiten zurück, wo seiner Ansicht nach die Sprache eines ganzen Volkes noch jene symbolisierende und vereinigende Ausdruckskraft besaß, die später nur noch im dichterischen Genius weiterlebt. In jenen glücklicheren Zeiten sah er einen Zustand der natürlichen Einfalt, «wo der Mensch noch mit allen seinen Kräften zugleich als harmonische Einheit wirkt, wo mithin das Ganze seiner Natur sich in der Wirklichkeit vollständig ausdrückt »[48]. Da war die Volks- und Alltagssprache noch lebendig und verband die Menschen untereinander, ja mehr noch, sie stellte eine Gemeinschaft zwischen den Menschen und ihren Göttern her. Als Gestalter der Sprache waren die Dichter die Begründer und Verkünder dieser lebendigen Gemeinschaft. Ihr Gesang war das symbolische Abbild eines göttlichen Urbildes.

Die Sänger der Vorwelt

Sagt, wo sind die Vortrefflichen hin, wo find' ich die Sänger,
    Die mit dem lebenden Wort horchende Völker entzückt,
Die vom Himmel den Gott, zum Himmel den Menschen gesungen
    Und getragen den Geist hoch auf den Flügeln des Lieds?
Ach, noch leben die Sänger; nur fehlen die Taten, die Lyra
    Freudig zu wecken, es fehlt, ach! ein empfangendes Ohr.
Glückliche Dichter der glücklichen Welt! Von Munde zu Munde
    Flog, von Geschlecht zu Geschlecht euer empfundenes Wort.
Wie man die Götter empfängt, so begrüßte jeder mit Andacht,
    Was der Genius ihm, redend und bildend, erschuf.
An der Glut des Gesangs entflammten des Hörers Gefühle,
    An des Hörers Gefühl nährte der Sänger die Glut,
Nährt' und reinigte sie, der Glückliche, dem in des Volkes
    Stimme noch hell zurück tönte die Seele des Lieds,
Dem noch von außen erschien, im Leben, die himmlische Gottheit,
    Die der neuere kaum, kaum noch im Herzen vernimmt[49].

Ist dieses begeisterte Loblied auf die Menschen und Götter vereinigende Kraft des lebendigen Wortes das Gedicht eines Mannes, der «von einem tiefen Verdacht gegen die Sprache erfüllt» war und der die Sprache «nur als ein Begriffssystem reiner Verstandesoperationen» auffaßte? Oder ist es nicht vielmehr in einer an Hölderlin gemahnenden Weise die Klage eines einsamen Sängers, der die ganze heilende und heiligende Macht der Sprache kennt, aber trauernd erfährt, daß das empfangende Ohr fehlt, daß der Gesang echolos verklingt und die Seele des Liedes ihm nicht mehr in der Stimme des Volkes hell zurücktönt? Wie dem aber auch sei; es gibt für Schiller jedenfalls das «lebende Wort». Es lebt in der Seele des Liedes; der Dichter ist ein Sänger und die Gottheit, die in seinem Gesang sinnlich erscheint und früher einmal die menschliche Gemeinschaft begründete, wird in neuerer Zeit nur noch von wenigen und nur noch mit dem Herzen vernommen. Wohl leben die Sänger noch. Die ungeteilte Zusammenstimmung von Geist und Sinnen, von Individuum und Volk, von Mensch und Gott ist aber verloren gegangen. Die Menschen sind ihrer Sprache und damit sich selbst entfremdet.

                    Vermessene Willkür
Hat der getreuen Natur göttlichen Frieden gestört.
Das entweihte Gefühl ist nicht mehr Stimme der Götter,
    Und das Orakel verstummt in der entadelten Brust[50].

DER DICHTER IN ZEITEN DER SPRACHLICHEN ENTFREMDUNG

In den *Ästhetischen Briefen* hat Schiller ein ‚weitläufiges Gemälde' des Zustands entworfen, in dem sich die Menschheit befindet, wenn die Totalität des Charakters nicht mehr vorhanden ist. Da wird wohl noch weiter gesprochen und in diesem Sinne gibt es auch noch eine Sprache; die Sprache als Gesang und eröffnendes Symbol aber verstummt und damit werden die Menschen zu Bruchstücken. Sie sind des vollständigen und freien Gebrauchs aller ihrer Kräfte nicht mehr fähig. «Jene Polypennatur der griechischen Staaten, wo jedes Individuum eines unabhängigen Lebens genoß und, wenn es not tat, zum Ganzen werden konnte, machte jetzt einem kunstreichen Uhrwerke Platz, wo aus der Zusammenstückelung unendlich vieler, aber lebloser Teile ein mechanisches Leben im Ganzen sich bildet [51].» Menschen zwar gibt es noch, aber keine «gebildeten» Menschen, welche die Natur zu ihrem Freunde machen und nur ihre Willkür zügeln. Statt dessen gibt es nur «Wilde», bei denen ein ungezügeltes Gefühl vorherrscht und «Barbaren», deren Verstand alle Gefühle zerstört. An die Stelle des dichterischen Orakels, in dem die Stimme der Götter vernehmbar wird, tritt eine Sprache der subjektiven Leidenschaften und eine diskursive Sprache kalter Verstandesbegriffe. Die leidenschaftlich subjektiven Menschen vermögen sich nicht über die eigene individuelle Beschränktheit und über die enge Wirklichkeit der äußeren Welt, in der sie leben, zur wahren Natur zu erheben. «Wehe uns ..., wenn die Fratze sich in der Fratze spiegelt ..., wenn Menschen, die entblößt von allem, was man poetischen Geist nennt, nur das Affentalent gemeiner Nachahmung besitzen, es auf Kosten unseres Geschmacks greulich und schrecklich üben [52]!» Die kalte Verstandessprache andererseits reißt alles analytisch auseinander. Statt die Menschheit in sich auszubilden, wird der Verstandesmensch zu einem «Abdruck seines Geschäfts, seiner Wissenschaft». Der Geschäftsmann und der Wissenschaftler, diese leblosen Teile eines mechanischen Lebens, werden nach Schillers Meinung nur noch künstlich durch eine Sprache zusammengehalten, die zur bloßen Formel und, wo sie geschrieben wird, zum «Formular» geworden ist. «Der tote Buchstabe vertritt den lebendigen Verstand, und ein geübtes Gedächtnis leitet sicherer als Genie und Empfindung [53].» Im Leben wie in der Sprache wird das einzelne konkrete Leben vertilgt. «Der Geschäftsgeist, in einen einförmigen Kreis von Objekten eingeschlossen und in diesem noch mehr durch Formeln eingeengt, muß das freie Ganze sich aus den Augen gerückt sehen ... Der abstrakte Denker hat daher gar oft ein kaltes Herz, weil er die Eindrücke zergliedert, die doch nur als ein Ganzes die Seele rühren; der Geschäftsmann hat gar oft ein enges Herz, weil seine Einbildungskraft, in den einförmigen Kreis seines Berufs eingeschlossen, sich zu fremder Vorstellungsart nicht erweitern kann [54].»

Nicht besser als mit dem Affentalent gemeiner Nachahmung oder dem kaltherzigen Wissenschaftler und dem engherzigen Geschäftsmann steht es endlich, nach Schillers Meinung, mit den Idealisten und überspannten Phantasten. Wo der Wissenschaftler nach rationaler Klarheit, und der Geschäftsmann nach begrenzter Nützlichkeit strebt, da strebt der Idealist nach einem unbegrenzten Ideal, aber, von solchem Maximum erfüllt, geschieht es nur zu leicht, daß er den einzelnen Fall und die Anwendung in der Gegenwart übersieht und damit «das Minimum verabsäumt, aus dem allein doch alles Große in der Wirklichkeit erwächst» [55]. Auf sprachlichem Gebiet begegnen wir hier der Antithese zur platten Nachahmung der Wirklichkeit. Die Phantasterei geht über alle natürlichen und sinnlichen Grenzen hinaus «und überredet sich, als wenn schon das wilde Spiel der Imagination die poetische Begeisterung ausmache» [56]. Wenn in der Sprache des Wissenschaftlers abstrakte Begrifflichkeit, in der des Geschäftsmannes die konventionelle Formel an die Stelle der lebendigen Form treten, so finden wir in der Sprache des poetischen Phantasten ein willkürliches, leeres Spielen mit Worten ohne allen inneren Gehalt, welches das Herz nicht zu bewegen und zu erschüttern vermag. Wie aber Schillers Sympathie dem kaltherzigen Wissenschaftler und dem engherzigen Geschäftsmann gegenüber doch noch mehr auf der Seite des rohen Naturmenschen steht, weil ihm wenigstens das Herz «noch oft sympathetisch schlägt», so verdient in seinen Augen auch die Überspanntheit des Phantasten nicht so sehr Verachtung als Zurechtweisung. «Wer darüber spottet, mag sich wohl prüfen, ob er nicht vielleicht aus Herzlosigkeit so klug, aus Vernunftmangel so verständig ist [57].»

Das Problem der Sprache wie das des Menschen überhaupt ist, wie hier wiederum deutlich wird, für Schiller aufs engste mit der Bewegtheit und der Erschütterungsfähigkeit des Herzens verbunden. Der Natursohn hat ein Herz, wenn es auch leidenschaftlich verwildert ist und nur nach sinnlichem Genuß strebt. Auch der idealistische Phantast hat ein Herz, wenn es sich auch leidenschaftlich nach dem Ewigen allein sehnt und daher alles Sinnliche überspringend in Leerheit und Verspieltheit endet. Für beide ist noch Hoffnung vorhanden, daß sie sich einmal zurückfinden zur Einheit von Sinnen und Geist. Der kaltherzige Rationalist aber und der engherzige Utilitarist sind für Schiller hoffnungslos. Sie können sich weder im Leben zur Harmonie aller menschlichen Kräfte noch in der Sprache zum Symbol und zur Dichtung zurückfinden. Für sie ist die Sprache zu einem bloß dienenden, auswechselbaren Zeichen und die Kunst zu einer bloßen erbaulichen Dekoration geworden[58].

So sieht es also nach Schillers Meinung in dem Leben und in der Sprache einer Welt aus, in der das Orakel der Dichtung von den entadelten Herzen der Menschen nicht mehr verstanden oder vernommen wird. Die Aufgabe der wahren Dichtung ist es, die verloren gegangene Einheit wiederherzustellen. Und nur die Poesie vermag dies durch ihre Symbole zu leisten. «Bei der Vereinzelung und getrennten Wirksamkeit unserer Geisteskräfte, die der erweiterte Kreis des Wissens und die Absonderung der Berufsgeschäfte notwendig macht, ist es die Dichtkunst beinahe allein, welche die getrennten Kräfte der Seele wieder in Vereinigung bringt ..., welche Kopf und Herz, Scharfsinn und Witz, Vernunft und Einbildungskraft in harmonischem Bunde beschäftigt, welche gleichsam *den ganzen Menschen* in uns wieder herstellt. Sie allein kann das Schicksal abwenden, das traurigste, das dem philosophischen Verstande widerfahren kann, über dem Fleiß des Forschens den Preis seiner Anstrengungen zu verlieren und in einer abgezogenen Vernunftswelt für die Freuden der wirklichen zu sterben. Aus noch so divergierenden Bahnen würde sich der Geist bei der Dichtkunst wieder zurecht finden und in ihrem verjüngenden Licht der Erstarrung eines frühzeitigen Alters entgehen. Sie wäre die jugendlich blühende Hebe, welche in Jovis Saal die unsterblichen Götter bedient[59].»

Hier finden wir in der gehobenen Prosasprache der theoretischen Schriften die Verheißung einer neuen Jugend durch die Poesie. Die Dichtung kann auch heute noch das wiederherstellen, was einstmals, wie das Gedicht «Die Sänger der Vorwelt» singt, in der griechischen Antike wirklich bestand. Noch enger, bis in die einzelnen Sprachbilder hinein, ist der Zusammenhang jenes Gedichtes mit der letzten von Schillers theoretischen Schriften, der Einleitung zur *Braut von Messina, Über den Gebrauch des Chors in der Tragödie.* Auch dort handelt es sich um denselben Gedanken, daß es die Aufgabe des Dichters sei, einer zerbrochenen und sich selbst entfremdeten Welt durch das lebendige Wort seiner poetischen Sprache eine neue Einheit mit sich selbst und mit den Göttern zu geben. «Der Palast der Könige ist jetzt geschlossen», heißt es da, «die Gerichte haben sich von den Toren der Städte in das Innere der Häuser zurückgezogen, die Schrift hat das lebendige Wort verdrängt, das Volk selbst, die sinnlich lebendige Masse, ist, wo sie nicht als rohe Gewalt wirkt, zum Staat, folglich zu einem abgezogenen Begriff geworden, die Götter sind in die Brust des Menschen zurückgekehrt. Der Dichter muß die Paläste wieder auftun, er muß die Gerichte unter freien Himmel herausführen, er muß die Götter wieder aufstellen, er muß alles Unmittelbare, das durch die künstliche Einrichtung des wirklichen Lebens aufgehoben ist, wieder herstellen[60].»

Die Schrift hat das lebendige Wort verdrängt. Das ist ein Gedanke, der tief in das Problem der Sprache hineinführt, wie es sich Schiller darstellte. In der Schrift steht die Sprache immer in Gefahr zur toten Formel, zum bloßen Buchstaben zu werden und damit die symbolische Kraft des lebenden Wortes zu verlieren. In diesem Sinne stellt das Gedicht «Der Genius» unter dem Bild von Antike und Neuzeit die Sprache als lebendige Form der toten Formel gegenüber. Damals, heißt es, wandelte das Heilige noch im Leben. Das große, stille Gesetz der Natur, das sich im Sonnenlauf wie im kleinsten Organismus offenbarte, bewegte auch «der menschlichen Brust freiere Wellen». Da gab es keinen Profanen und keinen Eingeweihten. Was man lebendig empfand war jeglichem Herzen gleich verständlich und dennoch blieb der Quell, aus dem dieses Gesetz «lebend entfloß» jedem verborgen. Jetzt aber ist das Orakel verstummt. An die Stelle eines freien Glaubens an die Wahrheit des lebendigen Wortes ist das Bedürfnis nach der Sicherheit einer beweisbaren Wahrheit getreten, die sich in Buchstaben, in schriftlichen Dokumenten, in begrifflichen Systemen niederlegen läßt.

«Glaub' ich», sprichst du, «dem Wort, das der Weisheit Meister mich
[lehren,
Das der Lehrlinge Schar sicher und fertig beschwört?
Kann die Wissenschaft nur zum wahren Frieden mich führen,
Nur des Systemes Gebälk stützen das Glück und das Recht?
Muß ich dem Trieb mißtraun, der leise mich warnt, dem Gesetze,
Das du selber, Natur, mir in den Busen geprägt,
Bis auf die ewige Schrift die Schul' ihr Siegel gedrücket,
Und der Formel Gefäß bindet den flüchtigen Geist? ...
Dir ist bekannt, was die Gruft der dunkeln Wörter bewahret,
Ob der Lebenden Trost dort bei den Mumien wohnt[61].

Die Bilder dieses Gedichts enthüllen den radikalen Gegensatz zwischen den beiden Welten. Dort das lebende, das von jeglichem Herzen verstandene Orakelwort des Dichters; hier die Gruft der dunkeln Wörter der Wissenschaft; der gefühlten Gewißheit der freieren Wellen der menschlichen Brust steht die beschworene, fertige und sichere Lehre gegenüber, die auf dem Gebälk von Systemen beruht; dem stillen, heiligen Gesetz, der Schrift der Natur, darf nun nicht mehr vertraut werden, sondern dem Siegel der Schule und dem Gefäß der Formel.

In einer solchen Zeit der inneren Entzweiung und Entfremdung, wo auf der einen Seite Mißtrauen gegen das Gefühl und die Natur herrscht und auf der anderen eine falsche Gewißheit sich auf tote Formeln und abstrakte Begriffe stützt, ist der Dichter als Bewahrer und Verkünder des lebenden Wortes mit Notwendigkeit einsam. Was ihm nicht mehr von außen zuströmt, das muß er frei aus seinem Inneren schöpferisch und neu hervorbringen. Die Götter haben sich in die Brust des Menschen zurückgezogen und ihr Wort wird nur noch von wenigen und nur mit dem Herzen vernommen.

> Nur in dem stillen Selbst vernimmt es der horchende Geist noch,
> Und den heiligen Sinn hütet das mystische Wort[62].

Dem antiken Orakel gleich, im «mystischen Wort» den heiligen Sinn der Sprache zu hüten und in ihr die verlorene Natur aufzubewahren, darin besteht für Schiller der religiöse Beruf des Dichters und die verkündende Macht seines Gesangs in einer Zeit sprachlicher Entfremdung.

Von der Einheit und Freiheit des Menschen, die allein im dichterischen Wort symbolischen Ausdruck findet, muß nun auch nach Schillers Meinung eine Erneuerung der Philosophie und der Wissenschaften ihren Ausgang nehmen. Ähnlich wie in den *Ästhetischen Briefen,* wo er sagt, daß «der Weg zum Kopf durch das Herz muß geöffnet werden»[63], schließt auch das Gedicht «Der Genius» mit dem Gedanken, daß der Forscher «reines Herzens» in der Dichtung die Ganzheit der Natur finden könne, die ihm durch das rein begriffliche Denken verloren gegangen ist. Vom Genius muß die Wissenschaft lernen.

> Dich kann die Wissenschaft nichts lehren. Sie lerne von dir!
> Jenes Gesetz, das mit eh'rnem Stab den Sträubenden lenket,
> Dir nicht gilt's. Was du tust, was dir gefällt, ist Gesetz,
> Und an alle Geschlechter ergeht ein göttliches Machtwort:
> Was du mit heiliger Hand bildest, mit heiligem Mund
> Redest, wird den erstaunten Sinn allmächtig bewegen[64].

Wie die Philosophie von der Dichtung ausgeht, so mündet sie am Ende auch in sie wieder ein. «In der Poesie endigen alle Bahnen des menschlichen Geistes und desto schlimmer für ihn, wenn er sie nicht bis zu diesem Ziele zu führen den Mut hat. Die höchste Philosophie endigt in einer poetischen Idee, so wie die höchste Moralität, die höchste Politik. Der dichterische Geist ist es, der allen Dreien das Ideal vorzeichnet, welchem sich anzunähern ihre höchste Vollkommenheit ist[65].»

DIE ERNEUERUNG DER DICHTUNG KOMMT NICHT AUS DER SPRACHE SELBST

Der Mensch ist nach Schillers Meinung an das Schicksal der Sprache gebunden. So wie er dem historischen Schicksal und der Wirklichkeit nicht entgehen und sich ihnen nur in kühner Einfalt und ruhiger Unschuld entgegenstellen kann, so muß er auch den Zustand seiner Sprache mit freier Resignation auf sich nehmen. Er darf das Tragische nicht aus der Geschichte wegdenken wollen. Trotz seiner Verherrlichung des Griechentums erschien ihm daher alles passiv klagende Zurücksehen in die Einheit und Geborgenheit der Sprache einer früheren und glücklicheren Zeit sinn- und fruchtlos. Auch glaubte er nicht an eine Hilfe von außen, an eine Erneuerung der Sprache aus sich selbst heraus. Darin unterschied er sich deutlich und scharf von Herder. Gerade während der Zeit, als Schiller an dem Aufsatz *Über naive und sentimentalische Dichtung* arbeitete, schickte Herder ihm einen Beitrag zu den Horen, in dem er seine Gedanken über die Möglichkeit der Neubelebung der Dichtung aus dem Geist der Sprache heraus niederlegte. *Iduna oder der Apfel der Verjüngung* hieß diese Arbeit Herders. Iduna ist die Gattin des Braga, des Gottes der Dichtung. Die Götter haben ihr die Äpfel der Unsterblichkeit anvertraut. Altern die Götter, so verjüngen sie sich durch den Genuß derselben. Eine Auferstehung der Götter, so deutet Herder diesen Mythos, ist nur möglich, wenn ein Volk zu den mythologischen Anfängen zurückkehrt, die ihm in seiner eigenen Sprache noch lebendig sind. Nur das Eindringen in den Geist der Sprache kann zu einer echten neuen Dichtung führen. «Meinst du nicht auch ..., daß, wenn eine Nation eine Mythologie haben muß, es ihr daran gelegen sei, eine in ihrer eigenen Denkart und Sprache entsprossene Mythologie zu haben? Von Kindheit auf wird uns sodann die Ideenwelt dieser Dichtungen näher und inniger; mit dem Stammwort jeder derselben vernehmen wir sogleich ihren ersten Begriff und verfolgen ihn in seinen Zweigen und Abteilungen leicht und vernünftig. Alles in der Einkleidung Enthaltene dünkt uns glaubhafter, natürlicher; der dichterische Sinn, eigener Sprache genialisch eingeprägt, scheint mit ihr entstanden, mit ihr gleich ewig[66].» Die Dichtung und ihre Motive sind also in die Muttersprache eingebettet und wir brauchen nur unsere eigene Sprache zu begreifen, um einen neuen, ewig offenen Zugang zur Dichtung zu haben. Alle große Dichtung ist für Herder so entstanden. Die schöne Übereinstimmung der griechischen Bilder in Kunst, Weisheit und Dichtung entsprang aus ihrer

Fähigkeit, alles, auch das Fremde, neu aus sich herauszugebären. «Sie originierten es bei sich, sie idiotisierten es in ihrer Denkart und Sprache.» Auch die Ideen und Dichtungen des Dante, Petrarca und Ariost «waren aus der Denkart der Nation genommen und ihrer Muttersprache einverleibet. Bei den Britten war's nicht anders»[67]. Mythologie, Denkart und Dichtung werden also von der Stammes- und Muttersprache geprägt und aus dem Zurückgehen zu den Sprachwurzeln und Stammwörtern geht eine mögliche Verjüngung der Dichtung hervor.

An eine solche Erneuerung aus dem Geist der Sprache und der in ihr verborgenen, ewigen Schätze glaubte Schiller nicht. Er findet Herders Gedanken interessant, meint ihnen aber entschieden widersprechen zu müssen. «Ich selbst», schreibt er am 4. November 1795, «möchte ein paar Worte darauf sagen, um die Frage nach meiner Weise zu lösen. Gibt man Ihnen die Voraussetzung zu, daß die Poesie aus dem Leben, aus der Zeit, aus dem Wirklichen hervorgehen, damit eins ausmachen und darein zurückfließen muß und (in unseren Umständen) kann, so haben Sie gewonnen; denn da ist alsdann nicht zu läugnen, daß die Verwandtschaft dieser Nordischen Gebilde mit unserm Germanischen Geiste für jene entscheiden muß. Aber gerade jene Voraussetzung läugne ich. Es läßt sich, wie ich denke, beweisen, daß unser Denken und Treiben, unser bürgerliches, politisches, religiöses, wissenschaftliches Leben und Wirken wie die Prosa der Poesie entgegengesetzt ist. Diese Übermacht der Prosa in dem Ganzen unsres Zustandes ist, meines Bedünkens, so groß und so entschieden, daß der poetische Geist, anstatt darüber Meister zu werden, notwendig davon angesteckt und also zu Grunde gerichtet werden müßte. Daher weiß ich für den poetischen Genius kein Heil, als daß er sich aus dem Gebiet der wirklichen Welt zurückzieht und anstatt jener Coalition, die ihm gefährlich sein würde, auf die strengste Separation sein Bestreben richtet. Daher scheint es mir gerade ein Gewinn für ihn zu sein, daß er seine eigene Welt formieret und durch die Griechischen Mythen der Verwandte eines fernen, fremden und idealischen Zeitalters bleibt, da ihn die Wirklichkeit nur beschmutzen würde[68].»

In unserem Zusammenhang ist vor allem wichtig, was sich aus dem Gesagten für die Stellung Schillers zur Sprache ergibt, wobei es immerhin interessant ist festzustellen, daß Herder das Sprachproblem in den Mittelpunkt stellt, während Schiller mehr von der griechischen und nordischen Mythologie und Dichtung spricht. Was er aber von der Poesie sagt, daß sie nämlich nicht mehr unmittelbar aus dem Leben, aus der Zeit und der Wirklichkeit hervorgehen könne, das gilt offensichtlich auch von der Sprache. Ein direkter Weg von der Sprache, wie sie wirklich ist, zurück zur Sprache der kindlichen Unschuld, existiert für Schiller nicht. Der Glaube an eine solche Möglichkeit wäre ebenso romantisch und unfruchtbar wie der Traum von einer Erneuerung des Staats aus sich selber heraus. Die Gegensätze von Natur und Kunst, Wirklichkeit und Ideal, Alltagssprache und Dichtung sind nun einmal für den modernen Menschen schicksalhaft vorhanden. Stellt ein Dichter, der sich dieser Widersprüche in sich und in der Sprache nicht bewußt ist, ein «Gemälde der unverdorbenen Natur oder des erfüllten Ideals rein und selbstständig vor unsere Augen, so ist», meint Schiller, «jener Gegensatz doch in seinem Herzen und wird sich auch ohne seinen Willen in jedem Pinselstrich verraten. Ja, wäre dieses nicht, so würde schon die Sprache, deren er sich bedienen muß, weil sie den Geist der Zeit an sich trägt und den Einfluß der Kunst erfahren, uns die Wirklichkeit mit ihren Schranken, die Kultur mit ihrer Künstelei in Erinnerung bringen; ja unser eigenes Herz würde jenem Bild der reinen Natur die Erfahrung der Verderbnis gegenüberstellen[69].» Wir können dem, was in uns ist, der Trennung von Wirklichkeit und Ideal im Herzen des Dichters, im Herzen des Lesers und vor allem in unserer Sprache nicht entfliehen. In einer scheinbar so ausweglosen Situation kann die Erneuerung nur aus einer völligen inneren Umkehr, aus einer echten Wandlung des Herzens kommen. Das Künstliche der modernen Zeit kann nur durch eine höhere Kunst, die Entfremdung der prosaisch gewordenen Sprache von der Natur nur durch eine Entfremdung von der Prosa überwunden werden. Der neuen Totalität des menschlichen Daseins, nach der der wahre Dichter in seinem Herzen strebt, stehen die fernen Symbole und Sinnbilder der griechischen Mythologie und Dichtung gerade deswegen näher als die eigenen geschichtlichen Ursprünge, weil sie von der Prosa des wirklichen Lebens und der wirklichen Sprache distanziert sind. Nicht aus dem Leben und dem historisch Gewachsenen entspringt die neue Dichtung, sondern aus der Dichtung allein kann nach Schillers Auffassung ein neues, höheres Leben und eine sinnvollere Geschichte erwachsen.

Aber ist dies nicht ein circulus vitiosus? Der Dichter als Sprachschöpfer ist schicksalhaft in den prosaischen Charakter der Sprache seiner Zeit verstrickt und soll sich doch zur Dichtung erheben. Er ist ein Kind seiner Zeit und der ihn umgebenden Wirklichkeit und soll doch jenseits alles Zeitlichen nach Wahrheit streben. Dies ist in der Tat das Dilemma des modernen Menschen. Aber eine Lösung dieser schwierigen, scheinbar unlösbaren Aufgabe ist für Schiller dennoch möglich. Sie setzt, wie das in der Antwort auf Herder bereits angedeutet ist, zweierlei voraus:

die realistische Anerkennung des Gegebenen und den idealistisch mutigen Willen zur schöpferischen Tat der Wiedervereinigung.

Die Anerkennung des Gegebenen bedeutet, daß wir uns keinen bequemen Illusionen hingeben. Die Menschen sind nur noch Bruchstücke und Individuen aber keine Ganzheit mehr. Die Sprache ist nicht mehr lebendiges Wort. Das Volk ist nur noch eine formlose Masse oder ein abstrakter Begriff. Von der Volkssprache läßt sich daher für die neue Dichtung nur wenig erhoffen, weil weder die Sprache noch das Volk im echten Sinne heute noch existieren. Einen Volksdichter, wie es Homer seinem Weltalter oder die Troubadours dem ihrigen waren, wird man nach Schillers Meinung heute vergeblich suchen, denn wo früher alle Glieder der Gesellschaft in ihrem Empfinden und Denken ungefähr auf derselben Stufe standen und dieselbe Sprache verstanden, da gibt es heute die Kluft zwischen der kleinen Gruppe der Gebildeten und der großen Masse der Menschen[70]. Ein passives Klagen über diese Zustände ist des Menschen nicht würdig. «Jene Natur, die du dem Vernunftlosen beneidest, ist keiner Achtung, keiner Sehnsucht wert. Sie liegt hinter dir, sie muß ewig hinter dir liegen. Verlassen von der Leiter, die dich trug, bleibt dir jetzt keine andere Wahl mehr, als mit freiem Bewußtsein und Willen das Gesetz zu ergreifen oder rettungslos in eine bodenlose Tiefe zu fallen.» Mit freier Resignation muß sich der Mensch den Übeln der Kultur unterwerfen und sie als die Naturbedingungen des Einzigguten respektieren. «Sorge ... dafür, daß du selbst unter jenen Befleckungen rein, unter jener Knechtschaft frei, unter jenem launischen Wechsel beständig, unter jener Anarchie gesetzmäßig handelst. Fürchte dich nicht vor der Verwirrung außer dir, aber vor der Verwirrung in dir[71].»

Der gehobene Sprachton dieser Sätze aus dem Aufsatz *Über naive und sentimentalische Dichtung* deutet darauf hin, daß wir uns hier an dem Mittel- und Wendepunkt des Schillerschen Denkens befinden, wo er dem Menschen die Fähigkeit zuspricht, sich innerhalb der Geschichte dennoch über das Geschichtliche erheben zu können. Die mögliche Erneuerung kommt einzig und allein aus dem Inneren des Menschen, aus der Harmonie und Totalität aller seiner Kräfte, die sinnlichen Ausdruck in den Symbolen der Dichtung findet. Die Mythen liegen nicht in der Sprache verborgen und warten dort gleichsam, von menschlicher Hand wieder ans Licht gehoben zu werden, sondern sie sind der sinnlich gestaltete Ausdruck eines «inneren Lichts»[72] und wenn dies Licht wieder leuchtet, so wird auch eine neue mythenkräftige Dichtung entstehen, wird die Sprache wieder zum lebendigen Wort.

DIE WIEDERGEBURT DER SPRACHE AUS DER DICHTUNG

Nicht nur freie Resignation, sondern Mut gehört dazu, die wirkliche Sprache, die den prosaischen und begrifflichen Charakter der Zeit an sich trägt, von innen heraus zu erneuern. Was Schiller in den *Ästhetischen Briefen* über die Notwendigkeit des Muts zu einer inneren Umkehr sagt, das gilt auch für die Stellung des Dichters zur Sprache. Die allgemeine Frage, die er dort stellt: «Woran liegt es, daß wir noch immer Barbaren sind[73]?», ließe sich in diesem Sinne spezifischer etwa so formulieren: Woran liegt es, daß unsere Sprache immer noch verwildert ist oder in den Fesseln einer verstandesmäßigen Begrifflichkeit liegt und daher dem lebendigen Gefühl, der Gesinnung des Menschen, keinen Ausdruck zu geben vermag? Da es nicht an den äußeren Umständen liegt, muß der Grund im Herzen der Menschen gesucht werden und nur eine Umkehr im Inneren kann eine Erneuerung herbeiführen. «Erkühne dich weise zu sein!» ruft Schiller seinen Zeitgenossen zu. «Energie des Muts gehört dazu, die Hindernisse zu bekämpfen, welche sowohl die Trägheit der Natur als die Feigheit des Herzens»[74] der Wahrheit entgegensetzten. Wie alle Verbesserungen der politischen und gesellschaftlichen Zustände seiner Ansicht nach von einer Veredlung des Charakters ausgehen müssen, so muß gewiß auch die neue Lebendigkeit der Sprache hier ansetzen. Und wie die schöne Kunst für Schiller das einzige Werkzeug ist, durch das die Ganzheit des Menschen wieder hergestellt werden kann, so kann auch die Sprache nur durch die Dichtung ihre Ausdruckskraft und ihren Mitteilungswert wiedergewinnen. Hierzu ist es nötig, daß der Dichter sich mutig entschließt, nicht danach zu streben, der «Zögling» oder gar der «Günstling» seiner Zeit zu sein. «Den Stoff zwar wird er von der Gegenwart nehmen, aber die Form von einer edleren Zeit, ja jenseits aller Zeit, von der absoluten unwandelbaren Einheit seines Wesens entlehnen. Hier aus dem reinen Äther seiner dämonischen Natur rinnt die Quelle der Schönheit herab, unangesteckt von der Verderbnis der Geschlechter und Zeiten, welche tief unter ihr in trüben Strudeln sich wälzen ... Die Menschheit hat ihre Würde verloren, aber die Kunst hat sie gerettet ... Die Wahrheit lebt in der Täuschung fort, und aus dem Nachbilde wird das Urbild wieder hergestellt werden[75].» Auch die lebendige Sprache lebt nur noch im Schein und der Täuschung, das heißt in den Symbolen und Formen der Poesie fort. Die sogenannte lebendige Umgangssprache ist in Wirklichkeit tot. Die symbolische Scheinsprache der Dichtung ist dagegen für Schiller in Wahrheit lebendig. Die gehobene

Sprache der Dichtung allein vermag die verlorene Würde der Menschheit zu retten. Umgib die Menschen «mit edeln, mit großen, mit geistreichen Formen, schließe sie ringsum mit dem Symbol des Vortrefflichen ein, bis der Schein die Wirklichkeit und die Kunst die Natur überwindet»[76].

Eine solche Überwindung der Wirklichkeit durch den Schein ist nur möglich, wenn der poetische Schein niemals vorgibt, wirklich zu sein. Die Kunst und die dichterische Sprache, die sich nicht offen und ehrlich von der Wirklichkeit distanzieren und als Abbild des Urbilds zu erkennen geben, sind für Schiller ein bloßer «Gauklerbetrug», Schaum und Schein im bösen Sinne. Was er über das Theater sagt, das gilt auch für die Sprache

> Aufrichtig ist die wahre Melpomene,
> Sie kündigt nichts als eine Fabel an
> Und weiß durch tiefe Wahrheit zu entzücken
> Die falsche stellt sich wahr, um zu berückens.[77]

Die dichterische Sprache macht nie einen Hehl daraus, daß sie rein symbolisch, sinnbildlich und ganz unwirklich ist. Um seine Integrität zu wahren und «wahr» im poetischen Sinne zu sein, muß der Dichter nicht nur alle begriffliche Abstraktion, sondern auch dem Naturalismus der Sprache den Kampf ansagen. Die Einführung des Chors auf dem Theater z. B. könnte ihn nach Schillers Meinung vor diesen beiden Gefahren bewahren. Der Chor könnte alle falsche Vortäuschung der Wirklichkeit aufheben und zugleich, wie er ausdrücklich sagt, «in die Sprache *Leben* bringen». «Und wenn derselbe auch nur dazu diente, dem Naturalismus in der Kunst offen und ehrlich den Krieg zu erklären, so sollte er uns eine lebendige Mauer sein, die die Tragödie um sich herumzieht, um sich vor der wirklichen Welt rein abzuschließen und sich ihren idealen Boden, ihre poetische Freiheit zu wahren[78].»

Die Aufgabe der «wahren» dichterischen Sprache ist es also, durch ihren ehrlichen Schein die wahre Natur des Menschen, die Sprache des Herzens, den Ausdruck seiner Gesinnung aus ihrer Verstrickung in die falsche Künstlichkeit einer phantastischen oder abstrakt-begrifflichen Sprache oder anderseits in die falsche Natürlichkeit einer leidenschaftlich-subjektiven Sprache zu erlösen. Das bedeutet es, wenn Schiller sagt, der Schein müsse die Wirklichkeit überwinden und die Kunst die Natur.

Damit stehen wir wiederum in dem Mittelpunkt von Schillers Denken über die Sprache. Alles strebte immer wieder auf diese Mitte zu. Die anfängliche Vermutung, daß für Schiller die Seele sich in der Sprache mitzuteilen vermöge, daß aber nur die Dichtung die Sprache des Herzens sei, hat sich von den verschiedensten Ansatzpunkten aus bestätigt. Jetzt aber erst wird klar, daß diese scheinbar so einfache und selbstverständliche Aussage ein merkwürdiges Paradox enthält. Das Unmittelbarste, das Herz, die Gesinnung, die menschlichen Gefühle, vermögen sich nur in einem Medium auszudrücken, das ihnen scheinbar sehr fern steht, in der stilisierten, metrischen Sprache der Dichtung. Denn Dichtung ist für Schiller, wie wir nun sehen, höchste Stilisierung, radikale Distanzierung von der Wirklichkeit, wahrer Schein. Nur durch die Distanz des wahren Scheins kann all das, was Schiller als falschen Schein, falsche Natürlichkeit und falsche Künstlichkeit empfindet, aufgehoben und die Sprache des Herzens wiedergewonnen werden. Ganz in der Zeit stehend, reißt der Dichter dennoch den Menschen aus der Zeit heraus[79], distanziert ihn von der Wirklichkeit und der prosaischen Umgangssprache und stellt beide, den Menschen und die Sprache, durch eine höhere, stilisierende Dichtung in ihrer Ganzheit, Reinheit und Integrität so dar, als ob sie noch keinen Schaden durch die Einwirkung äußerer Kräfte erlitten hätten.

In ganz unerwarteter Weise durchdringen sich gleichsam die äußersten Gegensätze, das geheimste Gefühl und das hoch stilisierte Wort; sie formen die neue Mitte von Natur und Kunst. Das aber, was scheinbar in der Mitte stand, die sogenannte wirkliche Welt und die historisch gewachsene Sprache, sind in weite Ferne gerückt. Wenn wir zu Anfang sagten, die Dichtung sei die Sprache des Herzens, so stellten wir uns unter Dichtung wahrscheinlich ein schlichtes, volksliedhaftes Singen vor, in welchem sich die Regungen des Herzens unmittelbar in die Schwingungen der Sprache umsetzt. Wir dachten vielleicht an die kleinen lyrischen Gebilde Goethes dabei, in denen wir die vollkommenste sinnliche Verwirklichung des lyrischen Geistes zu sehen geneigt sind. Daß es dies nun ganz gewiß nicht ist, was Schiller im Auge hat, ist inzwischen deutlich geworden und findet erneute Bestätigung in jenem späten Aufsatz, dem Vorwort zur *Braut von Messina,* wo er sich für die Wiedereinführung des Chors auf der Bühne einsetzt. Dort spricht er von einem «lyrischen Prachtgewebe», das allein die innere Natur des Menschen zur sinnlichen Anschauung zu bringen vermöge. Der Dichter, heißt es dort, muß «alles künstliche Machwerk an dem Menschen und um denselben, das die Erscheinung seiner inneren Natur und seines ursprünglichen Charakters hindert, wie der Bildhauer die modernen Gewänder, abwerfen und von allen äußeren Umgebungen desselben nichts aufnehmen, als was die höchste der Formen, die menschliche sichtbar macht»[80]. Soweit stimmt das, was Schiller sagt, wahrscheinlich durchaus mit den üblichen Vorstellungen überein. Das Natürliche, der ursprüngliche Charakter, das Rein-Menschliche soll erneut hervortreten und das ist nur möglich, wenn alles Unnatürliche und Künstliche abgeworfen wird und die menschliche Form sich in edler Nacktheit zeigt. Nun aber kommt das Unerwartete. Schiller wendet sich nicht nur gegen die falsche Künstlichkeit der modernen Gewänder, sondern auch gegen das Unverhüllte des natürlich Nackten. Er fährt fort: «Aber eben so, wie der bildende Künstler die faltige Fülle der Gewänder um seine Figuren breitet, um die Räume seines Bildes anmutig auszufüllen, um die getrennten Partien desselben in ruhige Massen stetig zu verbinden ..., um die menschlichen Formen zugleich geistreich zu verhüllen und sichtbar zu machen, ebenso durchflicht und umgibt der tragische Dichter seine streng abgemessene Handlung und die festen Umrisse seiner handelnden Figuren mit einem lyrischen Prachtgewebe, in welchem sich, als wie in einem weit gefalteten Purpurgewand, die handelnden Personen frei und edel mit gehaltener Würde und hoher Ruhe bewegen[81].»

Gleichweit entfernt von der Unverhülltheit eines ganz natürlichen und erlebten Singens und der falschen Künstlichkeit des bewußt Gemachten, erhebt sich die Stimme des Herzens für Schiller nur in der freien, edlen Würde und Ruhe einer der Wirklichkeit entrückten Kunst. Wir brauchen uns nur den Gehalt der Bilder und Worte wahrhaft zu vergegenwärtigen, um mit einer gewissen Verwunderung zu erkennen, wie weit diese Anschauung der Dichtung von dem entfernt ist, was wir uns etwa unter poetischem Realismus, unter Erlebnisdichtung oder dem liedhaften Singen als dem Wesen des Lyrischen vorstellen. Eher denken wir bei ihnen an die Würde und die Freude am Formenspiel einer großen stilisierten Kunst, an die Musik des Barocks, an die gehobene Sprache von Goethes Pandora, an die Rhythmen griechischer Chorgesänge, die Schiller hier ja tatsächlich im Auge hat. Das Ideal einer bewußt formbetonten Dichtung tritt uns hier entgegen.

Das Herz, so müssen wir nun präziser formulieren, vermag sich nach Schillers Meinung nur in den strengen und doch zugleich anmutigen Formen einer stilisierten Poesie mitzuteilen. Das lyrische Prachtgewebe trennt das Gedicht von allem Prosaischen und Alltäglichen. Die poetische Sprache stellt alles gleichsam auf einen Kothurn und erweitert damit das Individuelle zum Allgemeinen und rein Menschlichen. Gleichzeitig aber gibt sie auch dem begrifflich Allgemeinen eine neue Kraft und sinnliche Fülle. Mit kühner lyrischer Freiheit wird alles vor die Einbildungskraft gestellt. Die stilisierte Formensprache der Dichtung geht «auf den hohen Gipfeln der menschlichen Dinge wie mit Schritten der Götter» einher, sagt Schiller, und sie tut es «von der ganzen Macht des Rhythmus und der Musik der Töne und Bewegungen begleitet»[82].

Nur durch die «Erhebung des Tons» in der Sprache der Dichtung wird das Ohr ausgefüllt, der Geist angespannt und das ganze Gemüt des Menschen erweitert[83]. Diese Erhebung des Tons wird hervorgerufen durch das Versmaß, durch Metrum und Rhythmus. Weit davon entfernt ein bloßes Mittel zu sein, das der Dichter bewußt anwendet, geht von diesen Formelementen ihrerseits eine Macht aus, welche den Dichter befreit und seine Sprache reinigt. Schiller hat es selbst erfahren und verschiedentlich in Briefen an seine Freunde dargestellt, wie er sich unter dem Einfluß der poetischen Formen über das inhaltliche Rohmaterial, aber auch über das Individuelle und Manirierte in seiner eigenen Natur erhoben und dem Ideal des Stils genähert habe. So schildert er z. B. während seiner Arbeit am «Wallenstein» die Macht der metrisch-rhythmischen Sprache über ihn und sein ganzes Werk. Seitdem er seine prosaische Sprache in eine poetisch-rhythmische verwandelt habe, sagt er, stünde er unter einer ganz anderen Gerichtsbarkeit. Jetzt könne er manche Motive, die gut in die prosaische Ordnung paßten, nicht mehr gebrauchen. «Sie waren bloß gut für den gewöhnlichen Hausverstand, dessen Organ die Prosa zu sein scheint.» Wie in den «Kallias-Briefen», stellt er dem Verstand und der Prosa die Einbildungskraft und die Dichtung gegenüber. «Der Vers fordert schlechterdings Beziehungen auf die Einbildungskraft und so mußte ich auch in mehreren meiner Motive poetischer werden[84].» Deshalb, meint er, solle man eigentlich alles, was sich über das Gemeine erheben soll, wenigstens zu Beginn in Versen konzipieren, denn das Platte komme nirgends so ans Licht, als wenn es in gebundener Schreibart ausgesprochen wird.

Wenn wir oft geneigt sind, die Form einer Dichtung als Ausdruck für die Erlebnisnatur oder die Geisteshaltung eines Volkes, einer Zeit oder eines Dichters anzusehen, so betont Schiller auch in dieser Beziehung einen anderen, ungewohnten Aspekt des Problems. Nicht nur prägt das Erlebnis die Form, sondern die Form übt auch ihrerseits einen entscheidenden Einfluß auf die Geisteshaltung des Dichters aus. Dieser Einfluß ist für Schiller der wichtigere, denn nur wenn der Dichter sich ihm unterstellt, erfährt er die reinigende Wirkung, den die Formen auf ihn haben können. Schiller konnte daher recht ärgerlich werden, wenn dieses wesentlichste Element der Dichtung durch die Vortragsweise eines Schauspielers dem herrschenden Vorurteil des «beliebten Natürlichen» geopfert wurde. Alles näherte sich dann für ihn zu sehr «dem Conversationston»[85] und alles wurde ihm zu «wirklich» im Munde eines solchen Schauspielers.

Die Dichtung darf nicht der Wirklichkeit und die gehobene metrische Sprache nicht dem Conversationston angenähert werden, denn damit verlieren sie ihre kathartische Wirkung. Beinahe mit Schrecken erfährt Schiller, wie unter dem Einfluß der jambischen Sprache seine dramatischen Charaktere anfingen, sich in ihrer Verhaltungs- und Ausdrucksweise immer mehr von der individuellen Wirklichkeit zu entfernen. Er nennt es Goethe gegenüber eine «poetische Gemütlichkeit»[86], die ihn ins Weite treibe und es ist ihm fast zu arg, wie sein «Wallenstein» infolge der epischen Breite und Weitschweifigkeit der Ausdrucksweise anschwillt. Neun Monate später hat er erkannt, wie notwendig diese epische Breite als Gegengewicht gegen ein allzu starkes Mitgerissenwerden durch das Inhaltliche der dramatischen Handlung ist. Nun ist es die dramatische Spannung, die ihm beinahe Furcht erweckt, sich auf «einem zu pathologischen Wege zu befinden», weil sie den Dichter und das Publikum zu sehr an den einzelnen, außerordentlichen Augenblick bindet und von dem beharrlich fortstrebenden Ganzen, dem ruhig Menschlichen völlig isoliert. Die durch das jambische Metrum bedingte Weitschweifigkeit erscheint ihm jetzt als ausgesprochener Vorteil. «Ich lasse», sagt er, «meine Personen viel sprechen, sich mit einer gewissen Breite herauslassen.» Er fühlt sich hierin durch Goethes Sprachgebrauch bestärkt und durch das Beispiel der Alten, «welche es auch so gehalten haben und in demjenigen was Aristoteles die Gesinnung und Meinung nennt, gar nicht wortkarg gewesen sind»[87]. Ein höheres poetisches Gesetz scheint sich ihm darin auszudrücken, «welches eben hierin eine Abweichung von der Wirklichkeit fordert. Sobald man sich erinnert, daß alle poetischen Personen symbolische Wesen sind, daß sie, als poetische Gestalten, immer das Allgemeine der Menschheit darstellen und auszusprechen haben, und sobald man ferner daran denkt, daß der Dichter sowie der Künstler überhaupt auf eine öffentliche und ehrliche Art von der Wirklichkeit sich entfernen und daran erinnern soll, daß er's tut, so ist gegen diesen Gebrauch nichts zu sagen»[88].

Hier begegnen wir noch einmal jener Distanzierung, die für Schiller so ungeheuer wichtig ist, weil auf ihr das Geheimnis der Befreiung und Wiedergeburt durch die Dichtung beruht. Durch die Ruhe einer breiten epischen Ausdrucksweise inmitten der gewaltsamsten Zustände bewirkt er jene innere Ausgewogenheit aller Gemütskräfte, welche die höchste Kunst und ihre Wirkung charakterisieren.

Nicht jedes Versmaß ist nach Schillers Meinung gleich geeignet, die höchste poetische Funktion zu erfüllen, nämlich ein Abbild für die ursprüngliche Einheit und Ganzheit des Menschen zu sein. Der gereimte Alexandriner z. B. hatte für ihn etwas vorwiegend Verstandesmäßiges und daher Unpoetisches an sich. Mit großer Feinfühligkeit für das Wesen der Formen und ihrer Macht über den menschlichen Geist äußert er sich hierüber Goethe gegenüber, als dieser damit beschäftigt war, den «Mahomet» Voltaires ins Deutsche zu übertragen. Er könne das Versmaß des Originals nicht einfach in der Übersetzung fallen lassen, meint er, denn dieses sei die Basis des Dramas, die Ursache der Wirkung und ohne es würden nur unverständliche Trümmer übrig bleiben. «Die Eigenart des Alexandriners, sich in zwei gleiche Hälften zu trennen, die Natur des Reims, aus zwei Alexandrinern ein Couplet zu machen, bestimmen nicht bloß die ganze Sprache, sie bestimmen auch den ganzen Geist dieser Stücke, die Charaktere, die Gesinnung, das Betragen der Personen. Alles stellt sich dadurch unter die Regel des Gegensatzes und wie die Geige des Musikanten die Bewegung der Tänzer leitet, so auch die zweischenklige Natur des Alexandriners die Bewegung des Gemüts und der Gedanken. Der Verstand wird ununterbrochen aufgefordert und jedes Gefühl, jeder Gedanke in diese Form, wie in das Bett des Procrustes gezwängt[89].»

Da das Versmaß eine innere Gesetzlichkeit hat, die den Dichter in ihren Bann zieht, kommt alles darauf an, daß der dargestellte Gegenstand mit der Natur der dichterischen Sprache übereinstimmt und mit ihr eine völlige Einheit bildet. Ist der darzustellende Gegenstand schon an sich poetisch bedeutend, so kann die darstellende Sprache einfach sein «und eine bis zum Gemeinen gehende Einfalt des Ausdrucks ihm recht wohl anstehen»[90]. Ist dagegen der Inhalt unpoetisch und alltäglich, so gibt ihm erst eine belebte und reiche Sprache poetische Dignität. Daher greift Schiller so häufig zum Hexameter und Distichon, wenn er über Dinge spricht, die ohne die Würde dieses Versmaßes leicht abstrakt und unpoetisch wirken könnten. Der Hexameter, sagt er, gibt dem Gegenstand einen «Schein von Wahrhaftigkeit», weil er «ernst und gesetzt einher schreitet und mit seinem Gegenstand nicht spielt»[91]. Reime dagegen eignen sich seiner Meinung nach sehr wohl für eine naive Dichtungsart. Ihnen gegenüber nimmt Schiller aber eine merkwürdig zwiespältige Haltung ein. Sie erscheinen ihm einerseits als eine Gefahr; andererseits können sie einen Höhepunkt aller Dichtung darstellen. Höchst interessant äußert er sich hierüber seinem Freunde Humboldt gegenüber. «Übrigens bin ich mit Ihnen überzeugt, daß der Reim mehr an die

Kunst erinnert und die entgegengesetzten Silbenmaße der Natur viel näher liegen[92].» Die Kunstmäßigkeit des Reims darf also nicht zur manierierten Künstlichkeit übersteigert werden. «Das ist eine Unart des Reims, daß er fast immer an die Poeten erinnert, so wie in der freien Natur eine mathematisch strenge Anordnung, eine Allee z. B. an die Menschenhand[93].» Andererseits glaubt Schiller, «daß jenes Erinnern an *Kunst,* wenn es nicht eine Wirkung der *Künstlichkeit* oder gar der *Peinlichkeit* ist, eine Schönheit involviert, und daß es sich mit dem höchsten Grade poetischer Schönheit (in welche naive und sentimentale Gattung zusammenfließen) sehr gut verträgt. Was man in der neuern Poesie (der gereimten) vorzüglich schöne Stellen nennt, möchte meinen Satz beweisen; in solchen Stellen ergötzt uns die Kunst als höchste Natur und die Natur als Wirkung der höchsten Kunst: denn erst dann erreicht unser Genuß seinen höchsten Grad, wenn wir beide zusammen empfinden»[94].

Mit diesen Worten über das Einmünden der Kunst in die Natur schließt sich der Kreis unserer Betrachtungen über Schillers Stellung zur Sprache. In der Kunstsprache des Dichters vollendet sich die natürliche Sprache des Menschen. In der stilisierten Poesie, wie sie Schiller vorschwebt, durchdringen sich die beiden äußersten Enden, die höchste Natur und die höchste Kunst, die unbewußte Ganzheit des Anfangs und die bewußte Einheit der Vollendung. Das Herz vermag sich mitzuteilen in dem lebendigen Wort der Dichtung und das lebendige Wort des Dichters stellt mitten in der Verwirrung und Zerspaltenheit des entfremdeten Lebens die innere Einheit des Menschen wieder her. Hier gilt nicht mehr die Klage, von der wir ausgingen

> O schlimm, daß der Gedanke
> Erst in der Sprache tote Elemente
> Zerfallen muß, die Seele zum Gerippe
> Absterben muß, der Seele zu erscheinen.

Hierauf erfolgt nun die Antwort, daß das Schöne, wie es in der rhythmisch gehobenen Sprache des Dichters erscheint, aus einer Zusammenstimmung von Geist und Sinnen entspringt und gleichzeitig eine anverwandelnde Macht auf den Menschen ausübt. «Es spricht zu allen Vermögen des Menschen zugleich und kann daher nur unter der Voraussetzung eines vollständigen und freien Gebrauchs aller seiner Kräfte empfunden und gewürdigt werden. Einen offenen Sinn, ein erweitertes Herz, einen frischen und ungeschwächten Geist muß man dazu mitbringen, seine ganze Natur muß man beisammen haben; welches keineswegs der Fall derjenigen ist, die durch abstraktes Denken in sich selbst geteilt, durch kleinliche Geschäftsformeln eingeengt, durch anstrengendes Aufmerken ermattet sind[95].» Aber eben diese ursprüngliche Ganzheit kann durch das lebendige Wort des Dichters wieder hergestellt werden, weil es den, der zu hören vermag, durch den vollständigen und freien Gebrauch aller seiner Kräfte auffordert, sich über alles noch so charakteristisch Verschiedene zum rein Menschlichen zu erheben. Alle Gegensätze vereinigen sich in dem «Geschlechtsbegriff des *Poetischen*» und dieser lebendigen Gestalt «dient der *Rhythmus* sowohl zum *Repräsentanten* als zum *Werkzeug*, da er alles unter seinem Gesetz begreift. Er bildet auf diese Weise die *Atmosphäre* der poetischen Schöpfung, das Gröbere bleibt zurück, nur das Geistige kann von diesem dünnen Element getragen werden »[96].

Schiller ist der größte Verkünder im deutschen Sprachbereich einer stilisierten und formbetonten Dichtung, in der die Sprache auf einem «Kothurn» geht und sich dennoch mit kühner lyrischer Freiheit bewegt, einer Dichtung, die «auf den hohen Gipfeln der menschlichen Dinge wie mit Schritten der Götter»[97] einhergeht. Verbannt sind aus diesem «heiligen Bezirk» und «festlichen Gebiet», von dem wie er meinte allein eine Erneuerung des Geistes und der Sprache ausgehen kann, die «nachlässig rohen Töne der Natur»[98]. Die Sprache erhebt sich ihm zum Lied und «der tote Buchstabe der Natur wird zur lebendigen Geistersprache»[99]. Als ein solcher Verkünder steht er freundschaftlich eng verbunden und dennoch durch eine Welt von ihm getrennt neben seinem Freunde Goethe und weist, von vielen immer noch in dieser Rolle verkannt, auf eine Form der Dichtung hin, die in der Zukunft wie in der Vergangenheit neben dem liedhaften Erlebnisgedicht ihre hohe Bedeutung behalten wird.

ANMERKUNGEN

Abkürzungen:
    SA Schillers sämtliche Werke. Säkular-Ausgabe in 16 Bden. Hrsg. v. Eduard von der Hellen. Stuttgart, Cotta, 1904–1905.
    Jo Schillers Briefe. Kritische Gesamtausgabe. Hrsg. v. Fritz Jonas. 7 Bde. Stuttgart, Deutsche Verlags-Anstalt, 1892–1896.

(1) Diese Stelle aus dem *Don Carlos,* die nicht in die späteren Fassungen aufgenommen wurde, wird von Schiller nicht weniger als dreimal nach dem Gedächtnis und daher mit erheblichen Abweichungen in seinen Briefen zitiert. Vgl. an Körner, den 15. IV. 1786; an Charlotte von Lengefeld, den 24. VII. 1789; an Wilh. von Humboldt, den 1. II. 1796. Es handelte sich offenbar um ein Problem, das Schiller tief beschäftigte.
(2) Wilhelm Spengler, *Das Drama Schillers, Seine Genesis,* Leipzig, 1932.

(3) ebda, S. 130. Das Zitat, auf das Spengler seine Ansicht hier stützt, stammt aus einem Brief an Goethe vom 27. II. 1798. Dort heißt es: «Wenn nur jede individuelle Vorstellungs- und Empfindungsweise auch einer reinen und vollkommenen Mitteilung fähig wäre, denn die Sprache hat eine, der Individualität ganz entgegengesetzte Tendenz, und solche Naturen, die sich zur allgemeinen Mitteilung ausbilden, büßen gewöhnlich so viel von ihrer Individualität ein, und verlieren also sehr oft von ihrer sinnlichen Qualität zum Auffassen der Erscheinungen. Überhaupt ist mir das Verhältnis der allgemeinen Begriffe und der auf diesen erbauten Sprache zu den Sachen und Fällen und Intuitionen ein Abgrund, in den ich nicht ohne Schwindeln schauen kann. Das wirkliche Leben zeigt in jeder Minute die Möglichkeit einer solchen Mitteilung des Besondern und Besondersten durch ein allgemeines Medium, und der Verstand, als solcher, muß sich beinahe die Unmöglichkeit beweisen.» Jo Bd. 5, S. 352.

(4) Eduard Spranger, *Schillers Geistesart gespiegelt in seinen philosophischen Schriften und Gedichten,* in: Abh. d. Preuß. Akad. d. Wiss., Jg. 1941, Phil.-hist. Kl. Nr. 13, S. 11.

(5) ebda, S. 12.
(6) Benno von Wiese, *Friedrich Schiller,* Stuttgart, 1959, S. 436 f.
(7) SA Bd. 12, S. 206 f.
(8) Jo Bd. 4, S. 221.
(9) Zu diesem Problem, vgl. Elizabeth M. Wilkinson, *Reflections after translating Schillers' Letters on the Aesthetic Education of Man,* in: Schiller Bicentenary Lectures, London, 1960.
(10) vgl. oben Spranger, S. 12.
(11) Jo Bd. 4, S. 230.
(12) SA Bd. 12, S. 55.
(13) Jo Bd. 5, S. 256 f. an Goethe, den 14. IX. 1797.
(14) Jo Bd. 3, S. 265 resp. S. 287
(15) Jo Bd. 3, S. 269.
(16) ebda, S. 274.
(17) ebda, S. 279.
(18) Wie die Dissertation aus dem Jahre 1780, *Über den Zusammenhang der tierischen Natur des Menschen mit seiner geistigen* zeigt, bestand schon in seiner frühen Jugend das Wesen des ästhetisch Schönen für Schiller im *Selbstzweck* und der Einfluß des Schönen auf den Menschen darin, daß es *Ruhe* und *Gleichgewicht* in ihm erzeugt und damit das gleichmäßige Spiel aller seiner Kräfte ermöglicht. Das Kind, heißt es da, verhält sich ganz leidend und empfindend zur Welt. Der Knabe reflektiert bereits; aber das Denken ist ihm ein Mittel zur Erreichung partikularer Zwecke. Der Mann findet Vergnügen im Denken selber und tritt damit aus der Welt der Mittel und Zwecke heraus. «Jetzt können schon die Strahlen der geistigen Schönheit selbst seine offene Seele rühren; das Gefühl seiner Kraftäußerung ergötzt ihn und flößt ihm Neigung zu dem Gegenstand [der Reflexion] ein, der bisher nur Mittel war; der erste Zweck ist vergessen [die Befriedigung materieller Bedürfnisse und Wünsche]. Aufklärung und Ideenbereicherung decken ihm zuletzt die ganze Würde geistiger Vergnügungen auf – das Mittel ist höchster Zweck geworden.» SA Bd. 11, S. 53.

(19) Jo Bd. 3, S. 281.
(20) ebda, S. 282.
(21) vgl. z.B. *Über Matthissons Gedichte.* SA Bd. 16, S. 252. «Es ist, wie man weiß, niemals der *Stoff,* sondern bloß die *Behandlungsweise,* was den Künstler und Dichter macht; ein Hausgerät und eine moralische Abhandlung können beide durch eine geschmackvolle Ausführung zu einem freien Kunstwerk gesteigert werden, und das Portrait eines Menschen wird in ungeschickten Händen zu einer gemeinen Manufaktur herabsinken.» Vgl. ebenfalls *Ästhetische Briefe* Nr. 22. SA Bd. 12, S. 85. «In einem wahrhaft schönen Kunstwerk soll der Inhalt nichts, die Form aber alles tun; denn durch die Form allein wird auf das Ganze des Menschen, durch den Inhalt hingegen nur auf einzelne Kräfte gewirkt ... Darin also besteht das eigentliche Kunstgeheimnis des Meisters, daß *er den Stoff durch die Form vertilgt.*»

(22) Die Doppeldeutigkeit des Wortes «Schein», die vom logisch-diskursiven Denken aus gesehen diesen Begriff, so wie ihn Schiller gebraucht, fragwürdig erscheinen lassen

würde, da er nicht eindeutig bezeichnet, widerspricht andererseits keineswegs dem Wesen der dichterischen Sprache, wie sie Schiller versteht. Gerade in der Doppeldeutigkeit drückt sich die wesenhafte Spannung zwischen einer echten Epiphanie und einer trügerischen Illusion aus. Solchen doppel- oder mehrdeutigen Begriffen begegnen wir bei Schiller auf Schritt und Tritt. Vgl. hierzu die oben zitierte, grundlegende Abhandlung von Elizabeth M. Wilkinson.

(23) Jo Bd. 3, S. 284 f.
(24) SA Bd. 16, S. 120. *Über den Gebrauch des Chors*...
(25) Jo Bd. 3, S. 292.
(26) ebda, S. 292.
(27) ebda, S. 293.

(28) Was Schiller unter *Stoff* und *Form* versteht, weicht erheblich von dem üblichen Sprachgebrauch ab. Wenn er von *Stoff* redet, so meint er damit nicht nur die Realität des dargestellten Gegenstandes, sondern auch die Sprache, das Medium der Darstellung, und darüber hinaus sogar die Geistesart des Dichters, die sich in der Sprache manifestiert. Was wir gewöhnlich als die Form eines Gedichtes bezeichnen, z.B. die 'Form' der Worte, Laute, Reime, die 'Form' der Sätze und Reimverbindungen, all dies ist für Schiller Stoff oder Rohmaterial, das ganz in dem, was er nun seinerseits als *Form* bezeichnet, aufgehen muß. Was aber ist für ihn *Form?* Form ist die «Idee» des dargestellten Gegenstandes, die Erscheinung oder der Schein, das Abbild; denn der körperliche Gegenstand ist ja niemals im Kunstwerk gegenwärtig. In diesem besonderen Sinne ist es auch gemeint, wenn Schiller in den *Ästhetischen Briefen* sagt, das eigentliche Kunstgeheimnis des Meisters bestehe darin, «daß er den Stoff durch die Form vertilgt». SA Bd. 12, S. 85. Unter Stoff darf man sich hier nicht nur den 'Inhalt' vorstellen; er umgreift auch das Medium, das Sprachmaterial, und sogar die individuelle Anschauungsweise des Dichters. Schillers Betonung der Form bedeutet daher keineswegs, daß er etwa einem Sprachformalismus oder gar dem subjektiven Manierismus eines Dichters das Wort redet. *Form* ist für ihn die sinnliche Erscheinung der Idee oder das Symbol des Gegenstandes. Eine symbolische Darstellung ist gleichweit entfernt von einer naturalistischen Nachahmung der Wirklichkeit und einem bloßen Sprachformalismus. Zur Klärung der Begriffe *Stoff* und *Form* vgl. ferner Jo Bd. 3, S. 294. «Bei einem Kunstwerk also muß sich der *Stoff* [die Natur des Nachahmenden] in der *Form* [des Nachgeahmten], der Körper in der Idee, die Wirklichkeit in der Erscheinung verlieren». «Wirklichkeit heißt hier das *Reale*, welches an einem Kunstwerke immer nur die *Materie* ist, und dem *Formalen oder der Idee*, die der Künstler in seiner *Materie* ausführt, muß entgegengesetzt werden. Die Form ist an einem Kunstwerk bloße Erscheinung, d. i. der Marmor *scheint* ein Mensch, aber er bleibt, in der Wirklichkeit, Marmor.» Ferner SA Bd. 16, S. 124f. «In einer höhern Organisation darf der Stoff oder das Elementarische nicht mehr sichtbar sein; die chemische Farbe verschwindet in der feinen Karnation des Lebendigen. Aber auch der Stoff hat seine Herrlichkeit und kann als solcher in einem Kunstkörper aufgenommen werden. Dann aber muß er sich durch Leben und Fülle und durch Harmonie seinen Platz verdienen und die Formen, die er umgibt, geltend machen, anstatt sie durch seine Schwere zu erdrücken.» Beachtenswert ist hier die Formulierung: «der Stoff, der die Form umgibt».

(29) Jo Bd. 3, S. 294.
(30) ebda, S. 295.

(31) Das Gemeinsame und das Gegensätzliche von Schillers und Goethes Denkweise kommt hier sehr deutlich zum Ausdruck. Goethe nämlich nimmt an, daß es zwei mögliche Formen der einseitigen Abweichung vom *Stil* gebe, die «einfache Nachahmung der Natur» und die «Manier». Theoretisch stehen diese beiden auf der gleichen Ebene, tatsächlich aber steht die einfache Nachahmung der Natur Goethe wesentlich näher; er hält sie für eine weniger gefährliche Abweichung vom Ideal, vgl. hierzu Goethes Aufsätze: *Einfache Nachahmung der Natur, Manier, Stil* und *Der Sammler und die Seinigen*. Vgl. ferner M. Jolles, *Goethes Kunstanschauung*, Bern 1957. Schiller dagegen benutzt die Unterscheidung von Stil und Manier wertend. Einfache Nachahmung zieht er als einen bloßen Naturalismus der Darstellung gar nicht einmal als Kunst in Betracht.

(32) Jo Bd. 3, S. 295.
(33) ebda, S. 295. Die Klammern stammen von Schiller.
(34) ebda, S. 297.
(35) ebda, S. 298.
(36) ebda, S. 298.
(37) ebda, S. 299.
(38) vgl. Fußnote 22.
(39) vgl. oben S. 75. Zum Begriff der wahren Natur vgl. ferner SA Bd. 12, S. 162. «Natur in dieser Betrachtungsart ist uns nichts anderes als das freiwillige Dasein, das Bestehen der Dinge durch sich selbst, die Existenz nach eignen und unabänderlichen Gesetzen.» Wichtig in diesem Zusammenhang ist ferner die folgende Formulierung SA Bd. 12, S. 187 f. «Solange der Mensch noch reine, es versteht sich, nicht rohe Natur ist, wirkt er als ungeteilte sinnliche Einheit und als harmonisierendes Ganzes. Sinne und Vernunft, empfangendes und selbsttätiges Vermögen haben sich in ihrem Geschäfte noch nicht getrennt, viel weniger stehen sie im Widerspruch miteinander.»
(40) SA Bd. 12, S. 233.
(41) vgl. SA Bd. 16, S. 125. «Alles, was der Verstand sich im allgemeinen ausspricht, ist ebenso wie das, was bloß die Sinne reizt, nur Stoff und rohes Element in einem Dichtwerk und wird da, wo es vorherrscht, unausbleiblich das Poetische zerstören; denn dieses liegt gerade an dem Indifferenzpunkt des Idealen und Sinnlichen.»
(42) SA Bd. 16, S. 239. Dies ist der Hauptgedanke der *Bürgerkritik,* die von der Notwendigkeit der Entfremdung vom Ich spricht. Ähnliche Gedanken finden sich in der Besprechung *Über Matthissons Gedichte.* So z.B. SA Bd. 16, S. 255. «Jeder individuelle Mensch ist gerade um so viel weniger Mensch, als er individuell ist; jede Empfindungsweise ist gerade um so viel weniger notwendig und rein menschlich, als sie einem bestimmten Subjekt eigentümlich ist. Nur in Wegwerfung des Zufälligen und in dem reinen Ausdruck des Notwendigen liegt der *große Stil.*»
(43) ebda, S. 288.
(44) SA Bd. 12, S. 175 f.
(45) ebda, S. 174.
(46) ebda, S. 177.
(47) ebda, S. 182.
(48) ebda, S. 188.
(49) SA Bd. 1, S. 119.
(50) ebda, S. 125.
(51) SA Bd. 12, S. 19.
(52) ebda, S. 234.
(53) ebda, S. 19.
(54) ebda, S. 21 f.
(55) ebda, S. 256.
(56) ebda, S. 243.
(57) ebda, S. 242.
(58) Vernichtend schildert Schiller ihre Stellung zur Kunst. SA Bd. 12, S. 246. «Auf Erholung rechnen sie... Der Last des Denkens sind sie hier auf einmal entledigt, und die losgespannte Natur darf sich im seligen Genuß des Nichts auf dem weichen Polster der *Platitüde* pflegen... Die geliebte Göttin empfängt in ihrem weiten Schoß den stumpfsinnigen Gelehrten und den erschöpften Geschäftsmann und wiegt den Geist in einen magnetischen Schlaf, indem sie die erstarrten Sinne wärmt und die Einbildungskraft in einer süßen Bewegung schaukelt.»
(59) SA Bd. 16, S. 227.
(60) SA Bd. 16, S. 124.
(61) SA Bd. 1, S. 124.
(62) ebda, S. 125.

(63) SA Bd. 12, S. 29.
(64) SA Bd. 1, S. 126.
(65) Jo Bd. 4, S. 315.
(66) *Herders Sämtliche Werke,* hrsg. v. Bern. Suphan. Bd. 18, S. 484.
(67) ebda, S. 486.
(68) Jo Bd. 4, S. 313 f.
(69) SA Bd. 12, S. 202.
(70) vgl. SA Bd. 16, S. 230. «Ein Volksdichter für unsere Zeiten hätte also bloß zwischen dem *Allerleichtesten* und dem *Allerschwersten* die Wahl: entweder sich ausschließend der Fassungskraft des großen Haufens zu bequemen und auf den Beifall der gebildeten Klasse Verzicht zu tun – oder den ungeheuren Abstand, der zwischen beiden sich befindet, durch die Größe seiner Kunst aufzuheben und beide Zwecke vereinigt zu verfolgen.»
(71) SA Bd. 12, S. 178.
(72) Im selben Geiste und in ähnlich gehobenen Ausdrucksformen heißt es in den Briefen *Über die ästhetische Erziehung des Menschen,* SA Bd. 12, S. 99 f. «Sobald es Licht wird in dem Menschen, ist auch außer ihm keine Nacht mehr; sobald es stille wird in ihm, legt sich auch der Sturm in dem Weltall und die streitenden Kräfte der Natur finden Ruhe zwischen bleibenden Grenzen. Daher kein Wunder, wenn die uralten Dichtungen von einer großen Begebenheit im Innern des Menschen als von einer Revolution in der Außenwelt reden und den Gedanken, der über die Zeitgesetze siegt, unter dem Bilde des Zeus versinnlichen, der das Reich des Saturnus endigt.»
(73) SA Bd. 12, S. 27.
(74) ebda, S. 28.
(75) ebda, S. 30 f.
(76) ebda, S. 33.
(77) SA Bd. 1, S. 201.
(78) SA Bd. 16, S. 123.
(79) vgl. *Ästhetische Briefe,* Nr. 22.
(80) SA Bd. 16, S. 124.
(81) ebda, S. 124.
(82) ebda, S. 125 f.
(83) ebda, S. 126.
(84) An Goethe, den 24. XI. 1797. Jo Bd. 5, S. 289.
(85) An Körner, den 23. IX. 1801. Jo Bd. 6, S. 300 f.
(86) An Goethe, den 1. XII. 1797. Jo Bd. 5, S. 292 f.
(87) ebda, S. 418.
(88) ebda, S. 418.
(89) An Goethe, den 15. X. 1799. Jo Bd. 6, S. 96.
(90) An Goethe, den 24. XI. 1797. Jo Bd. 5, S. 289 f.
(91) An W. v. Humboldt, den 21. III. 1796. Jo Bd. 4, S. 434.
(92) ebda, S. 434 f.
(93) ebda, S. 435.
(94) ebda, S. 435.
(95) SA Bd. 12, S. 245.
(96) An Goethe, den 24. XI. 1797. Jo Bd. 5, S. 290.
(97) SA Bd. 16, S. 125 f.
(98) SA Bd. 1, S. 201.
(99) SA Bd. 16, S. 259.

ÜBER DAS VERHÄLTNIS STEFAN GEORGES ZU SCHILLER*

H. STEFAN SCHULTZ

I

Während die englische oder französische Literaturgeschichte eine lange, ungebrochene Tradition und Entwicklung zu ihrem Gegenstand hat, von Chaucer zu T. S. Eliot und vom Chanson de Roland zu Paul Valéry, sieht sich der deutsche Literarhistoriker immer neuen Anfängen, Aufschwüngen und plötzlichen Abbrüchen gegenüber. Mit dem Wunsche, doch eine gewisse Einheit – zumal in der neueren Periode – herzustellen, greifen wir zu handlichen Formeln wie Klassisch und Romantisch und lassen sie als Neo-Klassisch oder Neu-Romantisch wieder auferstehen, um lange Einbrüche der literarischen Landschaft zu überbrücken. Schwierigkeiten ergeben sich dadurch, daß diese Bezeichnungen nicht mit den außerhalb Deutschlands gebräuchlichen übereinstimmen, so daß für uns Goethe und Schiller Klassiker, für Engländer und Franzosen aber Romantiker sind.

Vielleicht sollte man, da die deutsche Literatur eher durch einzelne individuelle Gipfel als durch eine gleichmäßige Höhenlage der allgemeinen Produktion gekennzeichnet ist, einmal zu andern Formeln greifen und vom Goetheschen oder Schillerschen etwa sprechen, um verschiedene Haltungen und sprachliche «Gesten» zu definieren. Nicht als ob solche Bezeichnungen bestimmter wären als die älteren; auch sie geben allgemeine, fast gefühlsmäßige Eindrücke, mit dem Vorteil jedoch, daß das Individuum schärfer profiliert ist als eine Epoche oder Mode.

Möglicherweise hatte Friedrich Gundolf ähnliches im Sinn, als er einmal sagte, er sei kein Georgescher, sondern ein Goethescher Mensch. Hier wurde ein Gegensatz zweier Naturen festgestellt, der nach kurzem Nachdenken einleuchtet, den man aber auch sogleich variieren möchte. Denn was ist das wesentlich andere, das man gewöhnlich neben Goethe nennt, das Gegensätzliche und doch Ergänzende, das «Sentimentalische» neben dem «Naiven»? Es ist Schiller. Und in der Tat, der erste flüchtige

---

(*) Diese Arbeit ist der John Simon Guggenheim Memorial Foundation zu größtem Dank verpflichtet. Ein Stipendium im Jahre 1959 ermöglichte die Beschäftigung mit dem Werk Georges; ein kleiner Ausschnitt wird hier vorgelegt. Alle Hinweise auf Georges Text beziehen sich auf die zweibändige Ausgabe von 1958.

Eindruck entdeckt gemeinsame Eigenschaften bei Schiller und George, wie zum Beispiel die Betonung der Form des Kunstwerks, die verhältnismäßige Gleichgültigkeit des materiellen Inhalts, die hohe Auffassung des Dichterberufes, das Aristokratische und Gesetzgeberische. Wer wurde nicht beim Lesen des Briefwechsels zwischen George und Hofmannsthal an die Korrespondenz zwischen Schiller und Goethe erinnert? Bei allem Abstand an Umfang und Bedeutung sind vergleichbare menschliche Haltungen zu spüren: das Fordernd-Insistierende auf Seiten Georges und das konziliant Ausweichende bei Hofmannsthal entsprechen dem oft unbedingten Drängen Schillers und dem entschuldigend Vermittelnden bei Goethe. Fragt man bei literargeschichtlicher Betrachtung nach Richtungen und Filiationen, so wird man ohne große Scheu die Goethesche Linie bei Hofmannsthal, die Schillersche bei George bis zu einem gewissen Punkt fortgesetzt finden, soweit allgemeine Haltungen, nicht aber Umfang oder Qualität des Werkes in Frage kommen. Denn wertmäßig war eine Steigerung des Goetheschen Werkes nicht möglich, so daß man bei aller Verehrung Hofmannsthals im Vergleich zu Goethe von einer Verengerung sprechen müßte, während George manches, was bei Schiller angelegt war, intensivierte und steigerte.

Dies ist nichts Neues. Rudolf Steiner hatte schon 1900 in einem schmalen Bändchen *Lyrik der Gegenwart* zur Charakterisierung der Georgeschen Lyrik folgende Stelle aus dem 22. der «Briefe über die ästhetische Erziehung des Menschen» zitiert:

Darin also besteht das eigentliche Kunstgeheimnis des Meisters, daß er den Stoff durch die Form vertilgt; und je imposanter, anmaßender, verführerischer der Stoff an sich selbst ist, je eigenmächtiger derselbe mit seiner Wirkung sich vordrängt oder je mehr der Betrachter geneigt ist, sich unmittelbar mit dem Stoff einzulassen, desto triumphierender ist die Kunst, welche jenen zurückzwingt und über diesen die Herrschaft behauptet.

Nach Steiner lebte Stefan George ganz im Elemente des künstlerischen Ausdrucks, der Form. Umgekehrt hat erst vor kurzem Reinhard Buchwald seine Auffassung vom Rhythmus und von der Sprachmelodie der Schillerschen Sätze und Verse in die knappe Formel gefaßt «zum Wortkunstwerk geformte Willenskraft»[1]. Gerade diese Formel aber findet sich mehr als einmal dem Sinne nach in dem Schrifttum über George, sobald man die Art seiner Leistung zu kennzeichnen versucht.

Entspricht diese Meinung der Literarhistoriker Georges eigener Auffassung von Schillers Kunst? Erinnern wir uns seiner Äußerungen in der Vorrede zur ersten Ausgabe von *Das Jahrhundert Goethes* (1902), in der er sich dagegen verwahrt, dem Namen Goethes einen anderen beizureihen, «am wenigsten, wie man leider noch immer tut, Schiller oder Heine: jener der feinste schönheitslehrer, dieser der erste tagesschreiber, beide aber in diesem zwölfgestirn eher die kleinsten als die größten».

Diese Vorrede wurde in der zweiten Ausgabe von 1910 insofern berichtigt, als man eine Mißachtung Schillers aus ihr herausgelesen hatte. George schrieb:

> Wir wiederholen daß, wie sehr Schillers gestalt immer hervorragen wird, die schätzung gerade seiner berühmtesten dichtungen immer mehr abnimmt. Sogar die ersten leidenschaftlichen stücke, die erfüllt sind mit den gedankenflammen der Aufklärung und des großen französischen umsturzes, haben nach dem erlöschen eben dieser flammen an wirkung eingebüßt. Sie waren verfaßt für ein durchaus kunstarmes volk dem man durch die phrase seine begeisterungen einblasen mußte und sie werden mit der seichten historienmalerei und dem hohlen theaterprunk des 19. jahrhunderts nur einen geschichtlichen wert behalten. Eine dichtung aus grundsätzen und zeitideen, wenn auch noch so edlen, kann nicht dauern, weshalb die letzten der halbechten Shakespeare-stücke mehr kraft und mehr wahrheit behalten als die besten von Schiller. Ein ähnliches beispiel aus einer verwandten literatur ist Lord Byron, dessen vergegenwärtigende gestalt immer lebendig bleibt, während seine gedichte von jahr zu jahr schlechter werden.
>
> Diese ausführungen wären unnötig, wenn man nicht zum schaden für die deutsche dichtung den verfasser der Glocke, der Jungfrau von Orleans und der Maria Stuart als *den* dichter der Deutschen gepriesen hätte. Aber als schönheitslehrer und erzieher, als verfasser der Ästhetischen Erziehung, der seinem volke auch heute noch fremd ist und vermutlich noch lange bleibt, wird Schiller noch einmal eine glänzende auferstehung feiern. In diesen schriften hat die größere gedankenwissenschaftliche bildung der Deutschen den flug seines geistes die höhe erreichen lassen. Sie enthalten so endgültige dinge über form und inhalt, kunst und volk wie sie dem strenggläubigsten schönheitseiferer genügen würden und wie sie dem heutigen durchschnittlichen Schillerverehrer unannehmbar sind. Nach dieser erklärung kann wohl nicht gezweifelt werden an unserer bewunderung für diese glühende deutsche seele.

Heute dürfte der negative Teil dieser Erklärung selbst nur mehr aus geschichtlichen Voraussetzungen verständlich sein, aus jener wilhelminischen Luft, in der die höhere Schule Schillers Stücke als Blütenlese zahlloser Aufsatzthemen ausbeutete und Schillersche Zitate zum festen Bestand einer jeden Sedans- oder Kaiser-Geburtstags-Feier gehörten. Georges Worte von einem durchaus kunstarmen Volk, dem man durch die Phrase seine Begeisterungen einblasen mußte, passen nicht auf die Menschen, die von der Erstaufführung der Räuber bis zum Tode des

Dichters seine Stücke sahen und hörten. Mit Recht aber treffen sie das deutsche Volk in der zweiten Hälfte des neunzehnten Jahrhunderts. George machte sich hier das Nietzsche-Wort vom «Moraltrompeter von Säckingen» zu eigen und kleidete es in eine höflichere und überlegt scheinende Form. Hätte er sich dessen erinnert, was Schiller selbst bei Gelegenheit der Jungfrau oder der Maria Stuart über das dramatisch Handwerkliche sagte, so hätte er gesehen, daß es Schiller nicht um «grundsätze und zeitideen» ging, sondern um Fragen der Kunst, die «Euripidische Methode» etwa oder allgemein um dramaturgische Gesichtspunkte.

Der positive Teil von Georges Erklärung besteht allerdings heute wie damals zu Recht. Bloß sind in den Erschütterungen der letzten Jahrzehnte «strenggläubige schönheitseiferer» selten geworden. Fragte doch Wolfgang Kayser kürzlich[2] «Auch in der Schönheit und künstlerischen Vollkommenheit liegt eine Wahrheit des Kunstwerks?» um seine Frage selbst zu beantworten mit dem Satz

Doch indem wir das Wort zögernd hinsetzen, wird uns bewußt, wie arm, wie unbestimmt schweifend es nun geworden ist, so unbestimmt schweifend, wie in der Sprache der Zeit auch die Wörter Schönheit und Vollkommenheit geworden waren.

Was die ästhetische Erziehung betrifft, so darf man sich nicht verhehlen, daß diese endgültigen Dinge über Kunst und Volk mehr noch als die über Form und Inhalt dem heute im handfesten Alltag Lebenden annehmbar sind – soweit er sie noch liest – weil er sich sagt: es geht dem Dichter Gott sei Dank nur um den «schönen Schein», meine Wirklichkeit wird hiervon nicht berührt. Solche Ehrlichkeit ist immerhin sympathischer als die Selbstherrlichkeit, die man in der Einleitung zu einer neuen erschwinglichen, also höchst verdienstlichen Ausgabe von Schillers Schriften zur Philosophie und Kunst lesen konnte[3]:

Jene «große Harmonie», die Schiller in all seinen Dichtungen und erzieherischen Schriften heraufbeschwört, ist uns unterdessen zum Begriff einer erkennbaren Alleinheit der Erscheinungswelt auf der Ebene naturwissenschaftlichen Denkens geworden, ohne daß wir zu solcher Vernunfterkenntnis noch ferner den Umweg über das Idealische zu gehen uns genötigt fänden, ja, solcher Umweg über einen bewußten und selbstschöpferischen Kulturwillen erscheint uns in der unmittelbaren Hinwendung an die reale, säkularisierte und sozialisierte Welt schon beinahe überflüssig.

So etwas konnte man schon 1887 in Wilhelm Bölsches «Naturwissenschaftlichen Grundlagen der Poesie» lesen.

Nun werden aber selbst glühende Schillerverehrer zugeben, daß sein Wunsch, den Stoff durch die Form zu vertilgen, nicht immer, ja sogar recht selten verwirklicht wurde. Der Spott der Romantiker über die Glocke mag aus ihrem Munde unberechtigt gewesen sein, vom ästhetischen Standpunkt aus hatten sie recht. Das Lied an die Freude genügte Schiller selbst bald nicht mehr (an Körner 21. 10. 1800), wie es überhaupt kaum einen strengeren Selbstkritiker gab als Schiller. Um so interessanter ist es, daß George unter die zehn Gedichte, die in seiner Anthologie unter Schillers Namen gehen, drei aufnahm, die Schiller selbst von der ersten seiner Sammlungen (1800) ausschloß, nämlich «Gruppe aus dem Tartarus», «Die Größe der Welt» und «Der Flüchtling», ursprünglich «Morgenphantasie» benannt. Sie waren zuerst in der «Anthologie auf das Jahr 1782» erschienen und wurden von dem reiferen Dichter als «wilde Produkte eines jugendlichen Dilettantism» zunächst verworfen. Was hat George an diesen Gedichten angezogen? Doch wohl der Reichtum rhythmischer Formen, der volle Ton klanglicher Verbindungen, eben das Musikalische eines Gedichtes, von dem Schiller an Körner schrieb (25. 5. 1792), es sei ihm früher gegenwärtig als der klare Begriff vom Inhalt[4]. Dazu mag bei den ersten beiden Gedichten Weite und Größe einer Phantasie gekommen sein, die über die Grenzen von Zeit und Raum hinausfliegt. George änderte in «Die Größe der Welt» in der dritten Strophe *Nebligt* zu *Neblicht* aus euphonischen Gründen und *Weltsysteme* zu *Weltenkreise,* wodurch ein jugendliches Abstraktum durch ein poetisches Wort ersetzt wurde, das zudem im Bilde viel besser zum Verbum «Strudeln dem Sonnenwanderer nach» paßt.

Als viertes Gedicht folgen in Georges Auswahl jene schönen vierundzwanzig Zeilen, die beginnen

> Daß du mein auge wecktest zu diesem goldenen lichte
> Daß mich dein äther umfließt
> Daß ich zu deinem äther hinauf einen menschenblick richte
> Der ihn edler genießt

und die enden

> Große Göttin dafür soll bis die Parzen mich fodern
> Dieses herzens gefühl
> Zarter kindlichkeit voll in dankbarem strahle dir lodern
> Soll aus dem goldenen spiel
> Unerschöpflich dein preis erhabne bildnerin fließen
> Soll dieser denkende geist
> An dein mütterlich herz mit reiner umarmung sich schließen
> Bis der tod sie zerreißt.

Das ist in Schillers Art gedacht, man erinnert sich aus «Die Künstler»: Schon dankte nach erhabnen Fernen/Sein sprechend Aug dem Sonnenlicht – aber es ist nicht auf Schillersche Weise gesagt. Das Gedicht ist vom vorhergehenden im Druck durch drei Sterne abgesetzt, wie es George auch machte, als er an das Ende der Auswahl aus Klopstock des Matthias Claudius «Der Säeman säet den Samen» setzte, ohne den Namen des Verfassers zu nennen. Damals handelte es sich für George offenbar um ein schönes Produkt, ein einzelnes gelungenes Gedicht, das jedoch seinem Verfasser nicht mit Namen Zutritt zu dem «zwölfgestirn» sicherte. Etwas anders liegt der Fall bei dem «Schillerschen» Gedicht. «Daß du mein auge wecktest» erschien zuerst im 11. Heft der Thalia von 1790 mit dem Titel «Im Oktober 1788» und der Signatur *S*. Joachim Meyer hat es für Schiller in Anspruch genommen[5]; seit 1860 fand das Gedicht Aufnahme in einigen Schillerausgaben. Karl Gœdeke bedauerte in seiner historisch-kritischen Ausgabe diese «sehr unverdiente Ehre für ein Gedicht, das aller Wahrscheinlichkeit nach keinen andern als Gustav Schilling zum Verfasser hat»[6]. Bevor Gœdeke sein Argument für die Urheberschaft Schillings bringt, sagt er: «Ich will nicht auf das Gefühl mich berufen, nicht darauf, daß dies aus einem einzigen Satz bestehende Carmen die Hand des Schülers verrät; daß die Reimbindung antiker Verse jedenfalls einen barbarischen Geschmack beurkundet; daß der Gehalt dürftig, das wiederkehrende Saitenspiel anstößig und das Ganze armselig, verworren und unklar ist.» Es ist anzunehmen, daß George Gœdekes Urteil kannte, ja selbst überzeugt war, daß Schiller nicht das Gedicht geschrieben hatte; sonst hätte er wohl kaum den nichtssagenden Titel weggelassen noch die drei Sternchen eingefügt. Aber mit stolzer Unbekümmertheit um das Gelehrtenurteil sicherte er dem Produkt eines Unbekannten einen Platz im Jahrhundert Goethes, nur weil das Kunstwerk gut war und der Name «als nicht zur Sache gehörig» gern wegfallen konnte.

Die letzten sechs Gedichte Schillers gehören den Jahren zwischen 1795 und 1803 an. «Die Erwartung» von 1799 steht der «Morgenphantasie» am nächsten durch dramatischen Wechsel des Rhythmus, sie übertrifft das frühere Gedicht in der Reinheit der Sprache und Schönheit der Bilder. Nach einem modernen Ausleger zeigt auch dieses Gedicht «eine Ausdrucksform, die ihren Wert nur noch in den formalen Darstellungsmitteln, aber nicht mehr in der Aussage selbst hat»[7]. Gerade darum mag es George angezogen haben, denn er druckte es nicht nur in seiner Anthologie ab, sondern ließ den Reim der vorletzten Strophe

> Den Schatten nur von ihres Mantels Saum
> Und in das Leben tritt der hohle Traum.

anklingen in dem einzigen stumpfen Reim seiner «Nachthymne» (I, 16). Er hat ihn verbessert, dichterisch durch Alliterationen, gedanklich durch Weglassung des störenden «hohl», indem er schrieb:

> Den kiesel tröstet deines kleides saum.
> Kaum tröstet mich ein traum.

Sicherlich geschah dies bewußt; denn in dem ganzen Buch der *Hymnen* wiederholt sich niemals ein Reim und George hegte wohl schon damals die Meinung, die er *BlfdK*. II, 2 aussprach:

Reim ist ein teuer erkauftes spiel. hat ein künstler einmal zwei worte miteinander gereimt so ist eigentlich das spiel für ihn verbraucht und er soll es nie oder selten wiederholen[8].

«Der Abend. Nach einem Gemälde», ein Versuch Schillers in dem griechischen Silbenmaß, dann «Die Gunst des Augenblicks», «Dithyrambe», «Die Sänger der Vorwelt» und «Nenie» beschließen Georges Auswahl. Inhaltlich mag das Lob des Dichtertums, formell das Klassische der Versmaße die Wahl bestimmt haben. Nur die Gunst des Augenblicks scheint herauszufallen mit ihren etwas klappernden trochäischen Vierhebern[9]. Schillers «Augenblick» ist nicht identisch mit Georges «Kairos», den eine der Tafeln im *Siebenten Ring* nennt. Kairos ist der rechte, einmalige, nimmer wiederkehrende Augenblick, der Sternentag, den's zu erkennen gilt. George sagt hierfür auch einmal «Augenblick» in den Sprüchen an die Lebenden im *Neuen Reich* (I, 448):

> Immer-harren macht zum spott
> Sich vertrösten ist das leerste ..
> Dies geheimnis ist das schwerste:
> Augenblick als höchster Gott.

Schillers Augenblick aber, der mächtigste von allen Herrschern, ist ein Nu, zündender Himmelsfunke, schnelle und flüchtige Erscheinung des Göttlichen auf der Erde, das bald die Nacht wieder umhüllt. Es gibt ein Gedicht Georges, in dem dieser «Lichtgedanke» im Wort festgehalten wurde, nämlich «Auf der Terrasse» (I, 19)[10].

> Die hügel vor die breite brüstung schütten
> Den glatten guß von himmelgrünem glase ·
> Die wirren wipfel und des glückes hütten ·
> Der göttin schatten rastet auf der vase.

Hier ist der Gegensatz von Göttlichem und Irdischem: grüne Hügel, wirre Wipfel, des Glückes Hütten sind die Welt, vom Göttlichen haben wir nur einen Schatten. Dieser Schatten ist das Licht, das auf der Vase eine kurze Weile ruht. Es kommt von der Sonne. Wie aber kann der Dichter das Licht fassen?

> Entgegen eil ich einem heißen rade.
> Ein blitz: für uns ein zug von wunderstaben
> Sogleich ergriffen durch erhöhte gnade .
> Dann aber ach in stete nacht begraben ..

Diese Strophe ist doch wohl eine Variation von Schillers Schlußstrophe in Georges Auswahl

> So ist jede schöne gabe
> Flüchtig wie des blitzes schein .
> Schnell in ihrem düstern grabe
> Schließt die nacht sie wieder ein.

«ein zug von wunderstaben», am Himmel gezogene Runen, ist ein treffliches Bild für den Blitz. George schließt sein Gedicht nicht wie Schiller auf der Note des Schnellen, Flüchtigen, des zückenden Himmelsfunkens, sondern mit dem Gedanken einer Verbindung von Himmlischem und Irdischem

> Triumph! du bist es . aus dem abendrote
> Getauschter blicke las ich meine trauer .
> Doch treu bekennend kamst du selber bote
> Und stolz war unsres bundes kleine dauer.

Direkt ist das Licht nicht zu fassen, in seinem abendlichen Untergang jedoch gewährt es uns für die kurze Dauer eines Augenblicks ein Bündnis: «die Gunst des Augenblicks» ist für George die erhöhte Gnade einer großen und weisen Göttin. Dabei wird das Wort «Augenblick» ganz konkret als «Blick der Augen» genommen.

Überzeugende Beweise von Beziehungen zwischen Dichtungen sind schwer zu liefern, wenn man nicht schriftliche Zeugnisse der Dichter beibringen kann oder – wie im vorliegenden Falle – durch Abdruck des Schillerschen Gedichtes vom jüngeren Dichter einen Fingerzeig erhält. Obwohl George die deutsche Dichtung erneuerte, war er doch kein Neuerer aus dem bloßen Wunsch nach dem Anders-Sein. In der V. Folge der *BlfdK* (1900–1901) sagte er unter dem Titel «Deutsche Literatur»:

> Daß die deutsche literatur etwas sprunghaftes trümmerhaftes hat kommt nicht so von dem deutschen kantongeist als einem falschen originalitätsstolz

einem oft kindischen wirtschaftenwollen auf eigne faust einer scheu vor der einordnung aus dem gefühl der unsicherheit.

Solche Einordnung in schon bestehende Formen ohne sklavische Nachahmung scheint vorzuliegen in dem ersten Gedicht der «Andenken» im *Algabal* (I, 55). Viermal je zwei trochäische Achtheber mit stumpfem Reim klingen dem Ohr zuerst ungewöhnlich

> Große tage wo im geist ich nur der herr der welten hieß ·
> Arger tag wo in der heimat meine tempel ich verließ!

Und doch ist dies derselbe Rhythmus, den Schiller in der Jungfrau von Orleans (IV, 1) gebrauchte; lediglich das Druckbild ist anders

> Frommer Stab, o hätt ich nimmer
> Mit dem Schwerte dich vertauscht,
> Hätt es nie in deinen Zweigen
> Heilge Eiche, mir gerauscht.

Der dargestellte Stoff ist derselbe: bedauernder Rückblick auf den Abschied von der Heimat. George transponierte das Bedauern um die verlorene Kindheit vom Weiblichen ins Männliche, vom Christlichen ins Heidnische. Da er ferner seiner Natur nach die Schillersche Trennung von «Ideal und Leben» nicht anerkennt, verändert er in der Sache. Erschien dem Mädchen von Domrémy die Himmelskönigin und schenkte ihr aus unbegreiflicher Gnade eine ungewollte Krone, so ist das Verhältnis zwischen Menschenkind und Göttern bei Algabal das der Gleichberechtigung:

> Dort beriet ich mit den göttern über ihren höchsten plan
> Ihre kinder stiegen nieder mir zu lust und untertan.

In einem andern Fall hat George ein berühmtes Thema Schillers, dessen Behandlung aber nicht als geglückt gelten kann, nochmals vorgenommen. Im *Buch der Sagen und Sänge* findet sich ein dramatisches Gedicht «Im unglücklichen Tone dessen von ... » (I, 87). Das Motiv des von seiner Dame schnöde behandelten Ritters kennt man aus Schillers Handschuh. Was dort unwillkürlich zum Lachen reizt: der gähnende Löwe, der murrende Tiger, die greulichen Katzen, das Krude der Liebesprobe und die ungehörige Unhöflichkeit des Schlusses, kurz die Kleinheit der Sache im Vergleich zum dichterischen Aufwand, ist bei George durch bedeutsame und angemessene Dinge ersetzt: dreifach bestandene Probe des Ritters, dreimal Verachtung, Spott und Taubheit der Dame, und als Antwort darauf die Zeilen:

> Nun leid ich an einer tiefen wunde ·
> Doch dringt euer lob bis zur lezten stunde ·
> Schöne dame · aus meinem munde.

Solch ritterliche Haltung findet man natürlich auch in anderen Gedichten der Zeit, zum Beispiel in einem Sonett von Jean Moréas in *Les Cantilènes* (1886), dessen letzte sechs Zeilen lauten

> Mais, ce pendant que votre main cruelle et sûre,
> Sûre et cruelle fait vibrer dans ma blessure
> L'inexorable trait, Ma Dame, ma Douleur,
> Il faut que je vous loue et que je vous célèbre
> Et que je tresse la gemme rare et la fleur
> Dans vos cheveux qui sont couleur de la ténèbre.

George hat dieses Gedicht «Pleurer un peu» abgeschrieben[10a], und man könnte daher in «wunde» und «lob» Anklänge an «blessure» und «je vous loue» finden. Doch ist es wahrscheinlicher, daß die Reimworte wunde-stunde-munde in ihrer Aufeinanderfolge die bei Schiller getrennten Reimworte Munde-Kunigunde-Stunde «verbessern» wollen und es auch tun.

Die Welt und die Natur, schon einmal Gedachtes und Geschriebenes sind für den Dichter immer Material, das es neu zu formen gilt. Darum braucht man nicht gleich an Schillers «Das verschleierte Bild zu Sais» zu denken, wenn man das alte Symbol der Wahrheit bei George im *Teppich des Lebens* als drittes der «Standbilder» (I, 202 f.) trifft. Bemerkenswert ist jedoch, daß der Begriff der Schuld, der als moralische Schlußfolgerung das Schillersche Gedicht krönt, für den neueren Dichter ganz unwesentlich geworden ist[11]. Zum Menschen, der verglichen mit der Wahrheit ewig Kind bleibt, spricht die verhüllte Frau

> Da du nicht länger säumen magst so heb
> Die hülle – sie wird jezt dir nicht mehr frommen ..
> Nun sieh was du die jahre hin genommen
> Für demant-tüpfel schimmernd durchs geweb!

Sunt lacrimae rerum möchte man mit Vergil sagen, die Wahrheit ist traurig, tränen-überströmt. Klagte Kassandra noch pathetisch «Frommt's den Schleier aufzuheben?», so wird nun die einfache Antwort «heb die hülle», die Wahrheit ist nicht erfreulich, aber nicht weil sie durch Schuld erlangt wurde, sondern weil sie von eh und je nur aus Not und Schauer gesucht wird und Qualen meist mit frischer Qual löst.

Sind Georges «Die Führer» im *Siebenten Ring* (I, 247) Neuformungen von Schillers «Die Führer des Lebens» in den *Xenien*? Schiller verkörperte in seinen Distichen Abstraktionen, die Genien des Schönen und des Erhabenen. Er schließt mit dem moralischen Rat

> Nimmer widme dich *einem* allein! Vertraue dem ersten
> Deine Würde nicht an, nimmer dem andern dein Glück!

Georges erster Führer mag schön sein, der zweite erhaben, beide aber sind Gestalten, deren jede im Leben ihren Platz hat. Wenn der erste mitreißt im festlichen Getriebe «unter tanz und sang und sprunge», so steht der zweite allein und abseits, «betend wo vorm abendtor»; er aber ist's allein, der den Augen der arbeitenden Menschen ihren Glanz und dem Sang der Feiernden seinen Klang geben wird. Dies ist nicht direkt gesagt, wohl aber angedeutet, wenn die letzte Strophe des zweiten Führergedichtes mit den vorhergehenden drei zusammenhängen soll. Georges Gestalten kehren auch in seiner Dichtung wieder: der erste seiner Führer gleicht dem «Tänzer» im *Neuen Reich* (I, 451) «Doch einer gibt den takt an und den gang». Der zweite «war ein jüngling noch und trug den kranz»; darin ist er ähnlich dem «Erkorenen» im *Teppich* (I, 198), zu dem gesagt wird

> Nur wenn du noch ehrst bist du dir noch treu
> Dann bleibt wie du dir o jüngling der kranz!

Wer da will mag in diesen Jünglingsgestalten stephanophoroi sehen, vielleicht den Dichter selbst «in blasser erdenferner festlichkeit». Die Frage aber, ob man sich diesen Führern anvertrauen soll, wird bei George gar nicht gestellt. Sie führen einfach, jeder in seinem Bezirk.

Man hat auch Schillers «Mädchen aus der Fremde» bei George wiederfinden wollen, und zwar in «Die Fremde» im *Teppich* (I, 192). In diesem und den drei folgenden Gedichten sollen vier Arten der Dichtung und durch sie vier geschichtliche Epochen symbolisiert werden[12]. George habe dabei das liebliche Bild des schönen und wunderbaren Mädchens Poesie, das jedem Alter Gaben bringt, verwandelt in eine Zauberin, die dem Volk Grauen einjagt und deren Lächeln den Männern gefährlich wird. Georges «Fremde» sei damit ein Symbol früher Märchen und urtümlicher Volkslieder. Wenn dies wahr ist, dann müßte man noch weiter gehen und sagen, das Knäblein «So schwarz wie nacht so bleich wie lein / Das sie gebar im hornungschein» ist nichts anderes als der neue Euphorion. Nein, diese Fremde ist genau das, was die Ballade sagt: ein fremdes Weib, unheimlich und verführerisch, von deren Verschwinden das Volk allerlei Geschichten erzählt; einmal aber hat sie im Dorf gelebt, das zurückgelassene Kind ist Beweis. Zu solchen unheimlichen

Gedichten Georges gehören «Mühle laß die arme still» (I, 28), wo die schwarzen Knaben aus der Tiefe ihre weißen Bräute hinabziehen, oder «Die Verrufung», wo das bloße «Rufen» oder «Verrufen» den Tod des Gehaßten herbeizwingt (I, 195). Auch der «Hexenreihen» im *Siebenten Ring* (I, 254 f.) beschwört jenes Dämonische, das ebenso sehr Teil unserer Welt ist wie das Lichte. Solche Töne wird man bei Schiller meines Wissens vergeblich suchen.

II

Da das lyrische Fach für Schiller eher ein Exilium als eine eroberte Provinz war (an Körner 25. 2. 1789), ist es nicht verwunderlich, daß der Lyriker George im Dichterisch-Technischen nur wenige Male Schillersche Formulierungen weiterführt, immer mit dem Wunsch an ihnen zu bessern, sei es beim Abdruck eines Schillerschen Gedichtes, sei es bei Wiederholungen in seinen eigenen Produktionen. Einmal glaubten wir eine Veränderung im Stofflichen zu finden, beim Thema des «Handschuh». Diese wenigen Anklänge berechtigen uns nicht von einer Schillerschen Linie bei George zu sprechen. Wir müssen dazu weiter ausholen und den Schönheitslehrer und Erzieher Schiller betrachten. Hier sind zwei Dinge zu unterscheiden, die sich jedoch der Natur der Sache gemäß immer wieder vermischen: einmal die «Poetik», das heißt die theoretischen Überlegungen über die Produktion von Dichtung, und zum andern die praktische Wirkung der Dichtung auf ein Publikum, ein Volk, die Menschheit, das heißt ihr Zweck. Weiterhin sind auch die verschiedenen Schaffensperioden der beiden Dichter zu beobachten. Kein Wort aber ist zu verlieren über die Tatsache, daß weder Schiller noch George mit dem Netz der «Erlebnisdichtung» zu fangen sind. In den *BlfdK*. II, 2 gab George einige Unterschiede zwischen älterer und heutiger Kunst und mag sehr wohl an Schiller gedacht haben, als er schrieb: «Die älteren dichter schufen der mehrzahl nach ihre werke oder wollten sie wenigstens angesehen haben als stütze einer meinung: einer weltanschauung – wir sehen in jedem ereignis jedem zeitalter nur ein mittel künstlerischer erregung.» Schon in der I. Folge (1892) hatte er «die GEISTIGE KUNST auf grund der neuen fühlweise und mache – eine kunst für die kunst» gefordert. Die Blätter sollen «der kunst besonders der dichtung dienen, alles staatliche und gesellschaftliche ausscheidend». Das ist das Gegenteil von dem was Schiller in «Die Schaubühne als moralische Anstalt betrachtet» (1784) vortrug. Schiller sprach allerdings dort von der Theaterdichtung, die sich stets unmittelbar an ein Publikum wendet.

Ich möchte jedoch annehmen, daß er zu jener Zeit der Dichtung überhaupt moralische Zwecke unterlegte. Die Dichtung auf der Schaubühne wiederholt «zum schauervollen Unterricht der Nachwelt» kühne Verbrechen, sie gibt «Lehren und Muster», sie stellt uns «göttliche Ideale zur Nacheiferung» auf. Dabei «kleidet sie die strenge Pflicht in ein reizendes lockendes Gewand». «Richtigere Begriffe, geläuterte Grundsätze, reinere Gefühle fließen von hier durch alle Adern des Volks; der Nebel der Barbarei, des finstern Aberglaubens verschwindet, die Nacht weicht dem siegenden Licht.»

Vier Jahre später jedoch, in einem Brief an Körner vom 25. 12. 1788, äußerte Schiller Anschauungen, die solche Georges und der französischen Dichter seit Baudelaire, die den wahren Sinn poetischen Schaffens wieder entdeckt hatten, vorwegnahmen. Allerdings muß man das abziehen, was Schiller über das Idealische sagt, das so ausgesprochen ihm und der Zeit des Idealismus angehört. Oder man sollte es zumindest so umdeuten, wie es George an einer Stelle in *Tage und Taten* tat[13]. Schillers Überzeugung «daß jedes Kunstwerk nur sich selbst, das heißt seiner eigenen Schönheitsregel Rechenschaft geben darf» ist auch die Georges. Nur läßt Schiller andere, außerhalb der Dichtung liegende Zwecke sozusagen wieder durch eine Hintertür einschlüpfen, wenn er fortfährt, «Der Dichter, der sich nur Schönheit zum Zweck setzt, aber dieser heilig folgt, wird am Ende alle andern Rücksichten ... ohne daß er's will oder weiß, gleichsam zur Zugabe mit erreicht haben». Hier sei eingefügt, daß die ersten vier Gedichtbände Georges, die gewiß heilig der Schönheit folgten, auch diese Zugabe mit erreichten. Jedenfalls sagt George rückblickend in der IV. Folge (1897)

Daß ein strahl von Hellas auf uns fiel: daß unsre jugend jezt das leben nicht mehr niedrig sondern glühend anzusehen beginnt: daß sie im leiblichen und geistigen nach schönen maszen sucht: daß sie von der schwärmerei für seichte allgemeine bildung und beglückung sich ebenso gelöst hat als von verjährter lanzknechtischer barbarei: daß sie die steife gradheit sowie das geduckte lastentragende der umlebenden als häßlich vermeidet und freien hauptes schön durch das leben schreiten will: daß sie schließlich auch ihr volkstum groß und nicht im beschränkten sinne eines stammes auffaßt: darin finde man den umschwung des deutschen wesens bei der jahrhundertwende.»

Dies ist hoffnungsvoller als Schillers Resignation beim «Antritt des neuen Jahrhunderts», aber die «Ideale», die der Dichter hier verwirklicht sieht, sind die Schillers, und selbst in der sprachlichen Form der Antithesen glaubt man Schiller zu hören. Darum sieht David (S. 153) mit Recht an dieser Stelle eine Weiterführung der Tradition Weimars und der ästhetischen Erziehung in der Art Schillers. Allerdings darf man nicht vergessen, daß der Strahl von Hellas bei George im Brennglas Roms gefaßt wurde[14].

Für Schiller wie für George ist die Wirkung der Dichtung auf Menschen nicht ihr Zweck, sondern willkommene Zugabe. So sagte Schiller im 22. Brief: «widersprechend ist der Begriff einer schönen lehrenden (didaktischen) oder bessernden (moralischen) Kunst, denn nichts streitet mehr mit dem Begriff der Schönheit, als dem Gemüt eine bestimmte Tendenz zu geben» und George: «alle kunst hört auf, wenn sie ... ‚real-programmatisch-tendenziös' wird.» (*BlfdK.* IV, 1.)

Einige weitere Beispiele, die sich leicht vermehren ließen, mögen zeigen, wie sehr Schiller und George im Prinzipiellen übereinstimmen. So schrieb George (*BlfdK.* II, 2): «Viele die über ein zweckgemälde oder ein zweck-tonstück lächeln würden glauben trotz ihres leugnens doch an die zweck-dichtung. Auf der einen seite haben sie erkannt daß das stoffliche bedeutungslos ist, auf der andern suchen sie es beständig und fremd ist ihnen eine dichtung zu *genießen*.» Und *BlfdK.* III, 1: «wesentlich ist die künstlerische umformung eines lebens – welches lebens? ist vorerst belanglos.» Zur verhältnismäßigen Belanglosigkeit des Stoffes vergleiche man, was Schiller in der Besprechung von Matthisons Gedichten[15], in «Über naive und sentimentalische Dichtung»[16] oder im 22. Brief über die ästhetische Erziehung sagt. Hinsichtlich der Unfähigkeit des Genießens finden sich Schillers Überzeugungen im 22. und 26. Brief[17].

Da der Mangel an Form in dem Beurteiler oft der Grund ist, weshalb sein Interesse an dem Kunstwerk nicht ästhetisch, sondern bloß moralisch oder physisch ist, so ist es nötig, den Geschmack zu erziehen. Schiller sowohl wie George teilen mit allen großen Deutschen die schmerzliche Einsicht, daß in ihrem Volke noch immer ein Rest Barbarentum steckt. «Bevor in einem land eine große kunst zu blühen kommt muß durch mehrere geschlechter hindurch der geschmack gepflegt worden sein», sagte George (*BlfdK.* III, 2). Und Schiller sprach im 10. Brief von «der stillen Arbeit des Geschmacks an dem äußeren und inneren Menschen; im 9. Brief empfiehlt er dem Freund der Wahrheit und der Schönheit, der Welt – bei allem Widerstande des Jahrhunderts – die Richtung zum Guten zu geben, «so wird der ruhige Rhythmus der Zeit die Entwicklung bringen».

Bei dieser erzieherischen Aufgabe der Kunst besteht jedoch ein wesentlicher Gegensatz zwischen Schiller und George. Schiller ist sich zwar bewußt, daß der Künstler der Sohn seiner Zeit ist. Seine Überlegungen in der ästhetischen Erziehung beginnen sogar bei dem gegenwärtigen politischen Schauplatz und behandeln bis zum 7. Brief ausschließlich den Menschen im Staate. Der 7. und 8. Brief leiten dann über zur Gründung eines besseren Staates, und erst der 9. Brief nennt die schöne Kunst als Werkzeug zur Verbesserung einer barbarischen Staatsverfassung. Trotz dieses ganz konkreten und zeitlich bestimmten Ausgangspunktes ist aber Schillers Denkungsart auf den Menschen als Gattung gerichtet, sie ist «anthropologisch» im modernen Sinne. Sein Ziel ist, die höchste Bestimmung des Menschen zu erfüllen oder «die Möglichkeit der erhabensten Menschheit» zu beweisen. Mittel hierzu ist die schöne Kunst. George geht es umgekehrt zunächst um die Verbesserung der Kunst; *BlfdK*. III, 5 «Wir suchten die umkehr in der *kunst* einzuleiten und überlassen es andern zu entwickeln wie sie auf das *leben* fortgesetzt werden müsse». Daß das Beispiel der Blätter selbst diese Fortsetzung auf das Leben liefern könnte, wird angedeutet in derselben Folge mit der Ankündigung, das Unternehmen dürfe bald aus seinen Schranken heraustreten, gerade weil auch andere zu fühlen beginnen, «daß durch die ausschließliche erziehung eines geschlechtes zu wechselseitigem hartem kampfe ein wichtiges etwas verloren ging» und gerade das Größte und Edelste einer Rasse dadurch einer allmählichen Verflachung und Vertrocknung entgegenlaufen möchte.

Bis zu welchem Grade jedoch läßt sich die ästhetische Erziehung praktisch verwirklichen? Schillers Staat des schönen Scheins ist «der Tat nach ... nur, wie die reine Kirche und die reine Republik, in einigen wenigen auserlesenen Zirkeln» zu finden (27. Brief). Georges Überzeugung ist: «Der heutige geistige und künstlerische mensch muß seine werte ausbilden in völliger loslösung von der allgemeinheit, von allen öffentlichen und tagbedingten forderungen» zumal «jeder befruchtende und jeder befreiende gedanke aus geheimkreisen (zenakeln) hervorkam». (*BlfdK*. VII.) Hieraus folgt mit Notwendigkeit eine Verachtung der Menge, der Allzuvielen, die beide Dichter aber mit vielen andern Geistern teilen, Horaz, Goethe oder Nietzsche. Schiller drückt seine Abneigung in dem von ihm so gern gebrauchten Bilde des Glücksspiels aus: «Einzelne wenige zählen, die Übrigen alle sind blinde / Nieten, ihr leeres Gewühl hüllet die Treffer nur ein[18].» George spricht wie Algabal oder Nietzsche in «Der Künstler und die Zeit» (VII. Folge) «daß er die millionen die er in einigen mustern zur genüge kennen lernt als ein nichtbestehendes übergeht wird für ein wissendes zeitalter so wenig ein anstoß sein als was das Antikische tat mit der überwiegenden menge der sklaven und haustiere (pecus et mancipium)».

Während aber für Schillers idealischen Geist diese eingeschränkte Wirklichkeit des Menschen eine «gütige Schickung» ist «um ihn in eine idealische Welt zu treiben»[19], verwahrt sich George dagegen, daß die Kunst der Blätter «eine scheu vor dem wirklichen und eine flucht in schönere vorzeiten» sei (*BlfdK*. III, 1). Vielleicht könnte man die Unterschiede so formulieren: Schiller sucht den Menschen und die Totalität seiner Menschheit. Sein Interesse gilt dem Fortschritt der Gattung, denn für einen philosophischen Geist ist es ein «armseliges kleinliches Ideal für Eine Nation zu schreiben». Er «kann bei einer so wandelbaren zufälligen und willkürlichen Form der Menschheit, bei einem Fragmente (und was ist die wichtigste Nation anders?) nicht stillestehen» (an Körner 13. 10. 1789). Der Weg zu dieser Erneuerung des Menschen ist der der ästhetischen Erziehung. George beginnt in einem kunstarmen Volke mit der Erneuerung der Kunst, durch eigene Beispiele, durch Vermittlung dessen, was andere Nationen geleistet haben und durch die Schaffung eines Organs, in dem Gleichgesinnte ihre Werke veröffentlichen. Sein Interesse gilt den Mitlebenden, besonders der Jugend des eigenen Volkes.

Gemeinsam ist beiden Dichtern der Glaube, daß ein Leben ohne Kunst nicht den Namen *Leben* verdient. Schiller schrieb am 22. 1. 1789 an Körner: «Was ist das Leben der Menschen, wenn ihr ihm nehmt, was die Kunst ihm gegeben hat? Ein ewig aufgedeckter Anblick der Zerstörung ... wenn man aus unserem Leben herausnimmt, was der Schönheit dient, so bleibt nur das Bedürfnis; und was ist das Bedürfnis anders, als eine Verwahrung vor dem immer drohenden Untergang?» Und George an Hofmannsthal am 21. 3. 1896: «Sie schreiben einen satz, mein lieber freund: ‚er gehört völlig dem leben an, keiner kunst' den ich fast als lästerung auffassen möchte. Wer gar keiner kunst angehört darf sich der überhaupt rühmen dem leben anzugehören? Wie? höchstens in halbbarbarischen zeitläuften.»

Zuweilen findet man Übereinstimmungen, die bei der so verschiedenen Art des Dichtens überraschen. Schiller will zum Beispiel im März 1789 eine «Maschinerie» zu einem epischen Gedicht «erfinden», als Wirkung dieser Maschinerie schwebt ihm vor «Singen muß man es können, wie die griechischen Bauern die Iliade, wie die Gondolieri in Venedig die Stanzen aus dem Befreiten Jerusalem». Die Schillersche Praxis bleibt jedoch für unser Ohr oft beim Sagen und selten gelingt ihr das Singen. Man hat George dasselbe vorgeworfen, doch scheint er mir öfter im Gedicht zu verwirklichen, was ihm genau so wie Schiller als Wunsch vorschwebt: «wäre das spiel mit takten und reimen überhaupt eines vernünftigen wesens würdig wenn diese sich nicht unwiderstehlich als sangesweise aufdrängten? oft dienen worte gedanken ja bilder nur zur körperlichen darstellung der sangesweise.» (*BlfdK.* III, 2).

Wir kommen zum Schluß und damit zum schwierigsten Punkt der ganzen Untersuchung: dem Verhältnis von Künstler und Täter[20]. «Wohl sind zeiten und gelegenheiten denkbar wo auch der Künstler es für nötig hält das schwert des kampfes zu ergreifen: über allen diesen weltenstaats- und gesellschafts-wälzungen steht er aber als bewahrer des ewigen feuers» (VII. Folge). «Das glühende Verlangen strebt in kraftvollen Seelen ungeduldig zur Tat» (9. Brief), doch hat Urania aus Millionen die Reinsten zu ihrem Dienste geweiht und sie erkoren «das heilge Feuer ihr zu nähren» (Die Künstler). Schiller überläßt dem Verstande die Sphäre des Wirklichen, der Künstler «aber strebe aus dem Bunde des Möglichen mit dem Notwendigen das Ideal zu erzeugen. Dieses präge er aus in Täuschung und Wahrheit, präge es in die Spiele seiner Einbildungskraft und in den Ernst seiner Taten, präge es aus in allen sinnlichen und geistigen Formen und werfe es schweigend in die unendliche Zeit» (9. Brief).

Schiller war sich wohl bewußt, daß solch großer geduldiger Sinn nicht jedem gegeben ist. Ungestüm stürzt sich der göttliche Bildungstrieb unmittelbar auf die Gegenwart und auf das handelnde Leben, um den formlosen Stoff der moralischen Welt umzubilden. Er aber wollte das Ideal, das ihm in der Seele glühte, «in das nüchterne Wort ausgießen und den treuen Händen der Zeit vertrauen». Seine höchste Seligkeit als Künstler wäre gewesen, jene Idylle vom Übertritt des Menschen in den Gott» zu schreiben[21], in der «der Gott, des Irdischen entkleidet, / Flammend sich vom Menschen scheidet». Das Bild, das vor seinem entzückten Blick steht, hat jeden Zeugen menschlicher Bedürftigkeit ausgestoßen. Das Unendliche ist bei dem endlichen Menschenwesen eben nur in der Gottheit zu finden. Nun trägt der Mensch zwar Anlage zur Gottheit in sich, aber der Weg zu ihr führt niemals zum Ziel. Denn immer wird ein Abgrund zwischen dem Heiligen und dem Menschlichen, zwischen dem Ideal und selbst der besten Tat der Kreatur klaffen. Die neunte und zehnte Strophe von «Das Ideal und das Leben» zeigen die Spanne zwischen dem Bild, das in der Sphäre der Schönheit die Schwere des Stoffes überwunden hat, und der Tat, die immer und ewig vom Ideal beschämt wird. Dieser Gegensatz aber, den Schiller scharf herausarbeitet, wird von George schlankweg aufgehoben:

> Die Tat ist aufgerauscht in irdischem jubel
> Das Bild erhebt im licht sich frei und nackt

heißt es am Ende des ersten Buches im *Stern des Bundes* (I, 367). Tat und

Bild sind mit großen Anfangsbuchstaben geschrieben, als wolle man auf Bekanntes hinweisen. Die Tat, die da aufrauscht in *irdischem* Jubel ist wie eine Antwort auf Schillers «Kein *Erschaffner* hat dies Ziel erflogen». Beim Bild, dem Kunstgebilde, brauchte George sich nicht gegen Schiller zu setzen. In dieser Sphäre ist er einig mit ihm, mit einer ganz leichten Verschiebung des Akzentes vielleicht. «im licht ... frei und nackt» ist «leiblicher» und steht mehr auf der Erde als «Schlank und leicht wie aus dem Nichts gesprungen».

Obwohl für Schiller im menschlichen Bereich Ideal und Wirklichkeit nie ganz zu vereinigen sind, so bleiben doch zwei Forderungen an den Menschen: einmal alles zur Welt zu machen, was bloß Form ist, zum andern alles in sich zu vertilgen, was bloß Welt ist, «mit andern Worten: er soll alles Innere veräußern und alles Äußere formen. Beide Aufgaben, in ihrer höchsten Erfüllung gedacht, führen zu dem Begriffe der Gottheit» (11. Brief). Versuchte nicht George diese Forderungen im *Siebenten Ring* zu erfüllen? Anders aber als ein rationales Jahrhundert, sondern romantisch und mythenschaffend, beschied er sich nicht mit dem «Begriff» der Gottheit, sondern schuf einen leibhaften Gott. Für Schiller waren die eben erwähnten zwei Fundamentalgesetze der sinnlich-vernünftigen Natur «entgegengesetzte» Anforderungen, deren eine auf absolute Realität und deren andere auf absolute Formalität drang. George bog die beiden Gegenpole zusammen und versinnlichte im Bilde das abstrakt Begriffliche des Schillerschen Ausdrucks. Die viel zitierte Formel «den leib vergottet und den gott verleibt» in «Templer» (I, 255 f.) ist eine Konkretisierung von Schillers Gedanken. Ob Schiller mit ihr übereingestimmt hätte, ist mehr als fraglich. Wer immer die große Nährerin, *magna nutrix,* ist, deren Werk in der Verleiblichung des Gottes und der Vergottung des Leibes besteht, sie hat etwas Biologisches an sich, dem Schiller wohl nicht solch kosmische Bedeutung zugeschrieben hätte.

Hier trennen sich die Wege, hier beginnt wohl auch die Einsamkeit Georges. Er hatte begonnen mit dem Willen zur absoluten Formalität, er nahm schließlich in einem gewaltigen Streben nach absoluter Realität die von der Kunst getrennte Religion wieder in die Kunst hinein. Jean Paul sagte in seiner Kantate-Vorlesung in der «Vorschule der Ästhetik», dem Dichter wie den Engeln müsse die Erkenntnis des Göttlichen die erste sein am Morgen und die des Geschaffenen die spätere abends; «denn aus einem Gott kommt wohl eine Welt, aber nicht aus einer Welt ein Gott». Für George, dem es nach seinen eigenen Worten nicht mehr gegeben war, auf jungfräulichen und unerschöpften Welten ein Gebäude – ein Ganzes – aufzuführen, war das erste ein genaues Anschauen der Welt.

So entstand die neue Kunst «durch innigere empfindung liebevolleres anschauen zusammengefaßtere ausführung». Und später brachte diese «kunst aus der anschauungsfreude aus rausch und klang und sonne» einen Gott hervor. Dieser «sohn aus sternenzeugung» (I, 354), diese Fleischwerdung eines Dichtertraumes (I, 359) in einer endlichen Einheit von «welt- und gottesreich» war wohl der kühnste Versuch, eine Antwort auf die Frage zu finden «Was tun wenn Gott tot ist?» Als solcher gehört er nicht mehr in das Kapitel der Beziehungen Georges zu Schiller, sondern zu dem großen Thema «Welt ohne Gott», das seit mehr als hundert Jahren die wachen Geister Europas ängstet. Dieser Versuch ist ein Ärgernis für die meisten Leser Georges. Man wird ihm am ehesten gerecht, wenn man ihn historisch zu verstehen versucht. Schon in den *Hängenden Gärten* hatte sich George gegen eine dualistische Auffassung gewandt in den Zeilen (I, 102) «Verschlungnes gefüge / Geschnörkelte züge / Verbieten die lüge / Von wesen und welt». Das heißt, jene Tradition die davon redet, daß das Wesen besteht, die Welt aber vergeht, ist eine Lüge; Idealität und Realität sind ineinander verschlungen[22]. Sie zu trennen, bedeutet für George «qual der zweiheit» (I, 350). Dieser anti-platonische Glaube an eine große Einheit verdichtet sich mehr und mehr zu einem Bilde, das zuletzt als Maximin erscheint, dessen Konzeption aber schon lange bestand, ehe dieser Knabe in Georges Leben für eine kurze Weile eintrat. Als Ideologie, als «Einsetzung eines Gottes» taugt dieses Bild nicht. Es ist allein die Frage, ob es als dichterisches Wort besteht. Da für George die eigne Zeit – vergleichbar dem Zeitgefühl Vergils oder des Horaz – dunkel war, eine Weltnacht und Weltwende, in der erkrankte Welten sich zu Ende fieberten, eine Zeit die frevelhaft den Gott getilgt hatte, so war die Beschwörung eines ‚urbilds' nötig, nicht für den Stifter einer praktischen Religion, sondern für den Dichter, gemäß den Worten Jean Pauls: «Ist einst keine Religion mehr und jeder Tempel der Gottheit verfallen oder ausgeleert – ... dann wird noch im Musentempel der Gottesdienst gehalten werden.»

ANMERKUNGEN

(1) In *Schiller in unserer Zeit,* Beiträge zum Schillerjahr 1955, Volksverlag Weimar, 1955, S. 203.
(2) *Die Wahrheit der Dichter,* Hamburg, 1959, S. 41.
(3) Goldmanns Gelbe Taschenbücher, Band 524, München, 1959, S. 5.
(4) Ähnlich auch an Goethe, 18. 3. 1796.
(5) *Beiträge zur Feststellung, Verbesserung und Vermehrung des Schiller'schen Textes,* Nürnberg, 1858, S. 16–18.

(6) *Schillers sämmtliche Schriften,* Sechster Teil, Stuttgart, 1869, S. 429 f. Über Friedrich Gustav Schilling siehe Rob. Boxberger, *ADB* Bd. 31, S. 256. Aus stilistischen Gründen kann man «daß du mein Auge» nicht Schilling zuweisen. Seine Gedichte (Freiberg, 1790) sind mir nicht zugänglich. Was er aber an Versen, ob nun eigene oder geborgte, in seine Prosa eingestreut hat, ist ebenso schlecht wie die Prosa selbst. Da wird Paul Gerhards «Und was dein Herze kränkt» verändert zu «dein Herzchen», bloß weil es dem 'Herzblatt' der Erzählung zum Trost gereichen soll. Typisch für den Mann und seine Geschmacklosigkeit sind die moralischen Lehren eines alten Stiftsfräuleins (Ausgabe letzter Hand, Dresden und Leipzig, 1828–1831. IX, 90):

«Ich will, daß Du selbst unerschüttert
Im Brennpunkt einer Griechin steh'st,
Und wenn auch schon an ihrem Negligee
Das Band sich bläht, der Atlas knittert,
Doch nicht in Gährung übergeh'st.»

(7) Benno von Wiese, *Friedrich Schiller,* Stuttgart, 1959, S. 578.

(8) Der Reim «sanft-ranft» erscheint zweimal, zuerst im *Jahr der Seele* (I, 160): «... wer kommt wenn sanft / Die gelbe primel nickt am ranft» und dann in den 'Liedern' des *Siebenten Rings* (I, 309) «An baches ranft». Ob diese letztere Zeile ganz ohne Anklang an Schillers «An des Baches Ranft» entstand, ist wohl zweifelhaft. Die eindringliche Behandlung des Gedichtes durch Ernst Wiegand Junker (*Agora* Heft 11, November 1958, S. 51–66) zeigte so viel bewußte Kunst in der Verfertigung des Gedichtes auf, daß die Wiederholung des Schillerschen Reimes *sanft-ranft* mit Umstellung der Reimworte im Abstand von fünf Versen nicht zufällig sein dürfte. Der unreine Schillersche Reim *blühen-ziehen* kehrt gereinigt wieder in Georges *frühen-blühen.* Gegen Junkers Meinung, daß an eine Reminiszenz Georges bei der höchst entlegenen Stelle kaum zu denken sei, wäre zu sagen, daß sicherlich noch zu Georges Zeiten «Der Alpenjäger» eines der bekanntesten Gedichte Schillers war, dessen Anfang oft zitiert wurde und dessen Schluß «Raum für alle hat die Erde» sogar sprichwörtlich geworden ist. *Blätter für die Kunst* hier und im Folgenden zitiert als *BlfdK.*

(9) George hat selbst trochäische Vierheber gebraucht, zum Beispiel im *Algabal* unter «Die Andenken» (I, 55 und 56) und in «Vogelschau», mit abwechselnd stumpfen und klingenden Reimen. Er beobachtet – was man von Schillers Reimen nicht immer sagen kann – seinen Grundsatz: «reim ist bloß ein wortspiel, wenn zwischen den durch den reim verbundenen worten keine innere verbindung besteht» (I, 530).

(10) Die bisherigen Erklärer sprechen allerdings von der Begegnung mit einer Dame im schnell vorüberrollenden Wagen. Man ließ sich wohl verführen von der Zeile «Entgegen eil ich einem heißen rade». Seit wann aber fährt eine Dame in einem einrädrigen Wagen? Auch Horaz gebrauchte den Plural «fervidis rotis» (Carm. I, 1, 4 f.), wenn er von Wagen spricht. Das «heiße Rad» kann nur das Rad der Sonne sein, von dem auch Milton einmal «burning axle-tree» sagte. Das ganze Gedicht ist ein gutes Beispiel für das, was man früher symbolistische Dichtung nannte, heute als absolute Poesie bezeichnet oder gar unter dem Zeichen von «Verfremdung» segeln läßt.

(10a) Ich verdanke diese Kenntnis der Güte von Dr. Robert Boehringer.

(11) vgl. BlfdK. II, 2: «auch die freisten der freien konnten ohne den sittlichen deckmantel nicht auskommen ... der uns ganz wertlos geworden ist.» Claude David (S. 169) erklärt übrigens die verhüllte Frau als «le rêve, l'illusion», die der Dichter nun nicht mehr nötig habe.

'Das Geheimopfer' in den *Hirtengedichten* (I, 70 f.) verbindet in der letzten Strophe ein Motiv aus der Odysseusgeschichte (das Festbinden an den Mast um die Sirenen zu hören) mit dem des Hebens eines Schleiers vom Bild des Gottes. Auch hier kein Gefühl der Schuld, sondern eine romantische Todes-Sehnsucht als Opfer gedeutet.

(12) Claude David, *Stefan George,* Lyon-Paris, 1952, S. 166 f.

(13) «Tiefster eindruck – stärkstes empfinden sind noch keine bürgschaft für ein gutes gedicht. Beide müssen sich erst umsetzen in die klangliche stimmung die eine gewisse ruhe –

ja freudigkeit erfordert. Das erklärt warum jedes gedicht unecht ist das schwärze bringt ohne jeden lichtstrahl. Etwas ähnliches meinte man wohl früher mit dem ‚idealischen'.» (I, 531)

(14) Man vergleiche BlfdK. III, 2: «Man hat uns vorgehalten, unsere ganze kunstbewegung der ‚Blätter' sei zu südlich zu wenig deutsch. Nun ist aber fast die hervorragendste und natürlichste aller deutschen stammeseigenheiten: in dem süden die vervollständigung zu suchen, in dem süden von dem unsere vorfahren besitz ergriffen, zu dem unsere kaiser niederstiegen um die wesentliche weihe zu empfangen, zu dem wir dichter pilgern um zu der tiefe das licht zu finden: ewige regel im Heiligen Römischen Reich Deutscher Nation.» Dazu die Gedichte: In alte lande laden bogenhallen (I, 30), *Teppich* Vorspiel VII (I, 176), Rom-Fahrer (I, 199), Südliche Bucht (I, 212 f.), Südlicher Strand: See (I, 313 f.), *Stern* 43 (I, 366), bis zu jenen Goethe in den Mund gelegten Worten:

«Nicht nur in tropfen · nein traget auch fürder in strömen
Von eurem blute das edelste jenseit der berge ·
Anteil und sinn euch solang ihr noch unerlöst.» (I, 401)

(15) «Es ist .. niemals der Stoff, sondern bloß die Behandlungsweise, was den Künstler und Dichter macht; ein Hausgerät und eine moralische Abhandlung können beide durch eine geschmackvolle Ausführung zu einem freien Kunstwerk gesteigert werden.»

(16) «Der äußere Stoff ist ... an sich selbst immer gleichgültig, weil ihn die Dichtkunst niemals so brauchen kann wie sie ihn findet, sondern nur durch das, was sie selbst daraus macht, ihm die poetische Würde gibt.»

(17) «Solche Leser genießen ein ernsthaftes und pathetisches Gedicht wie eine Predigt und ein naives und scherzhaftes wie ein berauschendes Getränk; und waren sie geschmacklos genug, von einer Tragödie ... Erbauung zu verlangen, so werden sie an einem anakreontischen oder catullischen Liede unfehlbar ein Ärgernis nehmen.»

(18) «Majestas populi» in *Votivtafeln*.

(19) So nicht nur im 27. *Brief*, sondern auch in «Das Ideal und das Leben».

(20) vgl. *Stern des Bundes* (I, 359) «Kommt wort vor tat kommt tat vor wort?»

(21) an Humboldt, 29. 11. 1795. Vgl. Reinhard Buchwald, *Schiller*, 2. Band, Insel Verlag, 1954, S. 310 ff.

(22) Claude David (S. 114 und 141) interpretiert die Zeile als Ausdruck des Pessimismus und Skeptizismus, als eine ‚orientalische' Auffassung von der Nichtigkeit der Welt. Der Wortlaut und der Zusammenhang verbieten eine solche Erklärung.

SCHILLERS BEGRIFF DES SCHEINS UND DIE MODERNE LYRIK

EDGAR LOHNER

> Nur durch das Morgentor des Schönen
> Drangst du in der Erkenntnis Land.

> «Sie verbinden die Korrektheit französischen Geschmacks mit der Innigkeit und der Vollständigkeit deutscher Empfindung und mit englischer Gedankenfülle.»
> Karl Friedrich Reinhard an Schiller 16. November 1791.

I

«Du weißt nicht», schreibt Schiller an Körner am 7. Januar 1788, «wie verfinstert mein Kopf ist – und alles dieses nicht durch äußeres Schicksal ..., sondern durch inneres Abarbeiten meiner Empfindungen. Wenn ich nicht Hoffnung in mein Dasein verflechte ..., wenn ich die abgelaufenen Räder meines Denkens und Empfindens nicht von neuem aufwinden kann, so ist es um mich geschehen.» Diesem nahezu verzweifelten Brief folgt etwa zehn Tage später, am 18. Januar, ein anderer, in dem Schiller seinem Freund von der täglich schwerer werdenden Arbeitsleistung berichtet. Er sei in Gefahr, sich «auszuschreiben», weil das, was er in seinen Schriften von sich gebe, in keinem Verhältnis zu dem stehe, was er empfange. Keiner könne «die Zerstörung ahnden», heißt es in Fortsetzung des gleichen Gedankens dann am 20. Januar in einem Brief an Huber, «welche Hypochondrie, Überspannung, Eigensinn der Vorstellungen, Schicksal ... in dem Innern meines Geistes und Herzens angerichtet haben». Sein Zustand sei, so fährt Schiller fort, «eine fatale fortgesetzte Kette von Spannung und Ermattung, Opiumschlummer und Champagnerrausch». Aussagen dieser Art ließen sich aus der Korrespondenz Schillers beliebig vermehren. Sie wurden angeführt, um von ihnen aus den Blick auf die konstitutionelle Verwandtschaft zwischen Schiller und einigen modernen Dichtern zu richten, nicht aber zu dem Zweck, vom persönlichen Bereich aus den Zugang zu einem Aspekt des Werkes zu gewinnen, eine nur in seltenen Fällen fruchtbare Methode. Die Briefstellen zeigen eine Seite der Schillerschen Natur, die man in der Mehrzahl der klassisch-idealistischen oder abstrakt moralischen Darstellungen, besonders im neunzehnten und zu Beginn des zwanzigsten Jahrhunderts (Schiller-Jubiläum 1905) kaum gesehen hat, weil man sie entweder nicht sehen wollte oder nicht sehen konnte: das unheimlich Bedrohte seiner Natur, eine Sensibilität, die sich der Extremität in Veranlagung und Verhalten durchaus bewußt ist. Wie Herbert Cysarz in seinem sonst kaum lesbaren Buch sagt, hat man bei Schiller «allzu steif nach der Mittellage geblickt, in die er nach tausend Schlachten wider Tyrannen und Hunger und Krankheit und alle Dämonen der eigenen Brust die Extreme gebändigt hat ...[1]» Die Briefstellen beweisen, daß Schiller nicht das «Kind des 18. Jahrhunderts» war, nicht «Rationalist und Optimist», wie ihn Paul Ernst noch zeichnete, der von Schiller behauptet, er habe die «letzte Verzweiflung nicht kennen lernen können» und sei deshalb als Tragiker immer ein «Vorläufer» geblieben[2].

Schiller konnte die Extreme noch bändigen; er konnte vielleicht noch die Brücke über den Abgrund schlagen, den das Leben vor ihm aufriß. Für die Dichter nachfolgender Generationen, vor allem derer, die die Entwicklung der modernen Lyrik entscheidend beeinflußten, sollte er sich jedoch nicht mehr schließen. Poe schreibt am 4. Januar 1848: «I am constitutionally sensitive—nervous in a very unusual degree. I became insane, with long intervals of horrible sanity[3].» Ähnliche Briefstellen finden sich bei den Romantikern und den Parnassiens. Die Äußerungen Poes, dessen ungeteilte Aufmerksamkeit sich auf den «disintegration-process of his own psyche» richtete[4], liegt auf einer Linie mit jenem Selbstmordbrief Baudelaires vom 30. Juni 1845, in dem es heißt: « Je me tue parce que je ne puis plus vivre, que la fatigue de m'endormir et la fatigue de me réveiller me sont insupportables. Je me tue parce que je suis inutile aux autres — et dangereux à moi même ...» Ende April 1866 schreibt Mallarmé an Henri Cazalis: «... moi qui suis la victime éternelle du découragement, il faut que j'entrevoie de vraies splendeurs! Malheureusement, en creusant le vers à ce point, j'ai rencontré deux abîmes, qui me désespèrent. L'un est le Néant, auquel je suis arrivé sans connaître le Bouddhisme et je suis encore trop désolé pour pouvoir croire même à ma poésie et me remettre au travail ...». Parallelstellen zu Schillers, Baudelaires, Mallarmés und Poes Äußerungen finden sich bei Nietzsche. In seinen Briefen kommen fast ausschließlich niedergedrückte Stimmungen zum Ausdruck. «Die Reizbarkeit der Nerven ist noch nicht beschwichtigt», schreibt er am 30. August 1865 an Hermann Mushacke. «Ich war krank und zweifelte an meinen Kräften und Zielen», sagt er in einem Brief an Malwida von Meysenbug vom 14. April 1876. Je mehr man sich dem 20. Jahrhundert nähert und in dieses eintritt, desto schärfer, unerbittlicher, ja verzweifelter werden die Aussagen der Dichter über sich selbst. Es ist, als ob sie immer mehr mit ihrem Ich zerfielen, als ob der Riß zwischen Dichter und Welt, zwischen Geist und Seele, Ich und Werk immer unheilbarer würde. Stefan George spricht im Brief (Januar 1892) an Hofmannsthal vom Weg, «der schnurgrad zum nichts führt» und daß es zwischen Menschen keine Mitteilung mehr gebe. «Fünfunddreißig Jahre und total erledigt», heißt es im Epilog aus den *Gesammelten Schriften* Gottfried Benns, in dem die immer lauter werdende Verzweiflung ihren bisherigen Gipfel erreicht. «Ich schreibe nichts mehr ... ich lese nichts mehr ... ich denke keine Gedanken mehr zu Ende ...[5]» Angesichts dieser fortschreitenden seelischen Unausgeglichenheit, der Äußerungen der Verzweiflung und Hysterie drängt sich der Gedanke auf, ob nicht eine gewisse Störung des Gleichgewichts, eine ausgeprägte sinnliche Reizbarkeit, ein häufig gewalttätiger, in seiner Maßlosigkeit an Selbstvernichtung denkender, mit der Selbstvernichtung spielender Geist wie auch oftmals physische Leiden die Voraussetzungen für große Dichtung sind. Sicherlich sind diese Züge nicht ausschließlich «modern»[6]. Doch ist zumindest die Häufigkeit ihres Auftretens seit der Romantik auffallend und bezeichnend.

Sieht man Schillers Äußerungen in einem solchen Zusammenhang, beginnt man gleichsam die «moderne» Richtung mit diesem Phänomen bei Schiller, so nimmt man dem Schillerbild viele seiner konventionellen Merkmale. Benno von Wiese und Gerhard Storz haben in ihren bedeutenden Büchern bereits den Weg dazu gewiesen[7]. Vorher finden sich, außer bei Cysarz, nur bei Gerhard Fricke Ansätze zu einer Schillergestalt, die die klassisch-idealistische Linie, besonders im *Demetrius,* überschreitet und existentielle Züge erwirbt. «Die Prinzipien von Vernunft und Sinnlichkeit erweisen sich als eine Abstraktion, hinter welcher der wirkliche Mensch als ein Letztes sich erhebt, dem wirklichen Geschehen, in das er verstrickt ist, gegenübertritt — einsam, groß und preisgegeben — und über ihm wölbt sich der alte, rätselhafte Himmel eines allgewaltigen tragischen Geschicks, dessen Blitz ihn zerspaltet bis auf den Grund seiner Seele[8].»

Beziehungen zwischen Schiller und der Moderne lassen sich ferner auf dem Gebiet des poetischen Schaffens nachweisen. Die Feststellung, daß das Bewußtsein eine entscheidende Rolle bei der Herstellung eines Gedichtes spielt, ist heute eine Binsenwahrheit. Den Deutschen wurde diese Wahrheit durch Gottfried Benns Marburger Rede über «Probleme der Lyrik» wieder nahegebracht. «Das neue Gedicht, die Lyrik, ist ein Kunstprodukt», heißt es dort. «Damit verbindet sich die Vorstellung von Bewußtheit, kritischer Kontrolle.» Diesen Sätzen geht jener häufig angeführte voraus, in dem es heißt, daß ein Gedicht überhaupt nur sehr selten entstehe, sondern gemacht werde[9]. Benns Äußerungen erregten beträchtliches Aufsehen. Immer wieder wurden sie diskutiert, wie ja der ganze Vortrag in Deutschland als eine Art *ars poetica* der Moderne angesehen wird. Wer heute über den Schaffensprozeß spricht, betont das «Machen». Die im «Machen» sich äußernde Reflexion wird heute als das Neue in der Lyrik bezeichnet[10]. Das «Machen» ist ein Teil der Artistik. Der Artistik bedient man sich, um Wirkungen, Effekte im Kunstwerk zu erzielen. Man erinnerte sich in Deutschland wieder an die französischen Dichter. Neben Mallarmé, der seine Gedichte als «études» bezeichnete, wurde Valéry als Zeuge angeführt. Valéry hatte eines seiner schwierigsten Gedichte, «La Jeune Parque», ein «exercice» genannt[11]. Valéry seinerseits hatte sich aber schon für die analytische Arbeitsweise Edgar Allan Poes begeistert. «Jamais le problème de la literature n'avait été, jusqu'à Edgar Poe, examiné dans ses prémisses, reduit à un problème de psychologie, abordé au moyen d'une analyse où la logique et la mécanique des effets étaient délibérément employées.[12]» Wie Baudelaire und Mallarmé, so war auch Valéry davon überzeugt, daß Poe einen für die literarische Theorie beispiellosen Beitrag geliefert habe. Außer von Yeats wird diese Überzeugung von keinem anglo-amerikanischen Dichter geteilt. Emerson nannte Poe den «jingle-man»[13]! Henry James sagt in seinem Aufsatz über «Charles Baudelaire», die Begeisterung für Poe bedeute «the mark of a decidedly primitive stage of reflexion»[14]. Eliot, der Poe als Dichter ablehnt, gesteht ihm eine gewisse Wichtigkeit und Bedeutung im Hinblick auf die neue *art poétique* zu[15]. Ungeachtet der Meinungen anglo-amerikanischer Dichter sehen die europäischen Dichterkritiker in einigen Darlegungen aus Poes «The Poetic Principle» und «Philosophy of Composition» den Anfang eines neuen Zuges in der Lyrik. Meines Wissens hat bisher niemand versucht, diesen Gedankengang des bewußten Anfertigens von Gedichten weiter zurückzuverfolgen[16]. Walter Sokel ist, soviel mir bekannt, der erste, der in der Darstellung der expressionistischen Literatur auf ästhetisch-kritische Gedanken Schillers zurückgeht[17]. Aber auch bei ihm ist jener Brief an Goethe vom 27. März 1801 nicht erwähnt, in dem Schiller sagt, daß der Dichter sich glücklich schätzen könne, «wenn er durch das klarste Bewußtsein seiner Operationen nur so weit kommt, um die erste dunkle Totalidee seines Werkes in der vollendeten Arbeit ungeschwächt wiederzufinden». In unserem Zusammenhang interessiert die Formulierung «das klarste Bewußtsein seiner Operationen». Dieser Hinweis auf den poetischen Schöpfungsakt und die Ausführung des Kunstwerks erinnert an Poes Forderung der Analyse und Rekonstruktion des Schaffensprozesses. Für Poe wäre es interessant, wenn ein Autor bewußt, bis in jede Einzelheit und Schritt für Schritt, den Vorgang darstellte «by which any one of his compositions attained its ultimate point of completion». Poe leugnet allerdings die «dunkle Totalidee», von der Schiller spricht, doch gibt er vor, nichts sei beim «Machen» seines «Raven» zufällig oder intuitiv gewesen. «It is my design», so schreibt er in der «Philosophy of Composition», «to render it manifest that no one point in its composition is referable either to accident or intuition»[18]. Heute wissen wir, daß diese Behauptung nicht ganz der Wahrheit entsprach. Es ist nachgewiesen, daß Poes «dunkle Totalidee» im Rhythmus und Reim von Elizabeth Barrett Brownings Gedicht «Lady Geraldine's Courtship», in Dickens *Barnaby Rudge* (1841) oder in John Wilsons «Noctes Ambrosiae» zu suchen ist[19].

Es sei hier auch noch auf den Begriff des «Effekts» als einer weiteren Übereinstimmung zwischen Schiller und Poe hingewiesen. Man lese Schillers Aufsatz «Über Matthissons Gedichte» und vergleiche die dort geäußerten Gedanken über den Effekt mit Poes Bemerkungen über das gleiche Thema in der «Philosophy of Composition».

Das Neuartige dieser Gedanken liegt nicht in der Tatsache der Korrektur an dem sich formenden Werk. Das hat es schon immer gegeben. Es liegt nicht einmal in den Bemerkungen über die Behandlungsweise eines Stoffes. Es liegt vielmehr darin, daß einmal dem Bewußtsein eine so entscheidende Rolle bei der Entstehung eines Kunstwerks zuerkannt wird; zum andern, daß der Schaffensprozeß selber, auch schon andeutungsweise bei Schiller, eine solche Bedeutung erhält. Benno von Wiese hat diesen ganzen Sachverhalt erkannt, wenn er in anderem Zusammenhang schreibt: «Mit der Schillerschen Frühklassik beginnt die Isolierung des Künstlers als Künstler, der sich zu seinen eigenen 'Erlebnissen' zuschauend, reflektierend, verfremdend verhält. Das Erlebnis wird zum ‚Stoffartigen', zu dem der Dichter eine künstlerische Distanz gewinnen muß ... Erst jetzt wird das Spezifische des künstlerischen Tuns selber thematisch[20].» Wie sehr das «Spezifische des künstlerischen Tuns» ins Bewußtsein rückt, erhellt ein anderer Satz aus dem Brief vom 27. März 1801 an Goethe. «Jeden, der imstande ist, seinen Empfindungszustand in ein Objekt zu legen, so, daß dieses Objekt mich nötigt, in jenen Empfindungszustand überzugehen, folglich lebendig auf mich wirkt, heiße ich einen Poeten, einen Macher.» Dieser Satz enthält aber auch noch von einem anderen Gesichtspunkt aus eine wichtige Bedeutung. Er nimmt nahezu wörtlich die heute so oft zitierte und vielfach diskutierte Theorie T. S. Eliots vom «objective correlative» vorweg[21]. Eliot schreibt in seinem Hamlet-Aufsatz (1919): «The only way of expressing emotion in art is by finding an ‚objective correlative', in other words, a set of objects, a situation, a chain of events which shall be the formula of that *particular* emotion; such that when the external facts, which must terminate in sensory experience, are given, the emotion is immediately evoked[22].»

Die Richtigkeit, Klarheit und Anwendbarkeit dieser Erkenntnis steht hier nicht zur Diskussion. Eliots Formulierung ist wiederholt kritisiert worden[23]. Einige der gegen Eliot vorgebrachten Argumente könnten auch auf die Schillersche Formulierung angewandt werden. Doch darum geht es hier nicht. Durch den Vergleich der beiden Textstellen sollte lediglich die Übereinstimmung wesentlicher Gedanken und damit Schillers «Modernität» beleuchtet werden.

Die bisherigen Ausführungen über einige ästhetisch-kritische Gedanken Schillers sollten gleichsam als Vorbereitung für die nachfolgende Untersuchung dienen. Sie deuten an, in welch hohem Maße Schiller poetologische Probleme aufwirft, die unser zeitgenössisches kritisches Bewußtsein fast ausschließlich beherrschen. Im Folgenden soll nun am Beispiel eines entscheidenden Begriffes der klassischen Ästhetik, eben Schillers Begriff des «Scheins», versucht werden, die Modernität der Schillerschen Kunstauffassung genauer herauszuarbeiten, indem wir den Begriff auf einige bedeutende Dichter des neunzehnten und zwanzigsten Jahrhunderts anwenden. Darüber hinaus sei versucht, an Hand dieses Begriffs einiges Allgemeine über lyrische Dichtung zu sagen, wie auch im «Schein» ein Kriterium für den Unterschied zwischen «klassischer» und «moderner» Dichtung zu finden.

Wir müssen uns in dieser Untersuchung der Tatsache bewußt bleiben, daß Schiller, besonders in seinen ästhetischen Schriften, oft mißverstanden, falsch und willkürlich ausgelegt wurde. «Heute noch», schreibt Julia Wernly bereits 1909, «ist die ethisch-ästhetische Streitfrage nicht vollständig gelichtet und sind die Philosophen und Literaturhistoriker noch nicht einig, ob der Dichter am Ende seiner philosophischen Periode, also zur Zeit seiner klassischen Vollendung, den ästhetischen Standpunkt über den moralischen stellte, ob umgekehrt, oder ob er sich beide auf gleicher Stufe und koordiniert dachte»[24]. An diesen Verwirrungen ist wohl Schiller selber nicht ganz unschuldig. Einige der von ihm benutzten Begriffe können in mannigfacher Weise ausgelegt werden. Besonders für den Interpreten der «Ästhetischen Briefe» gilt es daher zu beachten, daß die dort entwickelten schwierigen Gedankengänge zwar nicht vergewaltigt, aber doch abgegrenzt werden müssen, sollen sie einer begrifflichen Nachprüfung standhalten.

II

Was versteht Schiller unter Schein[25]? In dieser Untersuchung interessieren uns nicht die anderen Auslegungsmöglichkeiten des Begriffs Schein, wie sie sich aus Schillers verschiedenen Anwendungen ergeben. Sie sind für uns nur dann von Interesse, wenn sich aus ihrer Anwendung eine Parallele zum ästhetischen Schein ziehen läßt. Dies gilt etwa vom «Schein» in der Bedeutung von «Helligkeit», «Glanz», «Licht»; nicht jedoch vom «Schein» als äußeres Ansehen oder auch im Sinne von Täuschung. Uns soll hier nur die ästhetische Bedeutung des Begriffs beschäftigen, wie sie Schiller vor allem im 26. Brief «Über die ästhetische Erziehung des Menschen» zu definieren versucht. Es läßt sich aus der Analyse dieses Briefes wie auch sinnverwandter Textstellen nur schwer bestimmen, ob Schiller andere ästhetische Begriffe wie «Form», «Schönheit» und «Spiel» nicht dem des «Scheins» zugeordnet, ja sie gelegentlich damit identifiziert hat. Er unterscheidet jedoch deutlich gleich zu Anfang den ästhetischen Schein vom «logischen Schein». «Es versteht sich von selbst», sagt Schiller, «daß hier nur von dem ästhetischen Schein die Rede ist, den man von der Wirklichkeit und Wahrheit unterscheidet, nicht von dem logischen, den man mit derselben verwechselt — den man folglich liebt, weil er Schein ist, und nicht, weil man ihn für etwas Besseres hält. Nur der erste ist Spiel, da der letzte Betrug ist». Mit der Wahrheit hat der ästhetische Schein also nichts zu tun, da der die Wahrheit suchende «höchste Verstand» nur auf das «Reelle» gerichtet ist. Der Verstand ist zufrieden, wenn er seine Begriffe mit Tatsachen der Erfahrung in Einklang bringen kann und durch die Übereinstimmung mit einem Sachverhalt «Wahrheit» erzielt. Mindestens ebenso scharf wie von der Wahrheit setzt Schiller den Schein von der Wirklichkeit ab. Im Verlauf des Briefes betont er immer wieder, daß der Schein von der Wirklichkeit streng zu trennen sei. Begriffe wie «Wirklichkeit», «Realität», «Stoff», «Not», «Bedürfnis», «Erfahrung» werden als Gegensatzbegriffe zum Schein verwandt. Es ist daher angebracht, zunächst den Begriff der Wirklichkeit oder Realität bei Schiller zu klären. Die Tatsache, daß er beide Begriffe in diesem Zusammenhang ohne Unterscheidung verwendet, legt die Folgerung nahe, daß er die lateinisch-statische Eigenart (res-Realität) nicht von der deutsch-dynamischen (wirken-Wirklichkeit) unterscheidet. Schiller scheint den Begriff der Wirklichkeit einfach im Sinne des Vorhandenseins in der Außenwelt, als empirische Realität, als Dinglichkeit zu verstehen. Die anderen die Realität bezeichnenden Worte, wie z. B. «Stoff» legen eine erweiterte Auffassung der Wirklichkeit nahe: die Bedeutung des Ungeformten und Unverarbeiteten. Gegen die Dinglichkeit, das Ungeformte, also gegen das wirkliche, unverarbeitete Dasein wird der Schein abgesetzt.

Nach dieser Abgrenzung gegenüber Wahrheit und Wirklichkeit definiert Schiller den Schein als das «Vermögen der Einbildungskraft». Er führt aus, daß die Freude am Schein das Menschsein des Menschen ausmache. Diese Freude sei ein Zeichen dafür, daß der Mensch dem tierischen Stand entronnen und auf dem Wege zum Göttlichen sei. Insofern Schein durch Mangel oder Abwesenheit von Wirklichem charakterisiert ist, kann er, wenn wir einen Satz aus dem 11. Brief zur Verdeutlichung heranziehen, als das Ergebnis des *einen* Fundamentalgesetzes «der sinnlich vernünftigen Natur» angesehen werden, jenes Gesetzes nämlich, das auf «absolute Formalität» dringt. Die Begriffe «Form» und «Formalität» beziehen sich an dieser Stelle noch nicht auf die Kunst, sondern ganz allgemein auf die «vernünftige» Natur des Menschen, die sich auf Grund der ihr innewohnenden Freiheit die bloße sinnliche Erscheinung, den Stoff, die Notwendigkeit zu unterwerfen vermag. Es ist hier also nur vom «moralischen», dem nicht mehr affektgetriebenen Menschen die Rede, von jenem, der die beiden sich widerstrebenden Triebe, den auf die Erscheinungswelt drängenden «Stofftrieb» und den auf die «Gestalt» hinzielenden «Formtrieb», in sich zum Ausgleich gebracht hat. Dieser Mensch ist nun imstande, die wirkliche Welt «ästhetisch» zu betrachten. Der Mensch auf dieser Stufe ist nicht mehr passiv dem Eindringen von Gefühl unterworfen, sondern durch Auge und Ohr genießt er bewußt die Erscheinung als einen selbständigen Wert. Dieser Wert wird – hier greift Schiller unmittelbar auf Kant zurück – erst durch das vorstellende, unterscheidende Vermögen des Subjekts erzeugt. Hand in Hand mit dem Vermögen der Unterscheidung geht das des Absonderns, d. h. das Vermögen zur reinen Gestalt. «Sobald der Mensch einmal so weit gekommen ist, den Schein von der Wirklichkeit, die Form von dem Körper zu unterscheiden, so ist er auch imstande, sie von ihm abzusondern.» Die Absonderung ist nämlich schon durch die Unterscheidung vollzogen. Mit dem Vermögen zur Form ist aber das Vermögen zur Kunst des Scheins gegeben. Mit der Wirklichkeit, der «Natur»[26], dieser dem Menschen «fremden Macht», wiederholt Schiller, hat der Schein nichts gemein. Schiller geht bei dieser Formulierung von der Annahme aus, daß der Verstand als das «Organ des Denkens» dem Schein als der Objektivation der Einbildungskraft sein Recht auf die ihm eigene Realität streitig macht[27]. Der Mensch «bedient sich bloß seines absoluten Eigentumsrechts», fährt

Schiller fort, «wenn er den Schein von dem Wesen zurücknimmt und mit demselben nach eigenen Gesetzen schaltet »[28]. Das Verständnis dieses Satzes wird durch das Verb «zurücknehmen» erschwert. Es ergäbe nach dem Vorhergehenden keinen Sinn, sollte der Schein als absolutes Eigentumsrecht des Menschen von dem «Wesen» zurückgenommen, d. h. wieder entgegengenommen werden. Anders als im heutigen Sprachgebrauch ist das Verb, wenn man andere Textstellen zu Rate zieht, nur im Sinne von «fortnehmen», also «absondern» zu verstehen. Der sich durch diese Auslegung ergebende Gedankengang betont nur noch einmal, daß der Schein von der Wirklichkeit zu trennen ist und vom Menschen nach eigenen Gesetzen, nämlich denen der schöpferischen Einbildungskraft, behandelt werden soll. In dem Bereich der Einbildungskraft ist der Mensch frei. Dort herrscht er allein. Das «menschliche Herrscherrecht», so heißt es unmittelbar darauf, «übt er aus in der *Kunst des Scheins,* und je strenger er hier das Mein und Dein voneinander sondert, je sorgfältiger er die Gestalt von dem Wesen trennt, und je mehr Selbständigkeit er derselben zu *geben* weiß, desto mehr wird er nicht bloß das Reich der Schönheit erweitern, sondern selbst die Grenzen der Wahrheit bewahren.» Mit diesem Satz tut Schiller den für unser Thema entscheidenden Schritt in den Bereich des künstlerischen, des dichterischen Schaffens. Obwohl von Schiller hier noch nicht ausdrücklich unterschieden, kann «der Mensch» dieses Satzes als zweierlei verstanden werden: einmal als der ästhetische Betrachter der «Kunst des Scheins», zum andern als der schaffende Künstler oder Dichter selber. Daß Schiller die Unterscheidung zwischen produktivem und unproduktivem Menschsein weitgehend vermeidet, erklärt sich zweifellos aus dem Leitgedanken der «Briefe»: nämlich durch die Kunst und ihr rechtes Verständnis zu einem veredelten Menschentum zu erziehen, einem Menschentum, das, mit sich selbst «versöhnt», seine eigenen Geschicke zu «gestalten» versteht[29]. Für den Künstler wie für den Betrachter ist die Trennung von «Gestalt» und «Wesen» entscheidend. Es sei an dieser Stelle eingefügt, daß mir in den Komparativen «strenger», «sorgfältiger» und «mehr» des obigen Zitates die Ansatzpunkte für die moderne Dichtungsauffassung zu liegen scheinen. Denn was hier von Schiller theoretisch angedeutet wird, das hat die moderne Dichtung praktisch, d. h. sprachlich vollzogen. Aber davon wird noch an späterer Stelle zu sprechen sein. Als Wichtigstes besagt dieser Satz, daß der Schein nur dort zu höchster Wirksamkeit gelangt, wo er, von allen empirischen Gesetzen befreit, nur nach seinen eigenen Gesetzen behandelt wird. Allein auf diese Weise wird «das Reich der Schönheit» erweitert, das durch das Reich des Scheins erahnt wird. Dieses aber entspringt dem *wesenlosen* Bereich der Einbildungskraft. In ihm schaltet der Dichter souverän. Hier prägt er das Ideal «in die Spiele seiner Einbildungskraft» (neunter Brief); hier, wo er der Zeit, der Erfahrung, aller Geschäftigkeit und der Enge der Gegenwart entronnen ist, formt er den Abglanz des Ideals «in allen sinnlichen und geistigen Formen und wirft es schweigend in die unendliche Zeit.» Diese Sätze kennzeichnen nun ausschließlich den uns in erster Linie interessierenden Innenbereich des produktiven Künstlers, den Ort, wo die freie Tätigkeit, das «Spiel», zum Ausgangspunkt seines Schaffens wird, wo der Stoff, den er wohl der Zeit entnimmt, von der Form, die er «jenseits aller Zeit, von der absoluten, unwandelbaren Einheit seines Wesens» entlehnt (neunter Brief), vertilgt wird. In diesem Bereich spielt der Künstler mit den Bildern und Ideen seiner Einbildungskraft. Das Ergebnis ist einerseits das Gefühl seiner «absoluten Einheit»; andererseits die durch die Kräfte der Einbildungskraft geschaffene Scheinwelt des Kunstwerks, das ohne zweckhaften Bezug auf ein außer ihm Seiendes nur als in sich geschlossene Schöpfung sinnvoll ist. Heinz Otto Burger betont mit Recht, daß es Schiller weniger auf die fortwährende Dialektik von Stofftrieb und Formtrieb ankomme als vielmehr auf die ästhetische Haltung als «Zustand umfassender Potentialität»[30], dessen Resultat das Kunstwerk ist.

Erst hier also, nachdem von der «Kunst des Scheins» und vom Reich der Schönheit die Rede war, spricht Schiller nicht mehr nur vom «Menschen», sondern zum erstenmal im 26. Brief auch ausdrücklich vom «Dichter». Der Dichter verfehlt seine Aufgabe, wenn er «die Erfahrung in das Gebiet des Ideals» und «das Ideal in das Gebiet der Erfahrung» greifen läßt. Der so vielen Deutungen unterworfene Begriff des Ideals ist hier, wie so oft bei Schiller, zunächst einmal ganz allgemein als Gegensatz zur Wirklichkeit zu verstehen. Er umfaßt die Gebilde der Einbildungskraft, die in der Wirklichkeit so nicht vorhanden sind. Das Ideal als ein dem Bereich des Gemüts entnommenes ästhetisches Prinzip unterscheidet sich damit erheblich von naturalistischen und klassizistischen Theorien, die dem äußeren, vom Menschen unabhängig bestehenden Zusammenhang und den Gesetzen der Natur die Regeln für die künstlerische Darstellung entnehmen. In diesem Sinne gebraucht den Begriff des Ideals auch noch Winckelmann, dessen Schriften, besonders seine *Geschichte der Kunst des Altertums* (1764), das deutsche ästhetisch-kritische Denken so stark beeinflußten[31]. Bei Schiller erfährt der Begriff dann die entscheidende Weiter- oder Umbildung. Er verlegt das Ideal in den Bereich der Formen, in den des reinen ästhetischen Scheins[32]. Der Bereich der Formen, des ästhetischen Scheins ist subjektiv gesehen die Welt der Einbildungskraft, objektiv die autonome Welt des Kunstwerks. In beiden Welten, «in des Lichtes Fluren», wandelt «göttlich unter Göttern die Gestalt». Gestalt, Ideal und ästhetischer Schein haben, weil sie dem wesenlosen Bereich der Einbildungskraft entstammen, im Grunde die gleichen Merkmale. Damit sind wir wieder bei unserm Ausgangspunkt angelangt. Schiller hat also das Verhältnis von Kunst und Wirklichkeit bereits in einer Weise bestimmt, wie sie Hugo von Hofmannsthal 1896 in seinem Vortrag über «Poesie und Leben» neu formulierte: «Es führt von der Poesie kein direkter Weg ins Leben, aus dem Leben keiner in die Poesie. Das Wort als Träger eines Lebensinhaltes und das traumhafte Bruderwort, welches in einem Gedicht stehen kann, streben auseinander und schweben aneinander vorüber, wie die beiden Eimer eines Brunnens. Kein äußerliches Gesetz verbannt aus der Kunst alles Vernünfteln, alles Hadern mit dem Leben, jeden unmittelbaren Bezug auf das Leben und jede direkte Nachahmung des Lebens, sondern die einfache Möglichkeit: diese schweren Dinge können dort ebenso wenig leben als eine Kuh in den Wipfeln der Bäume[33].»

Bis zu welchem Grade das Reich des Scheins, der traumhafte Charakter der Kunst, der wesenlose Bereich der Einbildungskraft auch lyrisch seinen Ausdruck finden kann, sei hier in einigen Bemerkungen zum Gedicht «Das Ideal und das Leben» nachgewiesen. In diesem Gedicht, das Schiller selber laut dem Brief vom 5. August 1795 an Wilhelm von Humboldt und den vom 31. August des gleichen Jahres an Körner wohl für sein größtes hielt, findet sich die für sein ganzes Werk bezeichnende antithetische Problematik[34]. In dem Titel des Gedichts, der im neunten Stück der Horen (1795) noch «Das Reich der Schatten» und in der Gedichtausgabe von 1800 «Das Reich der Formen» hieß, wird sie angedeutet: der Konflikt zwischen Ideal und Leben, Freiheit und Notwendigkeit, Form und Stoff – ein Konflikt, der sich bereits in Schillers frühesten literarischen Äußerungen ankündigt[35]. Man beachte die fast synonymische, so aufschlußreiche Gleichsetzung von «Schatten», «Formen» und «Ideal». Sie fällt besonders ins Auge, wenn man die verschiedenen Fassungen des Gedichts vergleicht und erkennt, daß in der endgültigen Fassung das Wort «Ideal» oft die Ausdrücke «Schatten» und «Formen» ersetzt hat. Diese Gleichsetzung wird durch bestimmte Zeilen in der dritten und siebten Strophe des Gedichtes erhärtet, wenn es z. B. in der dritten Strophe heißt:

> Aber frei von jeder Zeitgewalt,
> Die Gespielin seliger Naturen,
> Wandelt oben in des Lichtes Fluren
> Göttlich unter Göttern die Gestalt.

Und in der siebten:

> Durch der Schönheit stille Schattenlande ...

Nicht nur sind «Ideal», «Schatten» und «Formen» miteinander verwandt oder sogar identisch, sondern ihre Beziehung untereinander wird noch durch das Hinzutreten der «Gestalt» und der «Schönheit» kompliziert. Es geht uns jedoch nicht um eine Interpretation des Gedichts[36], sondern um den Nachweis des vorher ästhetisch formulierten Begriffs des Scheins im Gedicht. Dabei gilt zu beachten, daß das Gedicht selber als Kunstwerk, als Gestalt, bereits Darstellung des Scheins ist. Daß aber der Schein selber, der im Schein aufgelöste Konflikt zwischen Stoff und Form, also das dichterische Schaffen, zum Teilthema des Gedichtes wird, das eben macht dieses Gedicht im Hinblick auf vergleichbare, wenn auch sprachlich andere Wege gehende Schöpfungen der modernen Lyrik besonders interessant.

Das Gedicht beginnt mit dem Vergleich zwischen dem ungetrübten, harmonischen Bereich der Seligen und dem wandelbaren, vergänglichen der Menschen. Es endet mit der mythologischen Anspielung auf die Kämpfe des Herakles und dessen Aufnahme in den Olymp. Herakles läßt repräsentativ für den Menschen, nach allen Mühen das «schwere Traumbild» des Erdenlebens hinter sich und kehrt, in die olympische Harmonie aufgenommen, zu seinem göttlichen Ursprung zurück. Zwischen Anfang und Ende des Gedichts argumentiert Schiller seine Lehre von der Kunst am Beispiel der dualistischen Natur des Menschen und der antithetischen Struktur des Daseins. Es bleibe hier dahingestellt, bis zu welchem Grade es dem Dichter gelungen ist, seine poetologischen Gedanken in lyrische Sprache umzusetzen. Es kommt uns nur auf den einen Hauptgedanken des Gedichtes an, daß es nämlich «schon auf Erden» für den Menschen eine Möglichkeit gebe, einen den Göttern ähnlichen Zustand zu erreichen, durch die Freude am Schein.

> An dem Scheine mag der Blick sich weiden

heißt es in der zweiten Strophe. In diesem Zustand ist der Mensch dem Zwang der Notwendigkeit enthoben. Die Freude am Schein wird auch hier, wie im 26. Brief, von zwei Seiten gefaßt, von der Seite des Betrachtenden und von der des Künstlers selber.

> Wollt ihr hoch auf ihren [der Gestalt] Flügeln schweben,
> Werft die Angst des Irdischen von euch,
> Fliehet aus dem engen dumpfen Leben
> In des Ideales Reich!

Das Reich des Ideals bedeutet, im Anschluß an unsere Ausführungen über den Begriff des Ideals im 26. Brief, nichts anderes als das vom Wirklichen Unabhängige und nur im Bereich der Einbildungskraft Mögliche. Dieses Sichbewegen im imaginären Bereich ist nicht nur für das Schaffen des Kunstwerks Voraussetzung, sondern auch, und vor allem, für die Suche nach der Identität. Es ist Voraussetzung für das Streben nach Übereinstimmung mit dem «unter der Decke der Erscheinung» liegenden Wesen der Natur, der *natura naturans,* mit dem «Geist des Alls». Dieser ist nicht «oben» im wörtlichen Sinne dieser Strophe, sondern im Innern [des Menschen] zu finden. «Aus dem reinen Äther seiner [des Menschen] dämonischen Natur rinnt die Quelle der Schönheit herab», heißt es im neunten Brief. Der Weg, den Schiller hier andeutet, ist der gleiche, den Mallarmé oder Benn, ja die großen modernen Dichter schlechthin einschlagen. Es ist der Weg über die Wirklichkeit hinweg – Mallarmé gebraucht dafür den Ausdruck «abolition», Benn nennt es «Wirklichkeitszertrümmerung» –, um durch das Schaffen von Kunst an die Wurzel der Dinge vorzustoßen, um in der Scheinwelt des Kunstwerks den Spiegel für den «Geist des Alls» zu erblicken.

Nicht zu übersehen ist in dieser dritten Strophe des Gedichts das kognitive Element, das mit dem Ideal, der Vollendung und dem Schein in Zusammenhang gebracht wird. Es tritt in der vierten und elften Strophe in den mystischen und platonischen Vorstellungen vom Ursprung der Seele wieder auf. Die achte und neunte Strophe wenden sich ausschließlich an den Macher und Bildner. Hier geht es, wie in den Briefen an Körner über *Wallenstein,* wie auch in den letzten Sätzen des Aufsatzes «Über tragische Kunst», um das «Machenkönnen». Es geht, wie Gerhard Storz in Verbindung mit Schillers Plänen zu einer Tragödie «Agrippina» schreibt, «um den Triumph des formenden Vermögens nicht nur über den Stoff schlechthin, sondern sogar noch über ,das stoffartig Widrige'»[37]. Die Überwindung jeglichen Widerstandes ist für Schiller der Beweis für den schönen Schein, für große Kunst in ihrem strengsten Sinne.

> Wenn, das Tote bildend zu beseelen,
> Mit dem Stoff sich zu vermählen,
> Tatenvoll der Genius entbrennt,
> Da, da spanne sich des Fleißes Nerve,
> Und beharrlich ringend unterwerfe
> Der Gedanke sich das Element.
> Nur im Ernst, den keine Mühe bleichet,
> Rauscht der Wahrheit tief versteckter Born;
> Nur des Meißels schwerem Schlag erweichet
> Sich des Marmors sprödes Korn.

> Aber dringt bis in der Schönheit Sphäre,
> Und im Staube bleibt die Schwere
> Mit dem Stoff, den sie beherrscht, zurück.
> Nicht der Masse qualvoll abgerungen,
> Schlank und leicht, wie aus dem Nichts gesprungen,
> Steht das Bild vor dem entzückten Blick.
> Alle Zweifel, alle Kämpfe schweigen,
> In des Sieges hoher Sicherheit;
> Ausgestoßen hat es jeden Zeugen
> Menschlicher Bedürftigkeit.

Die achte Strophe zeigt den Raum schöpferischer Freiheit, innerhalb dessen der Künstler oder Dichter seine Werke schafft. Diese Schöpfungen sind dem Göttlichen verwandt. Sie sind, wie Rudolf Alexander Schröder schreibt, «Zeichen und Gleichnis der als Idee vorschwebenden Freiheit göttlichen Schaffens und Schaltens»[38]. Durch diese Anlehnung an platonisches Gedankengut, mit dem Schiller seit seiner Jugend vertraut war, gewinnt die Scheinwelt des Künstlers, die Gestalt, die er prägt, einen erkenntnistheoretischen Zug. Die Welt des schönen Scheins, «der Schönheit stille Schattenlande», wie es in der siebten Strophe heißt, wird zum Widerschein des Vollkommenen. Sie wird nach Kurt Berger «Abglanz der ewigen Seligkeit im irdischen Leben, in [ihr] leuchtet dem Menschen das himmlische Bild vor ... [sie] befreit ihn von der Angst des Irdischen und entrückt ihn im Geiste in die ‚heiteren Regionen'»[39].

Was Schiller in der neunten und dreizehnten Strophe, in die Vollkommenheit der reinen Form gesteigert, mitteilen will, ist seine die Darstellung aller divinatorischen und formenden Kräfte des Künstlers überstrahlende Seinserfahrung, die im Phänomen des Scheins, im Reich der «reinen Formen», ihre ästhetische Ausprägung findet. Das wirklich Gegenständliche hat im Bereich des Scheins nur so viel Bedeutung, als es dem schöpferischen «Machenkönnen» als Unterlage dient. Geformt aber reflektiert es als Spiegelbild die «heiteren Regionen», das Reich des Ideals. So wird durch die Kunst des Scheins nicht nur der Gegensatz zwischen Realität und Idealität ausgesöhnt[40], sondern der betrachtende Mensch wie der schaffende Künstler erfahren, befreit von aller wirklichgegenständlichen Verhaftung, durch den im Kunstwerk potenzierten Schein ihr ursprüngliches Sein, ihre Identität.

Schiller sagt hier in lyrischer Form, was sich später in den Prosaschriften Schellings und Nietzsches als ihre Bewunderung für die apollinische Kraft zeigt, die formend den Stoff, das ständig sich in Bewegung befindende Dionysische, zu bewältigen vermag. Die Beziehung zu Schiller zeigt sich ferner in dem Wissen dieser beiden Denker, daß die olympische Welt über einem dunklen Abgrund schwebe. Sie äußert sich in Schellings allumfassender, von Platon hergeleiteter Auffassung der Poesie, die alle Ideen umgreift. Schelling behauptet in Anlehnung an die antithetische Struktur des Schillerschen Denkens, daß man im schöpferischen Menschen einen Widerspruch zweier Kräfte finden könne, «eine blinde, ihrer Natur nach schrankenlose Produktionskraft, der eine besonnene, sich beschränkende und bildende ... entgegensteht»[41]. Beide Kräfte werden in großer Dichtung ausgesöhnt. «Die Poesie bekommt dadurch wieder eine höhere Würde, sie wird am Ende wieder, was sie am Anfang war — Lehrerin der Menschheit; denn es gibt keine Philosophie, keine Geschichte mehr, die Dichtkunst allein wird alle übrigen Wissenschaften und Künste überleben[42].» Dieses Zitat zeigt eine merkwürdig genaue gedankliche Übereinstimmung mit einem Brief, den Schiller am 4. November 1795 an die Gräfin Schimmelmann schrieb. «Die höchste Philosophie», sagt er dort, «endigt in einer poetischen Idee, so die höchste Moralität, die höchste Politik. Der dichterische Geist ist es, der allen dreien das Ideal vorzeichnet, welchem sich anzunähern ihre höchste Vollkommenheit ist». Es ist auch hier wieder die von der Einbildungskraft des Dichters geschaffene Welt des schönen Scheins, die in beglückender Distanz über der moralischen und geschichtlich-politischen Welt schwebt, auf die Schiller hinweist. Die Auffassung von der erhöhenden, umfassenden und herrschenden Stellung der Poesie verbindet Schiller mit dem frühen Schelling. Später widerruft Schelling den Primat ästhetischer Werte und wendet sich, wie Novalis und Friedrich Schlegel, der Religion zu. Bei Nietzsche äußert sich das, was Schelling die besonnene und bildende Kraft nennt, als apollinischer Trieb. In der *Geburt der Tragödie* sagt er vom schönen Schein der Traumwelten, daß er die Voraussetzung «einer wichtigen Hälfte der Poesie» und aller bildenden Kunst sei. «Derselbe Trieb, der sich in Apollo versinnlichte, hat überhaupt jene ganze olympische Welt geboren.» Mit direktem Bezug auf Schiller fährt er dann fort: «Wo uns das Naive in der Kunst begegnet, haben wir die höchste Wirkung der apollinischen Kultur zu erkennen. Diese aber hat erst immer ein ‚Titanenreich' zu stürzen, ehe sie Schönheit des Scheins werden kann.» Nietzsche sieht das Apollinische als das Verklärende, durch das «allein die Erlösung im Scheine wahrhaft zu erlangen ist.» In der Lichtgestalt des Apollo begreifen wir alle Illusionen des schönen Scheins, «die in jedem Augenblick das Dasein überhaupt lebenswert machen ...»[43], durch die wir den Wechsel und Wandel, das Entsetzen und den Abgrund des Lebens ertragen.

Nietzsche spricht wiederholt vom «Abgrund», der vom Schein überdeckt wird. Es ist bemerkenswert, daß Schiller den mit diesem Bild verbundenen Gedankengang, der auch bei Baudelaire eine Rolle spielt, in der elften Strophe unseres Gedichts vorwegnimmt, wenn er schreibt:

>Und der ew'ge Abgrund wird sich füllen.

Das bedeutet im Zusammenhang der Strophe, daß das Dasein nur dann zu ertragen ist, wenn das Göttliche in den Willen des Künstlers oder des Betrachtenden aufgenommen wird. Die «Gottheit ... steigt von ihrem Weltenthron», wenn der Mensch im Bewußtsein des höchsten Vermögens durch Geschaffenes oder Geschautes, also durch den Schein, gewiß wird.

Wir gehen wohl kaum fehl in der Behauptung, daß auf Grund der platonisch-erkenntnistheoretischen Tangente, die der Schein durch die Auslegung der elften Strophe erhält, schon jetzt eine Verwandtschaftsbeziehung zwischen Schiller und Nietzsche festgestellt werden kann. Diese Beziehung wird durch die dreizehnte Strophe noch verstärkt, deren letzte Zeilen lauten:

>Schimmert durch der Wehmut düstern Schleier
>Hier der Ruhe heitres Blau.

Unter Berücksichtigung des Wortlautes der Anfangszeilen dieser Strophe besagen diese Zeilen nichts anderes, als daß im Schein die metaphysische Befriedigung eines unruhevollen Daseins gefunden werden kann. Diesen die moderne Dichtung kennzeichnenden Zug hat Schiller, wenn auch noch nicht mit der Ausschließlichkeit eines Mallarmé, Nietzsche, Stevens oder Benn, bereits vorweggenommen. Die Autonomie der Kunst, ihr Ausschließlichkeitsanspruch und ihre heilende Funktion sind hier ebenso angedeutet wie ihre «Wesenlosigkeit», Helligkeit und «Äußerlichkeit» (wir erinnern uns an Goethes Wort: «Auf ihrem höchsten Gipfel scheint die Poesie ganz äußerlich.»)[44]. Berücksichtigen wir außerdem noch die Wortwahl, besonders der dreizehnten und der letzten Strophe, dann treten die Eigentümlichkeiten noch schärfer in Erscheinung. Worte wie «heiter», «reine Formen», «Tau», «Wehmut», heiteres Blau», «des Äthers leichte Lüfte», «Traumbild», «Harmonien» usf. weisen alle auf die leichte, heitere, aber auch schattenreiche, substanzlose Atmosphäre, deren transformierende Kraft sich dem Künstler dann offenbart, wenn er die Wirklichkeit überwunden und die «hohe Gleichmütigkeit und Freiheit des Geistes», von der Schiller im 22. Brief spricht, erreicht hat. Nehmen wir zu diesen Gedanken noch die Heimkehr des Herakles auf den Olymp hinzu, mit der das Gedicht endet, dann kristallisiert sich der bisher nur angedeutete Gedanke, daß es sich in diesen letzten Strophen im Grunde um eine religiöse Erfahrung handelt. Religiös gesehen (im Sinne der *religio*), ist nicht mehr die Totalität des in sich ruhenden Kunstwerks das Entscheidende, sondern die vollzogene Identität, die schon in der Anfangsstrophe dargestellte «absolute und unteilbare Einheit mit sich» (12. Brief), zu der die Kunst des Scheins dem Menschen verhelfen kann.

Die Trostlosigkeit einer Welt, die nicht «mit erborgtem Schein das Wesen verkleidet», in der «des Traumes rosenfarbener Schleier» von «des Lebens bleichem Antlitz» abgefallen ist, stellt Schiller im Gedicht «Poesie des Lebens» dar. Wer die Wahrheit «entblößt» sehen will, für den schwindet sein «ganzer Himmel», die Götter fallen in ein Nichts zusammen, die Welt «scheint, was sie ist, ein Grab», jegliche Freude verläßt den Menschen; ihn ergreift «die Versteinerung». Das Leben ohne den erlösenden Traum der Kunst sieht sich dem Tod, dem Nichts gegenüber. Schillers ganzes Leben war von dem tiefen Zweifel durchzogen, daß selbst die Kunst des Scheins, eben weil nur «Vermögen der Einbildungskraft», nicht ausreicht, um uns des Göttlichen zu versichern. Die Trauer darüber äußert sich in ergreifender Weise in dem späten Gedicht «Der Pilgrim», dessen Schlußverse lauten:

> Vor mir liegt's in weiter Leere,
> Näher bin ich nicht dem Ziel.
> Ach, kein Steg will dahin führen,
> Ach, der Himmel über mir
> Will die Erde nie berühren,
> Und das Dort ist niemals Hier.

Der gleiche elegische Ton durchzieht das fast gleichzeitig entstandene Gedicht «Sehnsucht». Auch hier fehlt «der Fährmann», der Mittler, der das Ich in das göttliche «schöne Wunderland» tragen könnte. Gibt es dieses Wunderland überhaupt, oder existiert es nur in unserer Sehnsucht? Aber: die Segel des Nachens «sind beseelt». Im Innern des Menschen, und nur dort, liegt die Kraft, zu «glauben» und zu «wagen», um so vielleicht der Erlösung teilhaftig zu werden.

III

Den Begriff des Scheins charakterisiert die Abwesenheit des Wirklichen. «Je sorgfältiger [der Dichter] die Gestalt von dem Wesen trennt», hieß es im 26. Brief, «und je mehr Selbständigkeit er derselben zu geben weiß, desto mehr wird er ... das Reich der Schönheit erweitern». Von diesem Satz, so sagten wir, führt eine direkte Entwicklungslinie zur Moderne.

Was Schiller hier theoretisch ausdenkt, das haben die großen Dichter der Moderne praktisch bis zum Extrem ausgeführt. Dabei spielt es keine Rolle, ob diese Dichter Schiller gekannt haben oder nicht. «Schillers Theorien», sagt René Wellek, «wurden zur Quelle aller späteren deutschen Literaturkritik. In veränderter Form wird seine Methode in den Schriften der beiden Schlegel, bei Schelling und bei Solger fortgeführt. Durch die Vermittlung Coleridges kommt sie nach England. Ihren Höhepunkt erreicht sie bei Hegel, der seinerseits wieder viele Kritiker des späteren 19. Jahrhunderts, wie Belinskij in Rußland, De Sanctis in Italien und Taine in Frankreich, beeinflußte»[45]. Die Auseinandersetzung mit Schiller in Deutschland, und zwar hauptsächlich mit seinen Dramen, ist kürzlich von Hans Mayer[46] und Fritz Martini[47] dargestellt worden. Die Wirkung Schillers im Ausland ist, Amerika ausgenommen[48], wohl größer, als man im allgemeinen annimmt. Seine Wirkung in Rußland haben Otto P. Peterson und C. E. Passarge[49] beschrieben. Dort ist er, neben Shakespeare, eine der bekanntesten und verehrtesten literarischen Erscheinungen. Durch die großartige Übersetzertätigkeit Wassilij Schukowkijs (1783–1852), des Erziehers Alexanders II., wurde Rußland das deutsche 18. und frühe 19. Jahrhundert nahegebracht. Über Schillers Ansehen in England berichtet Frederic Ewen[50].

 Carlyle, der 1825 das Buch *Life of Schiller* veröffentlichte, schrieb in *Frazer's Magazine* (März 1831) über Schillers Wirkung in Frankreich: «Among the French ... Schiller is almost naturalized.» Nach dem Bericht Edmond Egglis fährt Carlyle dann fort, Schiller sei von allen deutschen Schriftstellern seines Ranges derjenige, «qui a le moins de nationalité. Sans doute son caractère est allemand; mais sa manière de penser est européenne.» In Egglis eigenen Worten heißt es dann weiter: «Schiller expliquait d'avance, et justifiait d'avance aussi bien le symbolisme de 1880 que le romantisme de 1830. Sa pensée esthétique, singulièrement en avance sur son œuvre, se projetait en quelque sorte sur le developpement artistique du XIXe siècle français[51].» Möglichkeiten der Verbreitung Schillerschen Gedankengutes gab es viele. Zu keiner Zeit war der geistige Austausch zwischen Frankreich und Deutschland so intensiv und anregend wie zu Beginn des 19. Jahrhunderts. August Wilhelm Schlegel, Wilhelm von Humboldt und Karl Friedrich Reinhard, denen die Schillersche Ästhetik sehr vertraut war, verbrachten mehrere Jahre in Frankreich. Madame de Staëls *De l'Allemagne* (1814) war für die literarischen Beziehungen zwischen den beiden Ländern von epochemachender Bedeutung. Madame de Staël und der sie auf ihren Reisen begleitende Benjamin Constant hatten Schiller noch persönlich gekannt. Im literarischen Salon der

Staël trafen sich die führenden Geister Frankreichs und diskutierten die Ideen der Zeit. Aus diesem Kreis erhielten Constant und Prosper de Barante die Anregung für ihre Übersetzungen der Dramen Schillers. Constant lieferte eine schlechte und entstellende des *Wallenstein,* Barante die erste vollständige Übertragung der Schillerschen Dramen (1821). Barantes «Notice biographique et littéraire sur Schiller», die er seiner Übersetzung voranstellte, ist die erste französische Darstellung von Schillers Leben und Werk. Die erste wissenschaftlich einwandfreie Übersetzung der Schillerschen Werke, die auch die «Briefe über die ästhetische Erziehung des Menschen» enthielt, besorgte Régnier in den Jahren 1859 bis 1867[52]. Victor Cousin (1792–1867) machte in seinen beiden Hauptwerken, in den *Fragments Philosophiques* von 1826 und in *Du Vrai, du Beau et du Bien* von 1845 sowie in früheren Vorlesungen Frankreich mit der deutschen Ästhetik bekannt[53]. Der eigentliche Schiller jedoch, der «klassische Dichter und Kunstphilosoph», sei, wie Wolf Weirich schreibt, «erst von den Nachromantikern in seiner wahren Bedeutung erkannt worden. Gerade die Schillersche Ästhetik wird den beiden Tendenzen der nachromantischen Kunst, dem Streben nach klassischer Schönheit und Formenstrenge sowohl als auch dem Verlangen nach Wissenschaftlichkeit und philosophischer Fundierung der Kunst in hohem Maße gerecht»[54]. In Théophile Gautiers Werk zeigen sich Spuren, die stark an Schiller erinnern. Im Vorwort zu seinen *Poésies* (1832) heißt es z. B.: «En général, dès qu'une chose devient utile, elle cesse d'être belle.» Später, 1856, erklärt Gautier (Introduction à l'Artiste): «Tout l'artiste qui se propose autre chose que le beau n'est pas un artiste à nos yeux[55].» Leconte de Lisle war mit Schillers Werk, zumindest teilweise, bekannt. Er setzt Schillersche Zitate seinen Schriften als Motto voran. Andreas Rosenbauer[56] behauptet, de Lisle habe auch Schillers «philosophische» Gedichte gekannt. Daraus folgert Wcirich, daß Gautier möglicherweise durch «diese, insbesondere durch die ‚Künstler', von Schillers Idee der ästhetischen Erziehung unterrichtet gewesen» sei[57]. Alfred de Vigny und Alfred de Musset waren mit dem Werk Schillers vertraut. «Si l'œuvre est belle», schreibt Vigny, «elle sera utile par cela seul, puisqu'elle aura uni les hommes dans un sentiment commun d'adoration et de contemplation pour elle et la pensée qu'elle représente.» Dieser Satz entspricht, wie Weirich bemerkt, dem Gedankengang, der Schillers ästhetischer Erziehung zugrunde liegt[58]. Alfred de Musset gibt in einem Brief vom 23. September 1827 an Paul Foucher seiner Bewunderung für Schiller Ausdruck: «Je ne voudrais pas écrire où je voudrais être Shakespeare ou Schiller[59].» Neben Vigny und Musset sind es dann vor allem Lamartine und Victor

Hugo[60], die von Schiller beeinflußt wurden. Zusammenfassend läßt sich mit Weirich über den Einfluß Schillers auf das Frankreich des frühen 19. Jahrhunderts sagen, daß, abgesehen von unmittelbaren Einflüssen, «Einzelgedanken und Gedankensplitter aus der Schillerschen Ästhetik in das französische Denken gelangt sind und sich hier» weiterentwickelt haben[61]. In diesem Sinne schreibt Ernst Renan in seiner *Avenir de la Science, Pensée de 1848:* «Les quelques bribes de philosophie allemande qui ont passé le Rhin, combinées d'une façon claire et superficielle, on fait une meilleure fortune que les doctrines elles-mêmes. Telle est la manière française; on prend trois ou quatre mots d'un système, suffisants pour indiquer un esprit; on devine le reste et cela va son chemin[62].»

Diese etwas ausführlichere Darstellung des Schillerschen Einflusses auf Frankreich war notwendig, um Baudelaires und Mallarmés mögliche Kenntnis der Werke Schillers glaubhaft zu machen. Es ist zwar gewiß, daß Schillers Dramen und Gedichte in Frankreich eine größere Wirkung ausübten als die ästhetischen Schriften. Doch konnte Baudelaire auf verschiedenen Wegen mit dem Gedankengut seiner Ästhetik bekannt geworden sein. Einmal durch die oben beschriebene allgemeine geistige Situation. Ferner durch seine Freundschaft mit Gérard de Nerval (1808 bis 1855), der sehr unter dem Einfluß der deutschen Literatur stand. Mit den Schiller-Kennern Sainte-Beuve (1804–1869), Théophile Gautier (1811 bis 1872) und Leconte de Lisle (1818–1894) hat Baudelaire persönlich verkehrt. Auch mag seine Beschäftigung mit Edgar A. Poe zu einer genaueren Kenntnis Schillers beigetragen haben[63]. Baudelaires Begeisterung für Richard Wagner, durch den ihm Schillersche Ideen zugeflossen sein könnten, gilt es in diesem Zusammenhang zu beachten. Schließlich wissen wir aus Briefen an Ancelle (1. August 1854) und an Boyer (Juni 1855), daß Baudelaire auch direkten Zugang zu den Werken Schillers gehabt hat. Was er tatsächlich kannte, läßt sich nicht feststellen. Jacques Crépet, der Herausgeber der Baudelaireschen Briefe, schreibt in einem Kommentar zu dem Brief an Boyer, Baudelaire habe besonders an Schiller Gefallen gefunden; Anklänge an ihn ließen sich in den *Fleurs du Mal* erkennen[64]. Auf diese Bemerkung entgegenet Austin, daß die Anklänge an Schillers Ästhetik weder zahlreich noch wichtig seien. «Rien indique», so fährt Austin fort, «que Baudelaire ait connu les écrits théoriques de Schiller»[65]. Soweit es sich um den Nachweis einer direkten Beeinflussung handelt, hat Austin fürs erste wohl recht. Auch darf man bei diesen Überlegungen nicht die Möglichkeit außer acht lassen, daß zwei Denker unabhängig voneinander zu gleichen Erkenntnissen über den gleichen Gegenstand gekommen sind, wie es sich aus der Geschichte öfters belegen läßt. Auf Grund des zeitlichen Abstandes zwischen Schiller und Baudelaire möchten wir uns jedoch der Ansicht von Kurt Wais anschließen, der sagt, daß das Werk Schillers durch die verborgenen Wurzeln seiner Kraft auf einzelne Größen des Auslandes weitergewirkt habe[66]. Eine dieser «Größen» ist Baudelaire. Wie Schillers Dichtung, so bewegt sich auch die Baudelaires zwischen den Polen von «Spleen» und «Ideal», «Absolu et Néant». Aber Baudelaire nimmt ganz neue Themen auf. Er ist der erste, der das Häßliche und Widerwärtige als Gegenstände lyrischer Dichtung einbezieht, durch deren Gestaltung «eine neue Art des Entzückens» entsteht: «De la laideur ... il [der Dichter] fera naître un nouveau genre d'enchantements», heißt es in «L'Art Romantique»[67]. Wenn Baudelaire sagt, daß er «Gold aus Schmutz» mache, so bedeutet das, daß er seinen «Ekel an der Wirklichkeit» in der schönen Gestalt zum Ausdruck bringt. Diese Wirklichkeit ist für ihn das Ungeistige, Unreine und Chaotische, dem er, wie Schiller, durch die Kunst zu entfliehen hofft.

Liest man Baudelaires Äußerungen über die Dichtkunst Théophile Gautiers, so ergeben sich derart reichhaltige Übereinstimmungen zwischen ihm und Schiller, daß sie eine eingehende Einzeluntersuchung geradezu erfordern. Baudelaire demonstriert seine eigenen ästhetischen Gedanken an denen Poes, der für ihn der Dichter der schöpferischen Einbildungskraft, des in das Absolute hineingreifenden Traumes ist. Einige Beispiele sollen dies verdeutlichen:

> Je dis que si le poète a poursuivi un but moral, il a diminué sa force poétique; et il n'est pas imprudent de parier que son œuvre sera mauvaise. La poésie ne peut pas, sous peine de mort ou de déchéance, s'assimiler à la science ou à la morale; elle n'a pas la Vérité pour objet; elle n'a qu'Elle-même. Les modes de démonstration de Vérités sont autres et sont ailleurs. La Vérité n'a rien à faire avec les chansons. Tout ce qui fait le charme, la grâce, l'irrésistible d'une chanson enlèverait à la Vérité son autorité et son pouvoir. Froide, calme, impassible, l'humeur démonstrative repousse les diamants et les fleurs de la Muse; elle est donc absolument l'inverse de l'humeur poétique.
>
> L'intellect pur vise à la Vérité, le Goût nous montre la Beauté, et le Sens Morale nous enseigne le Devoir[68].

Das sind Schillersche Gedankengänge, gleichviel, ob sie direkt von Schiller übernommen sind oder nicht. Man vergleiche auch die von Poe übernommene Äußerung Baudelaires, daß die Poesie kein anderes Ziel habe als sich selbst (n'a pas d'autre but qu'elle-même) mit den Sätzen aus dem 26. Brief, wo Schiller von der sorgfältigen Trennung von Wahrheit und Schein, von der Selbständigkeit und «Zwecklosigkeit» der Gestalt spricht, und man wird die Ähnlichkeit der Aussagen frappierend finden. Wenn wir im übernächsten Abschnitt dieses Aufsatzes die folgenden Sätze lesen, dann läßt sich für den mit dem Schillerschen Schein verbundenen Gedankenkomplex wohl kaum eine schlagendere Parallele finden:

> C'est cet admirable, cet immortel instinct du Beau qui nous fait considérer la Terre et ses spectacles comme un aperçu, comme une *correspondance* du Ciel. La soif insatiable de tout ce qui est au delà et que révèle la vie, est la preuve la plus vivante de notre immortalité. C'est à la fois par la poésie et *à travers* la poésie, par et *à travers* la musique, que l'âme entrevoit les splendeurs situées derrière le tombeau; et quand un poème exquis amène les larmes au bord des yeux, ces larmes ne sont pas la preuve d'un excès de jouissance, elles sont bien plutôt le témoignage d'une mélancolie irritée, d'une postulation des nerfs, d'une nature exilée dans l'imparfait et qui voudrait s'emparer immédiatement, sur cette terre même, d'un paradis révélé[69].

Baudelaire sagt, daß der Anblick eines vollkommenen Gedichts uns die «Unvollkommenheit unserer verbannten Natur» vor Augen führe, einer Natur, in der sich dann gleich das Bedürfnis äußere, sich auf dieser Erde eines «offenbarten Paradieses» zu bemächtigen. Im gleichen Aufsatz heißt es: «l'Imagination seule contient la poésie» (1032). Für Schiller und Baudelaire, wie auch für Poe ist die Einbildungskraft «la reine des facultés»[70], das wahrhaft schöpferische Element, ein göttliches Vermögen, das die Beziehungen zwischen dem Hier und dem Dort herstellt. «Comme elle a créé le monde», wie es im «Salon de 1859» heißt, «(on peut bien dire cela, je crois, même dans un sens religieux), il est juste qu'elle le gouverne»[71]. Halten wir uns außerdem noch einmal den schon zitierten Satz vor Augen, daß das Wesen der Dichtung, streng und einfach gefaßt, die menschliche Sehnsucht nach einer höheren Schönheit sei, dann wird aus diesen Äußerungen die Übereinstimmung mit Schiller unbestreitbar deutlich; denn auch für Schiller war ja die Kunst Widerschein des Vollkommenen, Abglanz der ewigen Seligkeit. Auch bei Schiller treten wir «durch das Morgentor des Schönen» in das Land der Erkenntnis, was zweifellos das gleiche besagt wie Baudelaires: «Die Seele sieht durch die Poesie und im Lichte der Poesie ... den Glanz und die Herrlichkeit jenseits des Grabes.» Oder: «Der wunderbare, unsterbliche Schönheitstrieb läßt uns die Erde und ihre Schauspiele wie einen Hinweis (aperçu), wie eine *Entsprechung* des Himmels betrachten.»

In diesen Beispielen geht es uns um den von Schiller formulierten Gegensatz zwischen Schein und Wirklichkeit, Ideal und Leben. Poetisch findet er in Baudelaires Gedicht «La Beauté» seinen Ausdruck, ein Gedicht, das Flaubert bezeichnenderweise von allen Gedichten Baudelaires am meisten bewunderte[72].

> Je suis belle, ô mortels! comme un rêve de pierre,
> Et mon sein, où chacun s'est meurtri tour à tour,
> Est fait pour inspirer au poète un amour
> Eternel et muet ainsi que la matière.
>
> Je trône dans l'azur comme un sphinx incompris;
> J'unis un cœur de neige à la blancheur des cygnes;
> Je hais le mouvement qui déplace les lignes,
> Et jamais je ne pleure et jamais je ne ris.
>
> Les poètes, devant mes grandes attitudes,
> Que j'ai l'air d'emprunter aux plus fiers monuments,
> Consumeront leurs jours en d'austères études;
>
> Car j'ai, pour fasciner ces dociles amants,
> De purs miroirs qui font toutes choses plus belles:
> Mes yeux, mes larges yeux aux clartés éternelles!

Das Gedicht behandelt, wenn auch in anderer Perspektive, das gleiche Problem, das Schiller in «Das Ideal und das Leben» darstellte. In diesem Sonett, das trotz seines frühen Entstehungsdatums wesentliche Züge der Baudelaireschen Dichtungsauffassung enthält, spricht die Schönheit als das Unerreichbare zu den Sterblichen. Gleich in der ersten Zeile wird die Kluft aufgerissen, die typisch für die Dichtung Baudelaires, zwischen dem Dichter, dem Sterblichen und der Schönheit, dem Unsterblichen, liegt:

> Je suis belle, ô mortels ...

In dem unmittelbar folgenden appositionellen Vergleich «comme un rêve de pierre», den Stefan George ohne das störende «comme» als «ein traum aus stein» übersetzt[73], wird die durch die exklamatorische Anrede angedeutete Dissonanz durch diese erstaunliche Metapher noch vertieft. «Un rêve de pierre» ist das entscheidende Bild des ganzen Gedichts. Seine antithetische, ja paradoxe Struktur enthält im Kern die gesamten dissonantischen Elemente des Sonetts. Die besondere Form jener urmenschlichen und artistischen Zweiheit von Unendlichkeit und Endlichkeit, Form und Stoff, Geist und Wirklichkeit, wovon auch Schiller spricht, ist in dieser Metapher angedeutet. In ihrer Paradoxie aber («Traum aus Stein»), wie sie so weitgehend bei Schiller wohl kaum möglich wäre, zeigt sich das dichterisch Neue bei Baudelaire. Die Spannung ist noch schärfer, die Synthese fragwürdiger, das Ringen um das Geheimnis der Schönheit qualvoller geworden.

Das Motiv des Traumes, der Illusion, des Scheins, welches das Geheimnis der unerreichbaren Schönheit reflektiert, wird erweitert in den

Bildern der ersten Zeile des zweiten Quartetts. Die Formulierung «Je trône dans l'azur» drückt das Unerreichbare, «Sphinx incompris» das Geheimnisvolle der Schönheit aus. Deren folgende Worte: «J'unis un cœur de neige à la blancheur des cygnes», von George sehr schön mit «... herz von schnee und schwanenkleid vereint» übersetzt, weisen auf bestimmte Eigenschaften der Schönheit: unversehrte Reinheit, aber auch Kühle und eine erhabene Gleichgültigkeit. Besonders die letztere Eigenschaft, die durch das «jamais je ne pleure et jamais je ne ris» unterstützt wird, deutet auf das Nichtmenschliche der Schönheit hin. Ein weiteres Merkmal, das der Statik, kommt in der Zeile «je hais le mouvement qui déplace les lignes» zum Ausdruck. Diese Bestimmung der *universalen* Schönheit, von der der «Traum» eine Ahnung vermittelt, findet in der *besonderen* Schönheit der Kunstwerke, der «purs miroirs», ihre Entsprechung. Die Kunstwerke spiegeln die universale Schönheit. Sie manifestiert sich in den «stolzen Bauten» («fiers monuments»). In diesem Bild wird das Bild des Scheines wieder aufgenommen: beiden eignet die Qualität des Festen und Harten, dessen, was dem Zerfall, der Vergänglichkeit am meisten Widerstand entgegensetzt. Die «Bauten», also das Kunstwerk ganz allgemein, entsprechen den «Augen» der Schönheit aus dem Bild der letzten Zeile des Gedichts: «mes larges yeux aux clartés éternelles.» Sie also sind im Sinne Schillers die «Kunst des Scheins», durch sie kann die Schönheit sichtbar werden. Dieses Sichtbarmachen besorgen die Künstler oder Dichter, die sich zwischen «Traum» und «Stein» befinden. Sie wollen, von einer ewigen, doch stummen Liebe («amour éternel et muet») getrieben, stets das Unmögliche, da sie das zeitlos Schöne in die scheinhaft schöne Materie zu fassen versuchen. Ihr Versuch ist qualvoll («consumeront en d'austères études»); aber sie gehorchen der Stimme der Schönheit, lassen sich von ihr faszinieren, sind gelehrige Liebhaber («dociles amants») und «bauen» im Kunstwerk («miroirs», «monuments», «yeux») den Schein. So schaffen sie etwas, was die Natur (matière), das Negative, nicht vermag. «Bildwerdung einer konstruktiven Geistigkeit», nennt es Hugo Friedrich in seinem Kapitel über die «Kreative Phantasie», «die ihren Sieg über Natur und Mensch ausspricht in den Symbolen des Mineralischen[74].» Aber die Dichter wissen von dem Traumcharakter des schönen Scheins: «rêve de pierre!» Bei Schiller hieß es: «Des Traumes rosenfarbner Schleier / Fällt von des Lebens bleichem Antlitz ab.» In seiner «Invitation au Voyage» sagt Baudelaire: «Ein herrliches Land, ein merkwürdiges Land, den anderen überlegen, wie die Kunst der Natur überlegen ist, wo diese durch den Traum erneut, durch sie verbessert, verschönt und eingeschmolzen ist.»

In diesem heiteren, träumerischen Land, nach dem die Dichter Heimweh haben, das sie nicht kennen, «wo das Glück dem Schweigen vermählt ist», dort «möchte man leben und blühen ... Werden wir jemals in diesem Gebilde leben, werden wir jemals in dieses Gebilde reisen, das mein Geist gezeichnet hat? Träume, nichts als Träume[75]!»

Wie sehr erinnert die Beschreibung dieses Traumlandes, «nach dem die Dichter Heimweh haben», an Schillers Beschreibung des «schönen Wunderlandes» in seinem Gedicht «Sehnsucht»:

> Harmonien hör ich klingen,
> Töne süßer Himmelsruh,
> Und die leichten Winde bringen
> Mir der Düfte Balsam zu,
> Goldne Früchte seh ich glühen,
> Winkend zwischen dunklem Laub,
> Und die Blumen, die dort blühen,
> Werden keines Winters Raub.
>
> Ach wie schön muß sichs ergehen
> Dort im ewgen Sonnenschein,
> Und die Luft auf jenen Höhen,
> O wie labend muß sie sein!

Bei beiden Dichtern ist die Sehnsucht nach dem Traumland das tragende Gefühl. Schiller läßt die Frage nach der Existenz dieses Landes offen und verlegt die Antwort in den Bereich der Seele, von der er Glauben und Wagnis fordert. Baudelaire sagt mit Bestimmtheit: das Wunderland ist ein Gebilde, «das mein Geist gezeichnet hat», es ist Traum, Illusion.

Trotz aller Trauer über das begrenzte Vermögen selbst der Schönheit bleibt diese für Schiller doch immer die sanfte klare Macht, durch die allein dem Menschen die Möglichkeit gegeben ist, zu seiner ursprünglichen göttlichen Einheit zurückzufinden oder sich ihr zumindest anzunähern. Bei Baudelaire ist die Schönheit immer noch ein Etwas, dem sich der Dichter mit seinem ganzen Sein verschrieben hat. Aber es geht nun nur noch um das Individuum des Dichters, um sein ganz persönliches Ringen um das Ideal, nicht mehr um den Dichter als Repräsentanten des «Allgemeinen», als Erzieher der Menschheit und zum Menschsein. Der Schein ist näher an das Subjekt herangerückt, die Schönheit hat sich in noch unerreichbarere Fernen zurückgezogen; sie wurde geheimnisvoll, sphinxhaft unbestimmt und kühl. Der Ausblick des Ich auf eine übergeordnete Geistigkeit hat sich noch mehr verschleiert. Wohl aus diesen Gründen spricht auch Hugo Friedrich von «einem Dichten, dessen Idealität leer ist», das dem Wirklichen entrinne «durch Erzeugen einer unfaßbaren Geheimnishaftigkeit[76].»

IV

Das Erzeugen der unfaßbaren Geheimnishaftigkeit, das verzweifelte und im Grunde erfolglose Bemühen um den Einklang mit seinem «ewigen Ich», um Identität, erreichen im kritischen Denken und in der Lyrik Mallarmés ihr Extrem. Schiller schwang sich noch in immer neuer Anstrengung zur Anerkennung einer Ordnung auf, die in seiner Sprache noch unangetastet vorhanden zu sein scheint. Bei Baudelaire haben sich die Verhältnisse bereits erheblich verschoben, obschon seine Sprache sich noch vorwiegend in den Bahnen dieser Ordnung bewegt. Der Zweifel und Ekel, wodurch sich das Ordnungsgefüge verschiebt, äußert sich vornehmlich in der Kühnheit seiner Bilder und Themen aus dem Bereich des Schrecklichen und Häßlichen der Wirklichkeit; einer Wirklichkeit, die auch er nur noch in der Scheinwelt der Kunst ertragen zu können glaubt. Der von diesen beiden Dichtern begangene Weg wird von Mallarmé ins Extrem geführt. Bei ihm ist die moderne Sensibilität zum erstenmal auch ins Wort, in die Sprache gedrungen. In Mallarmé scheinen sich die poetologischen Gedanken früherer Kritiker und Ästheten (Hegel, Schopenhauer, Schelling, Poe, Baudelaire) zu sammeln, von ihm strahlen sie wieder aus auf Rubén Darío und Antonio Machado[77], auf Ungaretti[78], George, Yeats und Wallace Stevens. «Mallarmé le plus conscient ..., Mallarmé le plus dur à soi-même de tous aux qui ont tenu la plume ...» sagt Valéry von ihm und schreibt 1927 an André Fontainas, daß er «Vorbild, Bekenner und Märtyrer des Strebens nach Vollkommenheit» gewesen sei. «Meister» nennt ihn Stefan George, weil er «am wenigsten nachgeahmt» werden könne[79]. Mallarmés Denken kreist, wie das Schillers, um das Absolute. Aber dieses Absolute, das bei Schiller häufig schon schemenhafte Züge besaß, wird jetzt dem Nichts gleichgesetzt. Wie Herakles im Gedicht «Das Ideal und das Leben» wollte Mallarmé «des Olympus Harmonien» empfangen, sie erzwingen mit fragmentarischen Dichtungen wie «Hérodiade», «L'Après-Midi d'un Faune», «Igitur» und «Un Coup de Dés» und mußte sich verzweifelt mit Versuchen bescheiden. Die reine, unmenschliche Vollkommenheit des Ideals war unerreichbar. Am Ende der sich stets am Rande der Verzweiflung bewegenden Anstrengung bleibt ihm die Feststellung des Nichts. Doch wie «Un Coup de Dés» zeigt, wird selbst das Nichts nicht erreicht, weil, wie Hugo Friedrich schreibt, das Denken den «Zufällen» [der Sprache und Zeit] nicht zu entrinnen vermag[80].

Mallarmé war meines Wissens nicht mit der Ästhetik Schillers vertraut. Man hat in den «Göttern Griechenlands» eine Quelle für «L'Après-Midi d'un Faune» sehen wollen[81]. Eugène Lefébure erwähnt Schiller in einem Brief vom 22. April 1867 an Mallarmé. Kurt Wais berichtet, daß der zwölfjährige Mallarmé den Stoff von Schillers «Taucher» «mit einer bezeichnenden Umgestaltung» nacherzählt habe[82]. Aber diese und andere Hinweise[83] rechtfertigen nicht die Annahme, daß Mallarmé die Schillersche Ästhetik gekannt habe. Eher können Bruchstücke davon durch seine Kenntnis Hegels, Carlyles und über Coleridge, durch seine Beschäftigung mit Poe zu ihm gedrungen sein. Aber auch diese vermutliche Beeinflussung, die durch Einzelstudien erst nachgeprüft werden müßte, erklärt nicht die geistige Verwandtschaft zwischen ihm und Schiller, die einem beim Lesen seiner Schriften und Gedichte auffällt.

Das Zentralproblem der Dichtung Mallarmés ist das künstlerische Schaffen. Diesem Problem können die wenigen, schon früh auftauchenden Hauptthemen zugeordnet werden: die Flucht vor der Wirklichkeit, dem Stoff, der Zeit, in die Idee, den Traum, das Nichts, um durch die Kunst das Ideal der Vollkommenheit zu erreichen, um den Zwiespalt zwischen Subjekt und Objekt, zwischen Idee und Welt, das Leiden an der Individualität zu mildern. Mallarmé, für den es die «Gegenwart» nicht gibt, der von der Unwesenhaftigkeit der dinglichen Welt überzeugt ist, will an «die Wurzel der Dinge», zu einem «univers des essences» (Béguin) vordringen. Dafür genügen traditioneller Wortschatz und Syntax nicht mehr. Mallarmé verwendet neue Wörter und Stilmittel, komplizierte und vielfach schwer zu deutende Satzkonstruktionen. Kurt Wais spricht in diesem Zusammenhang von einer «errechneten, syntaktischen Laborantenchemie neben visionärer Intuition»[84]. Alle Neuerungen gelten der Welt der Poesie, der absoluten, aller Wirklichkeit entrückten Gestalt des Gedichts. «Il n'y a que la Beauté et elle n'a qu'une expression parfaite, la Poésie. Tout le reste est mensonge.» Für das Gedicht verlangt Mallarmé «une langue immaculée». Für ihn gilt in hohem Maße der Satz Hebbels, daß der ganze Mensch in seinem Verhältnis zur Welt, ja zu sich selbst, auf der Sprache beruhe[85]. Während bei Schiller zwar oft die Kunst, nie aber ihr Instrument, die Sprache, eigentliches Thema des Gedichts war, rückt dieses nun so fragwürdig gewordene Ausdrucksmittel bei Mallarmé auch als Inhalt in den Mittelpunkt des Interesses.

Von Poes Ästhetik beeinflußt, verkündet Mallarmé den göttlichen Ursprung des Gedichts, die magische Kraft der Dichtung. Sie sei nicht dazu da, zu überzeugen und zu beweisen. Sie habe weder mit der Moral noch mit der Wahrheit etwas gemein. Alles, was nur Beschreibung, Rhetorik, Gedanke sei, müsse aus ihr verbannt werden. «Le vers qui de plusieurs vocables», heißt es in «Crise de Vers», «refait un mot total, neuf, étranger à la langue et comme incantatoire, achève cet isolement de la parole». Die suggestive Wirkung des Wortes, das Wort als Beschwörungsformel ist die Essenz des Gedichts, des reinen Kunstwerks. «L'œuvre pure implique la disparation élocutoire du poète, qui cède l'initiative aux mots, par le heurt de leur inégalité mobilisés; ils s'allument de reflets réciproques comme une virtuelle traînée de feux sur des pierreries[86].» Durch das Wort, durch das aus Worten gemachte Gedicht versucht der Dichter das reine Sein, die Vollkommenheit zu fassen, also in jene «Regionen» vorzudringen, wo für Schiller «die reinen Formen wohnen». Daß der Dichter trotz aller Anfechtungen der Verzweiflung den Versuch nicht aufgeben kann, «durch das Morgentor des Schönen» in der Erkenntnis Land einzudringen, dafür sei das Gedicht «L'Azur» (1864), das Spuren Poes und Baudelaires trägt, ein Beispiel.

> De l'éternel Azur la sereine ironie
> Accable, belle indolemment comme les fleurs,
> Le poète impuissant qui maudit son génie
> A travers un désert stérile de Douleurs.
>
> Fuyant, les yeux fermés, je le sens qui regarde
> Avec l'intensité d'un remords atterrant
> Mon âme vide. Où fuir? Et quelle nuit hagarde
> Jeter, lambeaux, jeter sur ce mépris navrant?
>
> Brouillards, montez! Versez vos cendres monotones
> Avec de longs haillons de brume dans les cieux
> Qui noiera le marais livide des automnes
> Et bâtissez un grand plafond silencieux!
>
> Et toi, sors des étangs léthéens et ramasse
> En t'en venant la vase et les pâles roseaux,
> Cher Ennui, pour boucher d'une main jamais lasse
> Les grands trous bleus que font méchamment les oiseaux.
>
> Encor! que sans répit les tristes cheminées
> Fument, et que de suie une errante prison
> Éteigne dans l'horreur de ses noires traînées
> Le soleil se mourant jaunâtre à l'horizon!

– Le Ciel est mort. – Vers toi, j'accours! donne, ô matière,
L'oubli de l'idéal cruel et du Péché
A ce martyr qui vient partager la litière
Où le bétail heureux des hommes est couché,

Car j'y veux, puisque enfin ma cervelle, vidée
Comme le pot de fard gisant au pied d'un mur,
N'a plus l'art d'attifer la sanglotante idée,
Lugubrement bâiller vers un trépas obscur ...

En vain! l'Azur triomphe, et je l'entends qui chante
Dans les cloches. Mon âme, il se fait voix pour plus
Nous faire peur avec sa victoire méchante,
Et du métal vivant sort en bleus angélus!

Il roule par la brume, ancien et traverse
Ta native agonie ainsi qu'un glaive sûr;
Où fuir dans la révolte inutile et perverse?
Je suis hanté. L'Azur! l'Azur! l'Azur! l'Azur!

Schon der Titel ist bezeichnend: «L'Azur», dieses nicht nur für Mallarmé so bezeichnende Wort! Aus diesem Wort ließe sich in einer Einzeluntersuchung das in Schillers «Ideal und das Leben» angeschlagene Zentralthema bis in seine vielfältigen Schattierungen in der modernen europäischen und nord- und südamerikanischen Dichtung nachweisen. Es kommt in seiner Tiefenwirkung dem Verlangen der Romantiker nach dem Unbegrenzten entgegen. Von George Sands «blauen Rosen» (*Lettres d'un Voyageur*) könnte man das Bild bis zu Verlaines Vorwort zu seinen *Poèmes Saturniens* und Valérys «Cimétière Marin» verfolgen. Rubén Darío schrieb einen Gedichtband unter dem Titel *Azul* (1888), wo in dem Gedicht «Anagké» die auch von Kurt Wais zitierte Zeile steht «Oh, inmenso azul! Yo te amo»[87]. Die *Baladas de Primavera* (1907, 1910) von Jiménez enthalten die gewichtige Zeile «Dios está azul». Denkt man etwa an Else Lasker-Schülers «blaues Klavier» oder «blaues Eden», Wallace Stevens *The Man with the Blue Guitar* und den für die Dichtung Trakls wie auch Benns so zentralen Begriff des «Blau», so sind dies nur wenige Hinweise aus der Fülle der Beispiele. «L'Azur» kam auch im Gedicht Baudelaires vor: «Je trône dans l'azur.» Das Wort deutete hier bereits die unerreichbare Erhabenheit der Schönheit an. Darüber hinaus hatte «azur» für Baudelaire etwas Beunruhigendes. Im «Confiteor de l'artiste» stehen die Sätze: «Le profondeur du ciel me consterne; sa limpidité m'exaspère ... Ah! faut-il éternellement souffrir, ou fuir éternellement le beau?» Diese Künstlerbeichte endet mit dem bezeichnenden Satz: «L'étude du beau est un duel où l'artiste crie de frayeur avant d'être vaincu [88].» Darin ist das Thema des Mallarméschen Gedichts schon teilweise angeschlagen. Für ihn symbolisiert «l'azur» den Bereich, der «unit blanche de glaçons et de neige cruelle» (bei Baudelaire hieß es: «j'unis un cœur de neige à la blancheur des cygnes»), von Hugo Friedrich als der Bereich einer «lebenstötenden Geistigkeit» bezeichnet [90]. «L'azur» ist natürlich das Blau, der Himmel, die Zeitlosigkeit, Heiterkeit (serenitas) und so auch die absolute Schönheit; es ist aber auch das unmöglich Erreichbare, das den Dichter Quälende. «Each day», schreibt Wallace Fowlie, «the blue sky is visible and each day the purity of the work to be achieved torments the artist» [91].

Das Gedicht, von dem Mallarmé am 4. Januar 1864 an Cazalis schreibt, es enthalte nicht ein Wort, das ihn nicht mehrere Stunden des Suchens gekostet habe [92], entfaltet sich innerhalb zweier dicht ineinander verwobener Bilderreihen. Die eine wird durch «azur» als Symbol des reinen Seins, des Lichtes und der Unendlichkeit eingeleitet; die andere durch «désert» als Symbol des Daseins, der Dunkelheit und Begrenzung. Die mit diesen beiden Hauptbildern verbundenen assoziativen Bilder charakterisieren den von uns bereits angedeuteten zentralen Gedankengang des Gedichts. Zum Bild des «azur» gehören «les fleurs», «l'intensité», «mépris», «les cieux», «les grands trous bleus», «les oiseaux», «le soleil», «l'horizon», «l'Idéal», «l'art», «idée», «les cloches», «du métal vivant», «bleus angélus», «glaive». Zu «désert» gehören «impuissant», «stérile», «un remord atterrant», «vide», «nuit», «lambeaux», «brouillards», «cendres monotones», «de longs haillons de brume», «un grand plafond silencieux», «des étangs léthéens», «Ennui», «de suie», «ses noires traînées», «matière», «litière», «le bétail heureux», «pot de fard», «bâiller», «trépas obscur», «en vain», «brume». Kräftig beginnt die auf den Bereich des «azur» bezogene Bilderreihe in der ersten Strophe. Sie wird in den dann folgenden Strophen weniger stark gezeichnet, um gegen den Schluß, vor allem in der letzten Zeile, völlig zu dominieren. Das Bild der «Wüste» erscheint in der letzten Zeile der ersten Strophe und fällt in den folgenden Strophen durch die ihm assoziierten Wortgruppen immer stärker ins Auge, um dann im Ausdruck übermächtiger Verzweiflung die sechste und siebente Strophe völlig zu bestimmen. In den beiden letzten Strophen gehen die beiden Bilderreihen dann aufs engste ineinander über.

Hatte sich bei Schiller schon der Zweifel an der absoluten Erlösungsfähigkeit der Kunst, der Schönheit, angebahnt; hatte sich bei Baudelaire die Schönheit in unheimliche Höhen zurückgezogen, so bringen nun diese sechste und siebte Strophe bei Mallarmé den radikalen Zweifel am Vermögen der Kunst: «N'a plus l'art d'attifer la sanglotante idée.» Diese tiefste Verzweiflung des modernen Dichters kommt bei Mallarmé zum erstenmal lyrisch zur Sprache. Es ist das gleiche Gefühl, das Rilkes ursprünglich als Elegie gedachtes Gedicht «Ausgesetzt auf den Bergen des Herzens», das die Fragwürdigkeit des reinen lyrischen Singens gegenüber der zerstörenden Macht des Bewußtseins zum Thema hat, als Fragment abbrechen läßt. Diese verzweifelte Erkenntnis äußert sich vermutlich auch in einem der schönsten Gedichte Benns, «Welle der Nacht», das in der Zeile ausklingt: «Die weiße Perle rollt zurück ins Meer[93].»

Das den modernen Dichter beherrschende, durchaus tragische Dilemma wird durch die seltsame Ambiguität der Bilder in «L'Azur» betont. Sie zeigen die Unfähigkeit des Ichs im Gedicht, sich mit einem der beiden durch die Bilderreihen ausgedrückten Gedankenbereiche völlig zu identifizieren. Einerseits verflucht es sein ohnmächtiges Dichtertum und beschwört die Elemente der «Wüste» als Mittel zu willkommener Abstumpfung («cher Ennui»; «bétail heureux des hommes»); andererseits trübt es den ihm als Ideal vorschwebenden Bereich des «azur» durch Bilder wie «méchamment les oiseaux», «Idéal cruel» usw. Aber trotz dieses Konflikts zwischen Ideal und Leben, der in der Verflochtenheit der Bilder seinen Ausdruck findet, kann das Ich seinem Dichtertum nicht entfliehen. «He must live with his suffering», schreibt Fowlie «and with the agony of his ideal[94].» Die Tragik der Situation kristallisiert sich im Wort «martyr». Der an der reinen Idee Leidende gibt durch den dadurch verursachten Schmerz Zeugnis von der Existenz des Ideals. «Ich habe unendlich gelitten», sagt Mallarmé in dem von uns bereits angeführten Brief an Cazalis, «um nur einen Augenblick vollkommener Erleuchtung (lucidité) festzuhalten[95].» Dieser grundlegende Konflikt erklärt sich aus Mallarmés Faszination durch die Sprache. Mit Hilfe des lyrischen Wortes, das göttlichen Ursprungs ist, versucht er, dem Übersinnlichen, dem Absoluten, der reinen Schönheit nahezukommen. Der Versuch scheitert, weil das Wort, selbst im lyrischen Gedicht, nicht zu seiner eigentlichen Bestimmung, der Eroberung der reinen Schönheit, durchdringen kann. Das Wort vermag nicht mehr zum Ursprung zurückzufinden, noch kann der Ursprung in ihm dargestellt werden. Im Gedicht «L'Azur» ist Mallarmé die Rückführung des Wortes und die dadurch vollziehbare Identität des Ich mit sich selber noch nicht gelungen. «L'azur» hat ihn heimgesucht, es verfolgt ihn («je suis hanté»); aber dem dichterischen Ich entringt sich noch nicht, in Geist und Sprache, die «reine Idee».

Eine Vollendung deutet sich an, ja ist in dem für Mallarmé möglichen Sinne vielleicht erreicht an zwei entscheidenden Stellen seines «L'Après-Midi d'un Faune», eines der schwierigsten, an bedeutungsvollen Schattierungen reichhaltigsten Gedichte seiner Lyrik. Es geht auch in diesem Gedicht um den von Schiller im 26. Brief und im «Ideal und das Leben» dargestellten Konflikt. Hier jedoch ist er subjektiviert und sublimiert, insofern als er fast ausschließlich in den Bereich der Einbildungskraft verlegt und, bar jeder Realität, auf die Musik (Flöte) gerichtet ist. Mallarmé ist in diesem Gedicht, wie Hugo von Hofmannsthal meint, «schon fast ebensosehr Musiker wie Dichter»[96]. Es wird erzählt, daß Mallarmé, als er von der Vertonung des Gedichts durch Claude Debussy hörte, gesagt haben soll: «Ich dachte, ich selbst hätte es schon in Musik gesetzt[97].» A. R. Chisholm schreibt in seiner ausgezeichneten Interpretation des Gedichts: «In ‚L'Après-Midi d'un Faune‘, Mallarmé is trying to make poetry do what music alone can normally do ...»[98] Diese Äußerungen über den musikalischen Charakter des Gedichts bilden den Anlaß zur folgenden Untersuchung. Ich möchte damit zugleich darauf hinweisen, daß es mir im Zusammenhang mit unserem Thema hauptsächlich auf dieses musikalische Motiv, das der Kunst also, ankommt, nicht aber auf eine detaillierte Analyse des ganzen Gedichts[99].

Das Thema der Kunst wird, wenn auch nur andeutungsweise, in der Anfangszeile des Gedichts angeschlagen:

> Ces nymphes, je les veux perpétuer ...

Im Verb «perpétuer» als «verewigen» oder «ständig festhalten» ist bereits der Hinweis auf den Faun als Flötenspieler, als Künstler gegeben. Der schlaftrunkene, noch halb träumende Faun möchte die Nymphen «verewigen». Er versucht, sich darüber klarzuwerden, ob das, was er «gesehen» hat, Traum oder Wirklichkeit, Erfindung seiner überhitzten Einbildungskraft oder tatsächliche Begebenheit war. Die folgende, mit einem Fragezeichen versehene Halbzeile «Aimai-je un rêve?» wird im Hinblick auf unser Thema besonders bedeutsam. Sie weist auf den in der Einbildungskraft sich abspielenden künstlerischen Prozeß hin. Das «réfléchissons» wenige Zeilen später besagt, daß der Faun nun die «Erinnerung» (ein anderes Thema des Gedichts) an das Erträumte oder Erfahrene einzufangen versucht[100]. Nachdem er sich gefragt hat, ob das Sichberauschen im Seufzer der einen Nymphe («l'autre tout soupirs») «etwas anderes als der bloße südländisch heiße Windhauch war» (Wais), der sein Fell streifte, entfaltet sich mit der Verneinung der Frage das für uns wichtige Thema, worin auch die Flöte zum erstenmal erwähnt wird:

> Que non! par l'immobile et lasse pâmoison
> Suffoquant de chaleurs le matin frais s'il lutte,
> Ne murmure point d'eau que ne verse ma flûte
> Au bosquet arrosé d'accords; et le seul vent
> Hors des deux tuyaux prompt à s'exhaler avant
> Qu'il disperse le son dans une pluie aride,
> C'est, à l'horizon pas remué d'une ride,
> Le visible et serein souffle artificiel
> De l'inspiration, qui regagne le ciel.

Nein, kein Windhauch hatte sich in der einschläfernden Hitze des Morgens geregt. Der einzig sich regende Hauch war der Ton, der dem Zwillingsrohr der Flöte entströmte. Er übergoß den Hain mit Klängen und nahm als kunstverklärter Hauch («serein souffle artificiel / De l'inspiration») den Himmel in sich auf; denn so könnte das «qui regagne le ciel» auch verstanden werden. Aus der Bedeutung des Verbs sowie aus seinem Verhältnis zu Subjekt und Objekt des Nebensatzes geht auch hervor, daß der Hauch der Flöte den Himmel zurückholt, zurückgewinnt und in diesem Sinne zu sich herabholt, und nicht nur, wie manche Interpreten und Übersetzer meinen, zum Himmel «auffährt» oder «zurückkehrt»[101]. Diese Auslegung des Nebensatzes ist für unsere Ausführungen von nicht geringer Bedeutung.

In den Zeilen 38 bis 51 wird das Thema der Kunst wieder aufgenommen und voll entfaltet:

> Autre que ce doux rien par leur lèvre ébruité,
> Le baiser, qui tout bas des perfides assure,
> Mon sein, vierge de preuve, atteste une morsure
> Mystérieuse, due à quelque auguste dent;
> Mais, bast! arcane tel élut pour confident
> Le jonc vaste et jumeau dont sous l'azur on joue:
> Qui, détournant à soi le trouble de la joue,
> Rêve, dans un solo long, que nous amusions
> La beauté d'alentour par des confusions
> Fausses entre elle-même et notre chant crédule;
> Et de faire aussi haut que l'amour se module
> Evanouir du songe ordinaire de dos
> Ou de flanc pur suivis avec mes regards clos,
> Une sonore, vaine et monotone ligne.

Wieder sind sinnlich-erotische Vorstellungen und ihre Sublimierung durch die Kunst Gegenstand der lyrischen Darstellung. Der Dichter zeigt, bis zu welchem Grade die Kunst die angeblich sichtbare Schönheit der Nymphen durch die Musik in einen Traum, ein Substanzloses verwandeln kann. Auf seiner Brust findet der Faun «une morsure mystérieuse», den Kuß der Muse, die ihn durch dieses nicht sichtbare Zeichen («vierge de preuve») zum Künstler beruft. Diesen geheimnisvollen Vorgang («arcane») der Berufung läßt der Dichter nicht in den Nymphen seinen Ausdruck finden, sondern im Ton der «unter dem Azur» spielenden Flöte («sous l'azur on joue»). Chisholm schreibt darüber: «A melodious dream beguiled ... the landscape, blending (,confusions') its *visible* beauty with the *audible,* imaginative (,crédule') beauty of music; so that ... sight became sound, and sound became sight[102].» Die hinter geschlossenen Augen vorbeiziehenden erotischen Wunschbilder von nackten Rücken und Hüften werden so in die jeder Wirklichkeit baren Töne der Musik sublimiert. Das Geistig-Künstlerische im Faun überwindet das Animalisch-Menschliche. Auf der hohen Ebene, wo der «Rausch» zur Musik wird («l'amour se module»), entsteht aus der «schönen» Sinnlichkeit eine allem Inhalt enthobene, nichtige und eintönige Tonlinie, «qui regagne le ciel».

Was Mallarmé hier durch den flötespielenden Faun zu lyrischem Ausdruck bringt, ist die Darstellung der Scheinwelt der Kunst in einer Weise, wie sie vor ihm wohl bei keinem Dichter so vollständig in Bild und Sprache aufgegangen ist. Diese Darstellungsweise läßt sich von nun an in den lyrischen Äußerungen zeitgenössischer und späterer Dichter wie Rilke, George, Benn, Yeats oder Stevens widerfinden.

In «L'Apres-Midi d'un Faune» wird, so sagten wir, im Ton der Flöte, der als Musik dem Ideal, der absoluten Reinheit am nächsten kommt, alles Wirkliche sublimiert und überwunden. Es ist bezeichnend, daß Mallarmé musikalische Bilder, den Ton der Musik gewählt hat, um seinem Bemühen um das Absolute Ausdruck zu verleihen. Dieser Wahl scheint der Gedankengang zugrunde zu liegen, daß lyrische Dichtung, um vollkommen zu sein, wieder Musik werden müsse. Nach Schopenhauer unterscheidet die Musik sich darin von anderen Künsten, «daß sie nicht Abbild der Erscheinung» ist. «Wir erkennen in ihr nicht Nachbildung, Wiederholung irgendeiner Idee der Wesen in der Welt.» Die Deutlichkeit ihrer Sprache, so meint er, übertreffe die der anschaulichen Welt; es müsse der ästhetischen Wirkung der Musik eine «sich auf das innerste Wesen der Welt und unserer Selbst beziehende Bedeutung» zuerkannt werden[103]. Danach geht also die Wirkung der Musik über die des Wortes hinaus. Sie deutet die hinter dem Wort liegende «Idee» an und scheint auf Grund ihrer Suggestionskraft ihrerseits wieder Bilder zu erzeugen. «Le [i.e. l'objet] suggérer», schreibt Mallarmé, «voilà le rêve»[104].

Wie sehr nun die gegenstandslosen, flüchtigen, entschwindenden, ja trügerischen Bilder des Mallarméschen Gedichts den suggestiven Bildern der Musik nahekommen, das wird aus der Struktur der Verse, sowie aus Wörtern wie «exhaler», «disperse», «une pluie aride», «souffle», «fausse», «rêve», «évanouir» und «vaine» ersichtlich. Worte werden also für nichtexistierende Gegenstände geschaffen. «A l'égal de créer: la notion d'un objet, échappant, qui fait défaut», sagt Mallarmé in «La Musique et les Lettres»[105].

Der flötespielende Faun hat die ihn umgebende Schönheit des Hains («la beauté d'alentour») in den Ton der Flöte aufgenommen, die physische Schönheit der Nymphen aber umgewandelt in «une sonore, vaine et monotone ligne»[106]. Dies ist die für unser Thema entscheidende Zeile. Alles Wirkliche ist aus ihr verbannt, denn es ist, wie es im Gedicht «Toute l'âme résumée» heißt, niedrig und «gemein»[107]. Man kann fragen, was bleibt vom Ton (also von der Kunst), wenn er, völlig substanzlos, sich im Raum auflöst, wenn er, wie der Atem, sich im Raum verflüchtigt? Ist dies das Nichts oder doch noch die Kunst des Scheins? Es ist beides. Von welchem Gesichtspunkt aus man auch das Gedicht interpretieren mag, die Existenz der Nymphen läßt sich weder von uns noch vom Faun selber mit Sicherheit feststellen. Die Nymphen erscheinen als Erinnerung, als Bilder der Sinnlichkeit, als sehnsuchtsvoller Traum, als Ton. Der Ton aber verflüchtigt sich. Das Dargestellte also entzieht sich uns, es ist durchaus unfaßbar, es ist das Nichts. Insofern aber das Gedicht als schwarzer Druck auf weißem Papier, als Wort, Zeile und Strophe existiert, ist es Schein. Die diesem Ergebnis innewohnende Problematik wird noch deutlicher, wenn wir einen Brief Mallarmés an Coppée vom 20. April 1868 hinzuziehen, den ich hier in der Übersetzung von Kurt Wais zitiere. In diesem Brief, der in die Entstehungszeit des Gedichts fällt, heißt es: «Ich gäbe das herrliche Weihefest (vêpres) des Traums und sein jungfräuliches Gold für eine einzige Quartine – auf ein Grab, auf eine Schachtel Bonbons – die *gelungen* wäre ... Ich aber habe seit zwei Jahren die Sünde begangen, den *Traum* in seiner idealen Nacktheit zu betrachten, wo ich doch zwischen ihn und mich ein geheimnisvolles Zwischen von Musik und Vergessen hätte bauen sollen. Und jetzt habe ich bei *der entsetzlichen Vision eines Reinen Werks* fast den Verstand und den Sinn für die familiärsten Worte verloren[108].» In «L'Après-Midi d'un Faune» ist es Mallarmé gelungen, das «Geheimnisvolle», den Schein also, zwischen den «Traum in seiner idealen Nacktheit», also das Absolute, das Nichts, und sich selber zu bauen.

Aber was wird, so könnte man fragen, aus dem der Musik so ähnlichen und damit dem Absoluten so nahe gerückten lyrischen Schein, was aus dem Kunstwerk in seiner ganzen Reinheit und Unmittelbarkeit, wenn es, allen Relativitäten und Konkretionen von Raum und Zeit entbunden, sprachlich völlig frei schwebt und dadurch «zeit- und raumlos» wird? Läßt es sich überhaupt noch vom Absoluten abgrenzen? Nein, nicht mehr. Das Absolute als übergeordnete geistige Struktur, die außerhalb des Kunstwerks als ein «Dort» angenommen wird, ist verschwunden. Es ist in den «kunstverklärten Hauch der Inspiration», also in die Kunst des Scheins aufgenommen: ... qui regagne le ciel. Nur der Schein selber ist das vielleicht noch Mögliche geworden. Der im Bereich der Einbildungskraft arbeitende, von den Fesseln des Verhaltenseins befreite Dichter geht über Zeit und Raum hinaus. Aus diesem Wagnis ergibt sich für ihn zweierlei: einmal das ganz auf sich selbst zurückgeworfene lyrische Gedicht, welches das Absolute als das Nichts erfährt, also das, was Benn später «das Gedicht ohne Glauben, das Gedicht ohne Hoffnung» nennt, das die «zerrissenen Stunden sammelt» und das «an niemanden gerichtet» ist [109]; zum anderen findet der Dichter sich in solcher Isolation und Einsamkeit, daß ihm keine andere Wahl bleibt «qu'à travailler avec mystère en vue de plus tard ou de jamais et de temps en temps à envoyer aux vivants sa carte de visite, pour n'être point lapidé d'eux, s'ils le soupçonnaient de savoir qu'ils n'ont pas lieu » [110].

Man könnte weiter fragen, welchen Weg die Dichtung noch begehen kann, nachdem sie den Ort Mallarmés erreicht hat. Gibt es noch eine andere Möglichkeit, oder bleibt es bei der von Mallarmé geschaffenen Ursituation modernen Dichtens [111]? Die Antwort darauf möchte ich im folgenden Abschnitt zu geben versuchen.

V

In die Entstehungszeit des «L'Après-Midi d'un Faune» fällt die Abfassung der *Geburt der Tragödie aus dem Geiste der Musik* von Nietzsche. Hier und an weiteren Stellen seines Werks spricht Nietzsche von dem, was Schiller, Baudelaire und Mallarmé in ihren kritischen Schriften und Gedichten dargestellt haben: vom Konflikt zwischen «Ideal und Leben», von der Welt des Olymps, vom «olympischen Zauberberg», seinen Göttergestalten, von Harmonie und Heiterkeit, den Kunstwelten des Traumes und des Rausches, der «Schönheit des Scheins», und von der Macht der Musik. Die Parallelität der Gedankengänge ist oft erstaunlich. Als Beispiel sei zitiert, was Nietzsche im Hinblick auf Schiller über den Schaffensprozeß des Lyrikers sagt:

Über den Prozeß des Dichtens hat uns *Schiller* durch eine ihm selbst unerklärliche, doch nicht bedenklich scheinende psychologische Beobachtung Licht gebracht; er gesteht nämlich, als den vorbereitenden Zustand vor dem Aktus des Dichtens nicht etwa eine Reihe von Bildern, mit geordneter Kausalität der Gedanken, vor sich und in sich gehabt zu haben, sondern vielmehr eine *musikalische Stimmung* (,Die Empfindung ist bei mir anfangs ohne bestimmten und klaren Gegenstand; dieser bildet sich erst später. Eine gewisse musikalische Gemütsstimmung geht vorher, und auf diese folgt bei mir erst die poetische Idee'). Nehmen wir jetzt das wichtigste Phänomen der ganzen antiken Lyrik hinzu, die überall als natürlich geltende Vereinigung, ja Identität *des Lyrikers mit dem Musiker* ..., so können wir jetzt, auf Grund unsrer früher dargestellten ästhetischen Metaphysik, uns in folgender Weise den Lyriker erklären. Er ist zuerst, als dionysischer Künstler, gänzlich mit dem Ur-Einen als Musik, wenn anders diese mit Recht eine Wiederholung der Welt und ein zweiter Abguß derselben genannt worden ist; jetzt aber wird diese Musik ihm wieder, wie in einem *gleichnisartigen Traumbilde,* unter der apollinischen Traumeinwirkung sichtbar. Jener bild- und begifflose Widerschein des Urschmerzes in der Musik, mit seiner Erlösung im Schein, erzeugt jetzt eine zweite Spiegelung, als einzelnes Gleichnis oder Exempel. Seine Subjektivität hat der Künstler bereits in dem dionysischen Prozeß aufgegeben: das Bild, das ihm jetzt seine Einheit mit dem Herzen der Welt zeigt, ist eine Traumszene, die jenen Urwiderspruch und Urschmerz, samt der Urlust des Scheines, versinnlicht [112].

Nietzsches Hinweise auf Schiller, die sich über sein ganzes Werk verstreut finden, sind nicht immer in objektivem Ton geschrieben; sein Verhältnis zu ihm war zwiespältig. Baudelaire hatte er zwar gelesen, schätzte ihn aber nicht. Mallarmé war ihm unbekannt. Auffallend ist trotzdem, wie die Beschäftigung mit künstlerisch-kritischen Fragen bei den verschieden gearteten Dichtern die verwandtesten Worte über die Schönheit des Scheins und die Macht der Musik hervorbringt [113], und bis zu welchem Grade Schiller einen großen Teil dieser Gedankengänge bereits vorweggenommen hat. Durch einige interpretierende und für unser Thema aufschlußreiche Hinweise soll diese Tatsache im folgenden noch erhärtet werden.

Welche Bedeutung Nietzsche dem als Apollinisches in der Objektivität des Kunstwerks sich entfaltenden Schein zugemessen hat, darauf habe ich bei der Erörterung von Schillers «Ideal und das Leben» bereits hingewiesen [114]. Für Nietzsches hohe Bewertung der Musik haben wir eine Fülle von Belegen. Hier genüge eine Stelle aus dem «Ecce Homo», in der Nietzsche von der Heiterkeit und Tiefe spricht, die die Musik für ihn haben müsse. «Wenn ich ein andres Wort für Musik suche, so finde ich immer nur das Wort Venedig. Ich weiß keinen Unterschied zwischen Tränen und Musik zu machen – ich weiß das Glück, den *Süden* nicht ohne Schauder von Furchtsamkeit zu denken[115].» Diese Worte erinnern an die Goethes vom 6. Oktober 1786 aus der «Italienischen Reise» über die den Tasso und Ariost «auf ihre eigenen Melodien» singenden Schiffer Venedigs. «Der Gesang währt Nächte durch ... Je ferner sie also voneinander sind, desto reizender kann das Lied werden: wenn der Hörer alsdann zwischen beiden steht, so ist er am rechten Flecke ... Da ward mir der Sinn des Gesanges erst aufgeschlossen. Als Stimme aus der Ferne klingt es höchst sonderbar, wie eine Klage ohne Trauer; es ist darin etwas unglaublich, bis zu Tränen Rührendes[116].» Beide Stellen beleuchten das Gedicht «Venedig».

>An der Brücke stand
>jüngst ich in brauner Nacht.
>Fernher kam Gesang:
>goldener Tropfen quolls
>über die zitternde Fläche weg.
>Gondeln, Lichter, Musik –
>trunken schwamms in die Dämmrung hinaus ...
>
>Meine Seele, ein Saitenspiel,
>sang sich, unsichtbar berührt,
>heimlich ein Gondellied dazu,
>zitternd vor bunter Seligkeit.
>– Hörte ihr jemand zu? ...

Musik ist ein anderes Wort für Venedig. Um Musik, um das Lied, also um den reinsten Ausdruck der Kunst des Scheins, geht es auch in diesem Gedicht. Die erste Strophe zeichnet die Situation. Der Dichter, nicht notwendigerweise Nietzsche, steht an der Brücke. «Brücke» als Verbindung zweier Ufer ist das erste entscheidende Bild. Demzufolge befindet sich der Dichter in der Mitte zwischen zwei Bereichen, die vage einmal durch «fernher», zum anderen durch «in die Dämmrung hinaus ...» gekennzeichnet werden. Seine Funktion ist damit bereits angedeutet. Der von «fernher» kommende Gesang, ebenso wie «Gondeln» und «Lichter», bewegen sich auf ihn als Zentrum zu, um sich, nachdem er diese Eindrücke aufgenommen hat, wieder in der Dämmerung zu verlieren. Die für uns wichtigere zweite Strophe stellt in umgekehrter Reihenfolge eine Parallelsituation zur ersten dar. Die vorher empfangenen Sinneseindrücke sind zum Lied geworden. Wie der Kuß der Muse, den der Faun im Gedicht Mallarmés empfing, hat sich auch dieser Vorgang hier «unsichtbar» vollzogen. Wie im Faun hat sich nur das halb Gegenständliche (zwei

Seheindrücke und ein Gehörseindruck) in der Seele des Dichters in ein Lied umgewandelt. Aber hier ist der Vorgang ganz nach innen verlegt. «Seele», «Saitenspiel», «unsichtbar», «heimlich», «berührt» bezeugen das. Das Lied, die Kunst des Scheins, findet keine Objektivation mehr. Der Dichter singt es sich selber. Hier gilt das Wort Rilkes von der Musik als «reiner Übersteigung»[117]. «Rein» bedeutet im philosophischen Sinn unabhängig von jeder Erfahrung. Aber man darf fragen: «Übersteigung wohin?» Nicht in das Reich des Ideals, nicht in den «Azur» noch in das Nichts, sondern in den «Innenraum» des Ichs, des Dichters selbst. Das Lied, die Kunst, selbst die «monologische Kunst», die keinen Zuhörer mehr findet, macht es möglich, im Bereich der Einbildungskraft sich aller Fesseln des Verhaftetseins zu entledigen. Das Ich hat sich von einer Existenzform in die andere gewendet. Das Schaffen selbst des monologischen Gedichts hat den Dichter, das Ich des Gedichts, aus der wirklichen Welt in die weite Welt des inneren Bezugs geführt, das heißt nicht im Sinne Mallarmés zur Vollkommenheit des Werks, sondern, mehr im Sinne Schillers, zum Einssein mit sich selber. Das apollinische Wort «Seligkeit», das zum dionysischen «trunken» der ersten Strophe im Gegensatz steht, deutet diesen durch das Singen erreichten Zustand an. Das Leben erscheint erträglich und vollkommen. Ein Traumzustand scheint erreicht, deutlicher und ergreifender als die Welt des Wirklichen. Und doch ein labiler Zustand, der jeden Augenblick zerstört werden kann, was sich im Gedicht in der zweimaligen Verwendung des Wortes «zitternd» ausdrückt. Das Lied, der ästhetische Schein, hat bei Nietzsche nicht, wie bei Mallarmé, sich selber zum Inhalt, sondern es dient der Steigerung des Ichs wie auch dem monologischen Ausdruck der Trauer über den schmerzvollen Charakter des Daseins. Wieweit diese Unterscheidung in der Behandlung des Scheins bei Mallarmé und Nietzsche vielleicht für den jeweiligen Nationalcharakter bezeichnend ist, sei hier nicht näher untersucht, sondern es sei nur darauf hingewiesen.

Von Nietzsche führt eine direkte Linie zu George, Rilke und Benn, wie in gleicher Weise eine Linie von Mallarmé zu Yeats und Stevens führt. Querverbindungen, wie z. B. die von Mallarmé zu George und Rilke oder die von Nietzsche zu Yeats[118] und Wallace Stevens[119] werden durch solche Entwicklungslinien natürlich nicht ausgeschlossen. Die Beziehungen dieser Dichter untereinander sind oft dargestellt worden. Sie bedürfen für unser Thema keiner näheren Erläuterung.

Alle diese Dichter sprechen vom Lied, von der Macht des Gesanges, in irgendeiner Form von der überwältigenden Bedeutung der Kunst. Die Kunst ist in den Mittelpunkt gerückt, ist zentrales, oft ausschließliches

Thema geworden. Von ihr erhoffen sich die Dichter Erlösung in einem Maße, wie es früheren Zeiten nicht bewußt war. Der Satz Nietzsches aus *Die Geburt der Tragödie,* daß die Welt nur als ästhetisches Phänomen ewig gerechtfertigt sei, scheint den letzten Beweis seiner Gültigkeit zu erhalten. Alle diese Dichter kennen die Macht des lyrischen Wortes, von der Mallarmé gesprochen hatte. Sie wissen wie Schiller, gleichviel ob sie ihn gelesen haben oder nicht, daß der «erborgte Schein» die Trostlosigkeit des Lebens verkleidet, «des Traumes rosenfarbner Schleier» die Wirklichkeit erträglich macht. Wie er suchen sie den «Fährmann», der sie in das «schöne Wunderland» bringt und wissen doch gleichzeitig, daß die Erlösung nur in seltenen Augenblicken im Vorgang des Schaffens möglich ist.

Stefan George kommt, was seine Poetik betrifft, von Baudelaire, Mallarmé und Nietzsche her. Selbst Poe hat dazu beigetragen [120]. Schiller schätzt er nur als Ästhetiker, nicht als lyrischen Dichter [121]. Gedanken, Motive, Themen der eben genannten Dichter, besonders aber Schillersche Themen, wie z. B. «Spiel» und «Schein», rücken bei ihm und seinem Kreis stärker in den Mittelpunkt des Interesses als irgendwo sonst in der modernen Literatur [122].

Als Dichter ist auch George von der Wirklichkeit abgestoßen. Das Gedicht «Die Märkte sind öder» aus den «Pilgerfahrten» greift in der ruhelos wandernden, stets getäuschten Gestalt des Pilgers, der das unbestimmte Ziel der Schönheit sucht, ein Thema auf, das verwandte Züge mit den erwähnten Gedichten Schillers zeigt. Schon in Georges früher Dichtung steht die Zeile «... über das leid / Siege das lied». Im Schlußgedicht der «Pilgerfahrten», «die spange», verkündet er, wie die Verkörperung des «Idealen» in der Kunst des Scheins in Zukunft bei ihm aussehen solle. Es war ihm bisher noch nicht gelungen, den «Stoff» in die kühle, feste Sicherheit des in sich ruhenden Sprachgebildes zu bannen.

> Ich wollte sie aus kühlem eisen
> Und wie ein glatter fester streif.
> Doch war im schacht auf allen gleisen
> So kein metall zum gusse reif.
>
> Nun aber soll sie also sein:
> Wie eine große fremde dolde
> Geformt aus feuerrotem golde
> Und reichem blitzendem gestein.

Die letzte Strophe weist auf die Gedichte des «Algabal» hin, den Gundolf das «scheinbar abseitigste und verstiegenste Werk» [123] Georges nennt. Abseitig und verstiegen sind die Gedichte in dem Sinne, als sie in

Übereinstimmung mit der programmatischen Ankündigung im Gedicht «die spange» dem Leben, der Wirklichkeit völlig entrückt, «fremde dolden» sind. Gedichte wie «Der saal des gelben gleißes ...», «Mein garten bedarf nicht luft noch wärme» oder die dritte Strophe in «schall von oben», in denen fast alles auf Klang- und Farbwerte reduziert ist, sind kalte Traumgebilde, die ihre Existenz nur der magischen Macht des Wortes verdanken. In ihnen ist die Kluft zwischen Ideal und Leben, die sich in den «Hymnen» und «Pilgerfahrten» aufgetan hatte, dadurch überbrückt, daß das Wort, wie bei Baudelaire, Klang, Farbe, Duft und Musik geworden ist. «Durch genau erwogene wahl und anhäufung von konsonanten und vokalen», schreibt Carl August Klein, «bekommen wir einen eindruck ohne zutat des sinnes. Jubel und trauer, glätte und härte, nacht und licht fühlen wir ohne daß wir die begriffe dastehen haben. Alles läuft auf eines hinaus: den großen Zusammenklang, wobei wir durch die worte erregt werden wie durch rauschmittel»[124]. Das gilt hauptsächlich für den frühen George. Später, im *Siebenten Ring, Stern des Bundes* usw. tritt zu dem Wunsch der Vollkommenheit in der Kunst jenes an Schiller und Nietzsche erinnernde illusorische Bedürfnis nach der ästhetischen Erziehung des Menschen, deren höchstes Ziel «die schöne seele» ist.

War für George der prunkliebende und hemmungslose römische Priester-Kaiser Heliogabal äußere Anregung für die Gedichte des «Algabal», so ist für William Butler Yeats Byzanz Anlaß zu einem seiner größten Gedichte, «Sailing to Byzantium» (1927). «I think if I could be given a month of Antiquity and leave to spend it where I chose, I would spend it in Byzantium a little before Justinian opened St. Sophia and closed the Academy of Plato ... I think that in early Byzantium, may be never before or since in recorded history, religious, aesthetic und practical life were one, that architect and artificers—though not, it may be, poets, for language had been the instrument of controversy and must have grown abstract—spoke to the multitude and the few alike ...[125]» In diese Welt möchte Yeats reisen, eine Welt «in which the artist, ‚almost impersonal' » wie John Unterecker schreibt, «manages to reflect ‚the vision of a whole people' in a culture so integrated as to produce an art that will have the impact of a single image»[126]. Byzanz ist für Yeats ein Monument der Seele, der himmlische Bereich der Einbildungskraft, wo nach R. P. Blackmur «the mind or soul dwells in eternal or miraculous form»[127].

Das Gedicht ist oft und von den verschiedensten Gesichtspunkten aus interpretiert worden[128]. Es fußt auf einer Reihe von Antithesen, von denen uns hier nur die des im Konflikt mit sich selber lebenden alternden Künstlers interessieren soll. Der alternde Künstler, der nicht mehr, wie die jungen, die Freuden der Sinne besingen kann, muß sich Zugang zu einem andern Bereich verschaffen. Er findet ihn in der Einbildungskraft (Byzanz). Einmal dorthin vorgedrungen, erkennt er die Macht und Größe des Geistig-Seelischen, die durch die Kommunikation mit den großen, beseelten Kunstwerken der Vergangenheit, die als etwas Göttliches, ja als Götter behandelt werden, noch gesteigert wird. Diese Werke haben allem Verfall widerstanden. Sie sind, weil sie im Bereich eines heiligen Feuers leben, unsterblich. Sie sollen «the singing masters» seiner Seele sein. Sie ruft der Dichter an:

> gather me
> Into the artifice of eternity.

In diesen Bereich aufgenommen, wird sein Geist von allen Fesseln des Verhaftetseins frei. Ich zitiere die letzte Strophe:

> Once out of nature I shall never take
> My bodily form from any natural thing,
> But such a form as Grecian goldsmiths make
> Of hammered gold and gold enamelling
> To keep a drowsy Emperor awake;
> Or set upon a golden bough to sing
> To lords and ladies of Byzantium
> Of what is past, or passing, or to come.

Von allem Körperlich-Irdischen befreit, kann das Spiel im wesenlosen Bereich der Einbildungskraft, in dem der alternde Künstler sein Herrscherrecht ausübt, beginnen. Durch das Schaffen von Formen («such a form as Grecian goldsmiths make») kann er, als divinatorischer, schaffender Geist, selbst unsterblich und unvergänglich werden. Hatte er in seiner Jugend das Vergängliche besungen («Whatever is begotten, born, and dies»), so kann er jetzt die Ewigkeit preisen («What is past, and passing, and to come»).

Die Essenz der Welt wird auch bei Rilke im Lied geschaffen. Davon geben seine *Sonette an Orpheus* Zeugnis. Im Anfangssonett heißt es: «O Orpheus singt!» Durch seinen Gesang schafft Orpheus die Welt, die nur als Gesang da ist. Guardini nennt diese Lieblingsfigur moderner Dichtung das «Numen der Welt, sofern sie Klang ist»[129]. Im XIX. Sonett, das uns im Hinblick auf unser Thema interessiert, wird das Lied das Heiligende genannt.

> Wandelt sich rasch auch die Welt
> wie Wolkengestalten,
> alles Vollendete fällt
> heim zum Uralten.

Über dem Wandel und Gang,
weiter und freier,
währt noch dein Vor-Gesang,
Gott mit der Leier.

Nicht sind die Leiden erkannt,
nicht ist die Liebe gelernt,
und was im Tod uns entfernt,

ist nicht entschleiert.
Einzig das Lied überm Land
heiligt und feiert.

Das orphische Lied erhebt sich über dem Wandel der Welt. Es verkündet den Anfang der Schöpfung und bewegt sich, jenseits allen Wechsels, als Dauerndes im freien und weiten Bereich des Weltraums. Im Anfang war das Lied, und alles, was ist, entstand durch das Lied. Zu ihm, dem Uralten, fällt alles zurück. Das Uralte ist also nicht das Ideal, nicht die kalte, schneeige Schönheit Baudelaires oder der Azur Mallarmés, sondern das Lied an sich. Bei Rilke lassen sich zwischen den Tönen des Liedes und dem Menschen keine Beziehungen mehr herstellen. Der Mensch hat das Lied nicht gehört. Deshalb leidet er. Der Mensch ist eine vom Uralten geschiedene Gestalt. Seine wahre Existenz, die Erkenntnis und Bejahung des Todes und damit die umfassende Einheit, von der in der ersten Elegie die Rede ist, hat er nicht vollzogen. Hätte er das Lied vernommen, wäre ihm durch Leiden, Liebe oder Erkenntnis die Möglichkeit der Vereinigung mit dem Sein gegeben worden. Durch den Mangel des Liedes wurde ihm das Sein nicht zum Ereignis. Jetzt ist es «einzig» nur noch das Lied, das Sein selbst, das entrückt, «über dem Land», von der Schönheit Kunde gibt. Durch sie erfahren wir unsere Verlassenheit. Selbst für denjenigen aber, der das Lied vernimmt, wird, wie Mörchen treffend mit Bezug auf Rilkes Tagebücher schreibt, «auch das Wesen der ‚Kunst' » verwandelt. «Sie ist ihm nicht mehr Bewältigung des Seienden, sondern Antwort auf die Stimme des Seins ... Das Ästhetische wird nicht mehr überhöht, als wäre es mit dem Heiligen identisch.»[130] Im Gegensatz zu Schiller wird die Kunst nicht Religion.

Bei Rilke ist das «Uralte» das Lied; bei Gottfried Benn ist es die «Welle der Nacht».

Welle der Nacht – Meerwidder und Delphine
mit Hyakinthos leichtbewegter Last,
die Lorbeerrosen und die Travertine
wehn um den leeren istrischen Palast,

> Welle der Nacht – zwei Muscheln miterkoren,
> die Fluten strömen sie, die Felsen her,
> dann Diadem und Purpur mitverloren,
> die weiße Perle rollt zurück ins Meer.

Die extremen Gedanken Mallarmés kehren bei Benn wieder. Benns Gedicht ist vollendete Kunst des Scheins[131]. Auf «Welle der Nacht» trifft zu, was Novalis vom Gedicht forderte: «Bloß wohlklingend und voll schöner Worte – aber auch ohne allen Sinn und Zusammenhang – höchstens einzelne Strophen verständlich – sie müssen wie lauter Bruchstücke aus den verschiedenartigsten Dingen sein ... eine direkte Wirkung wie Musik tun[132].» Niemand wird bestreiten, daß das Gedicht schön ist. Wortwahl, Laut, Rhythmus und Reim bezeugen es. Aber durch traditionelle Mittel des Verständnisses läßt es sich nicht mehr erschließen. Eine Deutung ist nur auf Grund des Assoziationsgehalts der einzelnen Wörter und Bilder möglich. Auffallend ist schon das Bild des Titels, das beide Strophen einleitet. Es erinnert an Lieblingsbilder des späten Goethe («Dauer im Wechsel», «Eins und Alles», *Faust II*). Das ganze Gedicht entwickelt sich auf dem Hintergrund dieses Bildes, das sich als ein ewig und sinnlos sich Bewegendes und Dunkles begreifen läßt. Welle der Nacht: sie schafft Mythe und Geschichte, mischt Zeiten und Räume, sie spült alles heran und nimmt alles wieder in sich auf, auch die Kunst. Denn die «weiße Perle» scheint der Inbegriff des Geformten, der in der Vergänglichkeit der Welt wirkenden Schönheit; sie ist Intensivierung der Natur, als ideale und reale Manifestation eines im Grunde sinnlosen schöpferischen Aktes hervorgebracht. Die weiße Perle ist das Gelingen des Unmöglichen für kurze Zeit. Als Erhellung des Gedichts sei eine Stelle aus der «Akademierede» Benns angeführt. Er stellt dort die Frage, was der Dichter im Augenblick der schöpferischen Lust sehe, was sich in ihrer Stunde gestalte: «Auf welche Sphinx blickt dann ihr erweitertes Gesicht?» Seine Antwort lautete dann: «Sie erblickt auch hier im Grunde nur Strömendes hin und her, eine Ambivalenz zwischen Bilden und Entformen ... Sie erblickt etwas Blindes, die Natur, erblickt das Nichts. Dies Nichts, das wir hinter allen Gestalten sehen, allen Wendungen der Geschichte, den Begriffen ...[133].» Das Nichts, der sinnlose, ewige Wechsel, ist in eine scheinhafte Materie, die Worte, hineingezaubert. Das Gedicht steht wirklichkeitsentrückt in einer idealen Sphäre, in der zeitlosen Welt des Traumes, die wie eine magische Spiegelung glänzend über der Dunkelheit und Vergänglichkeit des Wechsels schwebt, in der schönen Scheinwelt, die Abgründe nicht mehr schließt, sondern schillernd aufdeckt. Das ganze ein Traum, von der Schönheit und ihrer Vergänglichkeit.

Wir haben einen weiten Weg zurückgelegt. Wir sahen, daß jene Fragen, die für die Moderne im Mittelpunkt stehen, das Verhältnis der Kunst zum Leben, des Dichters zur Kunst, Kunst als Möglichkeit der Erkenntnis, von Schiller schon weitgehend vorgedacht wurden. Er aber erhielt sich in ständiger Anstrengung den Glauben an eine Ordnung, die sich auf den göttlichen Ursprung und Kern des Menschen gründete. So stellte er auch die Kunst des Scheins letztlich in den Dienst der ästhetischen Erziehung des Menschen, um ihn vor der Selbstvernichtung zu bewahren. Dieser Hintergrund des Allgemeinen fehlt aber den Modernen, von dem Versuch des späten George abgesehen, fast vollständig. Die Kluft zwischen Ideal und Leben wird unüberbrückbar. Die Kunst des Scheins nimmt in fortschreitendem Maße das Absolute in ihre Substanzlosigkeit auf; das Absolute wird zum Nichts – ein Vorgang, der in der dichterischen Sprache seinen genauen Niederschlag findet. Wie der letzte Abschnitt zeigt, ist, bei aller individuellen Verschiedenheit in Stil und Thematik, auf die im Rahmen unseres Themas nicht eingegangen werden konnte, ihre Grundproblematik die gleiche. Sie hätte ebenso an Dichtern wie Darío, Machado, Ungaretti oder Wallace Stevens aufgezeigt werden können. Auf sich wandelndem Hintergrund, ist ihnen allen, Schiller wie den Modernen, das Bemühen gemeinsam, durch das Morgentor des schönen Scheins in das Land der Erkenntnis einzudringen.

ANMERKUNGEN

(1) *Von Schiller zu Nietzsche,* Halle, 1928, S. 14.
(2) *Der Zusammenbruch des deutschen Idealismus,* München, 1931, S. 278; zuerst im Aufsatz «Don Carlos» (1919) veröffentlicht.
(3) *Complete Works of Edgar Allan Poe,* hrsg. v. James A. Harrison, New York, 1902, XVII, S. 287; im folgenden zitiert als *Works.*
(4) D. H. Lawrence, *Stories, Essays and Poems,* Everyman's Library 958, London, 1949, S. 300. Vgl. auch D. H. Lawrence, *Studies in Classic American Literature,* New York, 1953, S. 73; "He is absolutely concerned with the disintegration-process of his own psyche".
(5) *Die Gesammelten Schriften,* Berlin, 1922, S. 213 ff.
(6) Man denke nur an Christian Günther, Chatterton usw.
(7) Benno von Wiese, *Friedrich Schiller,* Stuttgart, 1959, zitiert als v. Wiese; Gerhard Storz, *Der Dichter Friedrich Schiller,* Stuttgart, 1959, zitiert als Storz.
(8) *Der religiöse Sinn der Klassik Schillers,* München, 1927, S. 67, S. VIII; «... er hat zum ersten Male seit dem Erwachen des modernen Geistes das Problem des Verhältnisses von Religion und Kunst, von Ethik und Ästhetik in existentieller Weise durchlebt und einer Lösung zugeführt, die, nicht so sehr ihrer Substanz als ihrer Intention nach von bleibender Bedeutung ist.»
(9) *Probleme der Lyrik,* 1951, S. 7, 6.
(10) Vgl. hierzu die Äußerungen der meist jüngeren Lyriker in dem von Hans Bender herausgegebenen Band, der den seltsamen Titel *Mein Gedicht ist mein Messer* trägt, Heidelberg, 1955.

(11) *Poésies,* Paris, 1942, S. 51.

(12) *Variété,* Paris, 1930, II, S. 159.

(13) F. O. Matthiessen, *American Renaissance,* New York, 1941, S. 136.

(14) Henry James, *French Poets and Novelists,* London, 1893, S. 60.

(15) *From Poe to Valéry,* New York, 1948, "I find that by trying to look at Poe through the eyes of Baudelaire, Mallarmé and most of all Valéry, I become more thoroughly convinced of his importance, of the importance of his work as a whole."

(16) Weder Marcel Raymonds *De Baudelaire au Surréalisme,* Paris, 1947; Joseph Chiaris *Symbolism from Poe to Mallarmé,* New York, 1956; Edmund Wilsons *Axel's Castle,* New York, London, 1953, noch Edward H. Davidsons *Poe,* Cambridge Mass., 1957, um nur einige maßgebliche Werke zu nennen, verweisen auf Schiller.

(17) *The Writer in Extremis, Expressionism in twentieth-century German literature,* Stanford, 1959, S. 10, 12–13, 22.

(18) *Works,* XIV, S. 194, 195.

(19) Vgl. auch William H. Gravely, Jr. "Christopher North and the Genesis of the Raven," *PMLA,* LXVI (1951).

(20) v. Wiese, a. a. O., S. 433.

(21) Vgl. dazu die einleitenden Bemerkungen in «Über Matthissons Gedichte».

(22) *Selected Essays,* New York, 1932, S. 124.

(23) John Crowe Ransom, *The New Criticism,* Norfolk Conn., 1941, S. 145; Eliseo Vivas, *Creation and Discovery, Essays in Criticism and Aesthetics,* New York, 1955, S. 175–189; René Wellek, "The Criticism of T. S. Eliot," *The Sewanee Review,* LXIV, Summer 1956, 418–420; Sister Mary Cleophas Costello, *Between Fixity and Flux: A Study of the Concept of Poetry in the Criticism of T. S. Eliot,* Washington, 1947, S. 66, usw.

(24) Julia Wernly, *Prolegomena zu einem Lexikon der ästhetisch-ethischen Terminologie Friedrich Schillers,* Untersuchungen zur neueren Sprach- und Literaturgeschichte, hrsg. von Oskar F. Walzel, N. F. Viertes Heft, Leipzig, 1909, S. 4.

(25) Auf die Bedeutung des Begriffs «Schein» und seine Vernachlässigung im ästhetischen Denken hat meines Wissens zum erstenmal wieder Elizabeth M. Wilkinson in ihrem Aufsatz "Schiller's concept of *Schein* in the light of recent aesthetics" *GQ,* XXVIII (Nov. 1955), 219–227, hingewiesen. Ich verweise auch auf Susanne K. Langers Buch *Feeling and Form,* New York, 1953, S. 49–50 und auf Elizabeth Wilkinsons schönen Aufsatz «Über den Begriff der künstlerischen Distanz», (*Deutsche Beiträge zur geistigen Überlieferung,* III, 1957, S. 69–88), der einen anderen wichtigen Begriff der modernen Poetik auf Schiller zurückführt.

(26) Über die «protheusartige Unbestimmtheit» des Begriffs «Natur» haben Hans Lutz, *Schillers Anschauungen von Kultur und Natur,* Berlin, 1928, und Eduard Spranger, *Schillers Geistesart gespiegelt in seinen philosophischen Schriften und Gedichten,* [Aus den] Abhandlungen der preuß. Akademie d. Wissenschaften, Phil.-hist. Klasse Nr. 13, Berlin, 1941, s. 28 ff., gehandelt. Im Zusammenhang mit dem Wortlaut des 26. Briefes taucht «Natur» in doppelter Bedeutung auf: einmal als umgeformter oder heteronom geformter Stoff; zum anderen als das, was Goethe «die große Mutter» genannt hat – ein Begriff, den auch Schiller im «Menschenfeind» gebraucht – die «als selbständig, lebendig, vom Tiefsten bis zum Höchsten gesetzlich hervorbringend zu betrachten» ist. Dazu schreibt Spranger: «Zu dieser Art des Schauens und Erlebens» stößt Schiller vor: «er sucht die Art von *Wirklichkeit,* der auch der Mensch mit einem Teil seines Wesens verhaftet ist, und er gibt ihr von vornherein die Sehnsuchtsprädikate Simplizität und Totalität» (S. 29). Diesem letzteren entspricht wohl der Begriff «Wesen», den Schiller im 26. Brief gebraucht.

(27) Vgl. Wilhelm Böhm, *Schillers «Briefe über die ästhetische Erziehung des Menschen»,* Halle, 1927, S. 104.

(28) Wesen ist hier wohl im Sinne der «Natur» zu verstehen, wie sie Schiller 1803 in seiner Vorrede zur *Braut von Messina,* «Über den Gebrauch des Chors in der Tragödie», im Kantischen Sinne definierte. Dort heißt es: «Die Natur selbst ist nur eine Idee des Geistes, die nie in die Sinne fällt. Unter der Decke der Erscheinungen liegt sie, aber sie selbst kommt

niemals zur Erscheinung. Bloß der Kunst des Ideals ist es verliehen, oder vielmehr, es ist ihr aufgegeben, diesen Geist des Alls zu ergreifen und in einer körperlichen Form zu binden.»
(29) Vgl. v. Wiese, a. a. O., S. 446–506.
(30) *Die Gedankenwelt der großen Schwaben,* Tübingen und Stuttgart, 1951, S. 177. Vgl. auch den Aufsatz von Ingeborg Heidemann, «Philosophische Theorien des Spiels», Kant. Stu., L, 3, 1958–1959, S. 316–322.
(31) Heinrich von Stein, *Vorlesungen über Ästhetik,* Stuttgart, 1897, S. 116; H. Stefan Schultz, «Winckelmanns Griechenbild und die neue deutsche Literatur» *Deutsche Beiträge zur geistigen Überlieferung,* Chicago, 1953, S. 63–64, 65–71.
(32) In der achten Szene des «Menschenfeindes» sagt von Hutten zu Angelica: «Unsere Seele, Angelica, erschafft sich zuweilen große, bezaubernde Bilder, Bilder aus schönern Welten, in edlere Formen gegossen. In fern nachahmenden Zügen erreicht sie zuweilen die spielende Natur, und es gelingt ihr, das überraschte Herz mit dem erfüllten Ideale zu tauschen.» Vgl. auch «Das Ideal und das Leben».
(33) *Prosa* I, Frankfurt a. Main, 1950, S. 307.
(34) Die antithetische Struktur der Schillerschen Schriften durchzieht sein gesamtes Schaffen, angefangen von der *Philosophie der Physiologie* (1779), der Dissertation *Über den Zusammenhang der tierischen Natur des Menschen mit seiner Geistigen* (1780) über die Schrift *Über naive und sentimentalische Dichtung* bis hin zum letzten theoretischen Aufsatz *Über den Gebrauch des Chors in der Tragödie* (1803). Vgl. auch W. Silz "Antithesis in Schiller's Poetry", *GR,* Oct. 1959, S. 168 ff.
(35) Vgl. auch Rudolf Alexander Schröder, «Schiller-Rede», *Merkur,* XII, 11, 1959, S. 1002; Eduard Spranger, a. a. O., S. 30.
(36) Das Gedicht wurde interpretiert von Emil Grosse, «Kallias oder über die Schönheit, aus Schillers Briefen an Körner nebst Inhaltsangabe des Gedichts Das Ideal und das Leben in ‚vernehmlicher Prosa'», *Zum deutschen Unterricht,* Heft 4, Berlin, 1902, S. 15–31; Karl Berger, *Schiller. Sein Leben und seine Werke,* II, München, 1909, S. 301–309; Wilhelm Böhm, a. a. O., S. 134–137; Benno v. Wiese, *Friedrich Schiller,* Stuttgart, 1959, S. 546, 573 f., 578, 585, 592 usw.; Gerhard Storz, *Der Dichter Friedrich Schiller,* Stuttgart, 1959, S. 216; Hans Mayer, «Das Ideal und das Leben», *Schiller, Reden im Gedenkjahr,* Stuttgart, 1955, S. 162–191; Walter Silz, a. a. O., S. 173–175.
(37) Storz, a. a. O., S. 458.
(38) «Schiller-Rede», *Merkur,* XII, 1959, S. 1003.
(39) Kurt Berger, «Schiller und die Mythologie», *DVLG,* XXVI, 1952, S. 208.
(40) Vgl. Walter Silz's Darstellung des antithetischen Charakters des gesamten Gedichts, a. a. O., S. 173 ff.
(41) *Sämtliche Werke* (1856–1861), II Abt., IV, S. 25.
(42) Zitiert nach René Wellek, *Geschichte der Literaturkritik 1750–1830,* übers. v. E. u. M. Lohner, Darmstadt, 1959, S. 330.
(43) Friedrich Nietzsche, *Werke in drei Bänden,* hrsg. v. Karl Schlechta, München, 1956, I, S. 22, 29, 31, 88, 133.
(44) *Goethes Werke,* VIII, Hamburg, 1950, 1955, «Wilhelm Meisters Wanderjahre», 2. Buch, S. 294.
(45) René Wellek, *op. cit.,* S. 236.
(46) «Schillers Nachruhm», *Etudes Germaniques,* XIV, 1959, S. 374–385.
(47) «Einleitung», *JSG,* III, Stuttgart, 1959, S. 7–18.
(48) Vgl. John R. Frey, «Schiller in Amerika», Jb. Schiller Ges., III, 1959, S. 338–367.
(49) Otto P. Peterson, *Schiller in Rußland 1785–1805,* New York u. München, 1934; C. E. Passarge, *The Influence of Schiller in Russia,* 1800–1840, *American Slavonic and East European Review,* 5, 1946; vgl. auch D. S. Mirsky, *A History of Russian Literature,* New York, 1949, S. 75.
(50) *The Prestige of Schiller in England,* 1788–1859, *Columbia University Studies in Lang. and Lit.* 74, New York, 1932; vgl. auch Th. Rea, *Schiller's Dramas and Poems in England,* London,

1906; B. Buyers, *The Influence of Schiller's Dramas and Fiction upon English Literature, Englische Studien* 48, 1913; W. F. Schirmer, *Der Einfluß der deutschen Literatur auf die englische im 19. Jahrhundert,* Halle, 1947, S. 8, 10, 13, 15, 16, 17, 19, 20, 21, 25, 30, 31 ff.

(51) Edmond Eggli, *Schiller et le Romantisme Français,* Paris, 1927, II, S. 659, 661. Diese Wirkung Schillers auf die französischen Romantiker wird noch von Edmond Estève unterstützt. In seinem Buch *Byron et le Romantisme Français,* Paris, 1907, S. 109–110, heißt es: «Les romantiques appelaient à leur secours les génies de toutes les nations. Ils demandaient à l'Angleterre son Shakespeare, à l'Allemagne son Schiller, à l'Italie son Alfieri.»

(52) Eggli, a. a. O., II, S. 568–572.

(53) Vgl. hierzu A. G. Lehmann, *The Symbolist Aesthetic in France 1885–1895,* Oxford, 1950, S. 38: «The first important entry of German transcendental philosophy into France dates from the popularizing work of Victor Cousin ... the study of the great German classical philosophers from Kant to Hegel grew in volume, under the indulgent eclecticism of official philosophy after 1830. Having once made its appearance, German idealism was not easily dislodged. Powerfully entrenched in the academic hierarchy, the tradition was supported by frequent translations form the originals, which made the leading works of speculative idealism accessible ... to the general public ... »

(54) *Schillers Auffassung von der Kunst als einer erziehenden Macht und ihre Bedeutung für die französische Literatur des 19. und 20. Jahrhunderts,* Diss. Würzburg, 1936, S. 74.

(55) Zitiert nach Eggli, a. a. O., II, S. 462.

(56) *Leconte de Lisles Weltanschauung, Eine Vorstudie zur Ästhetik der Ecole parnassienne,* Stadtamhof, 1912, S. 23.

(57) Die Übereinstimmungen im kunstphilosophischen Denken zwischen Leconte de Lisle und Schiller weist Weirich an einigen treffenden Beispielen nach, a. a. O., S. 78–82. Jedoch ist das Bild der «illusion», das bei Leconte de Lisle, besonders in seinen *Poèmes antiques* und *Poèmes tragiques,* häufig vorkommt (z. B. die Gedichte «L'Illusion», «La Maya» usw.), nicht mit Schillers Begriff des Scheins zu verwechseln. – «Illusion» ist bei Leconte de Lisle auf den Brahmanismus zurückzuführen, der ihn stark beeinflußte.

(58) a. a. O., S. 49.

(59) Zitiert nach Eggli, a. a. O., II, S. 295.

(60) Kurt Wais, «Schillers Wirkungsgeschichte im Ausland», *An den Grenzen der Nationalliteraturen,* Berlin, 1958, S. 79, bezeichnet Hugo neben Dumas père als den «eifrigsten Nachahmer und Plagiator Schillers».

(61) a. a. O., S. 119.

(62) *L'Avenir de la Science,* Paris, 1890, S. 458.

(63) Lloyd James Austin, *L'Univers Poétique de Baudelaire, Symbolisme et Symbolique,* Paris, 1956, S. 155. Austin schreibt im Anschluß an eine Erörterung von Henri Peyres *Shelley et la France:* «l'héritier de la tradition poétique illustrée par Goethe, Schiller et leurs successeurs en Allemagne, et par Wordsworth et Coleridge, Byron, Shelley et Keats en Angleterre. Qu'il ne les ait connus pour la plupart que par des intermédiaires, Sainte-Beuve, Gérard de Nerval, Edgar Poe, ne fait qu'augmenter son mérite.»

(64) *Correspondance Générale,* 2 Bde., Paris, 1947, I, S. 292, 340 u. 340 Anm.

(65) a. a. O., S. 147.

(66) a. a. O., S. 78.

(67) Charles Baudelaire, *Œuvres complètes,* Paris, 1954, S. 1114. Im folgenden zitiert als *Œuvres* ...

(68) *Œuvres* ..., S. 1030–1031.

(69) *Œuvres* ..., S. 1031.

(70) *ebenda,* S. 772.

(71) *ebenda,* S. 773, vgl. auch 776 ff.

(72) Vgl. Flauberts Brief vom 13. Juli 1857.

(73) Stefan George, *Werke, Ausgabe in zwei Bänden,* München u. Düsseldorf, 1958, II, S. 250.

(74) *Die Struktur der modernen Lyrik*, S. 41.
(75) «L'Invitation au Voyage» *Œuvres* ..., S. 305–307: «... un pays superbe ... Pays singulier, supérieur aux autres, comme l'Art l'est à la Nature, où celle-ci est réformée par le rêve, où elle est corrigée, embellie, refondue ...» (306) «cette nostalgie du pays qu'on ignore ... où le bonheur est marié au silence ...» (305) «Vivrons-nous jamais, passerons-nous jamais dans ce tableau qu'a peint mon esprit ... Des rêves: toujours des rêves ...» «et plus l'âme est ambitieuse et délicate, plus les rêves s'éloignent du possible ...» (307)
(76) a. a. O., S. 39.
(77) Vgl. Max Henriquez Ureña, *Breve Historia del Modernismo*, Mexiko u. Buenos Aires, 1954, S. 16.
(78) Vgl. G. De Robertis, «Il cammino di Ungaretti», *Trivium*, IV, 1948, S. 169–178.
(79) a. a. O., I, S. 508.
(80) a. a. O., S. 100.
(81) Vgl. Henri Mondor, *Vie de Mallarmé*, Paris, 1941, S. 382.
(82) Kurt Wais, *Mallarmé*, München, 1952, S. 48.
(83) In dem biographischen Werk von Henri Mondor (*Vie de Mallarmé*, Paris, 1941) wird eine Stelle aus Mallarmés Brief an Th. Aubanel vom 23. August 1866 zitiert: «Il est vrai que ce sont des livres de science et de philosophie, et que je veux jouir par moi de chaque nouvelle notion et non l'apprendre.» Mondor fügt hinzu: «Parmi ces derniers ouvrages, ceux de Hegel et sans doute ceux de Novalis ont retenu l'attention de Mallarmé.» In der Fußnote stellt Mondor folgende Fragen: «Est-ce de son propre mouvement que Mallarmé est allé vers ces auteurs? Est-ce sous l'influence de Villiers ou celle de Lefébure?» (S. 219). Zu den Beziehungen Mallarmés zu Hegel schreibt Camille Mauclair (*Princes de l'esprit*, Paris, o. J.): «La conception fondamentale de Stéphane Mallarmé procède de l'esthétique métaphysique de Hegel, et l'on peut dire qu'il fut l'applicateur systématique de l'hégélianisme aux lettres françaises.» (S. 106) Mauclair ist daraufhin angegriffen worden, wie er selbst in dem Buch *Mallarmé chez lui* (Paris, 1935) sagt. Er schwächt jetzt seine Behauptung etwas ab, fährt aber fort, indem er sich auf Gespräche bezieht, die er «vers 1895» in Valvins mit Mallarmé über Hegel geführt hat, und er schreibt: «... je maintiens du moins qu'il était heureux d'y retrouver ses presciences et ses aspirations ...» (S. 78–79). – Eva-Maria Lüders erwähnt in «Sechzig Jahre Mallarmé-Forschung», *Romanistisches Jahrbuch*, VIII (1957), S. 154, daß Mauclair in dem Kapitel «L'Esthétique de Stéphane Mallarmé» seiner «Art en Silence» Mallarmés Kunstauffassung als eine systematische Anwendung des Hegelianismus darstellt. Nach Lüders gibt Mauclair darin «einige Entsprechungen zwischen Gedankengängen Hegels und Mallarmés, die recht überzeugend wirken.»
(84) Kurt Wais, a. a. O.., S. 573.
(85) Friedrich Hebbel, *Sämtliche Werke*, 12 Bde., Hamburg, 1891, XII, S. 112.
(86) Stéphane Mallarmé, *Œuvres Complètes*, Paris, 1945, S. 257, 400, 368, 366, zitiert als *Œuvres* ...
(87) Rubén Darío, *Poesia*, Mexico u. Buenos Aires, 1952, S. 175; vgl. Wais, Mallarmé, S. 647.
(88) *Œuvres* ..., S. 284.
(89) «Hérodiade», *Œuvres* ..., S. 47.
(90) a. a. O., S. 84.
(91) Wallace Fowlie, *Mallarmé*, Chicago, 1953, S. 35.
(92) «Je te jure qu'il n'y a pas un mot qui ne m'ait coûté plusieurs heures de recherche, et que le premier mot, qui revêt la première idée, outre qu'il tend lui-même à *l'effet* général du poème, sert encore à préparer le dernier.» *Œuvres* ..., S. 1430.
(93) *Gesammelte Gedichte*, Wiesbaden u. Zürich, 1957, S. 212.
(94) Fowlie, *a. a. O.*, S. 36.
(95) *Œuvres* ..., S. 1430.
(96) *Neue Schweizer Rundschau*, Mai 1929, 36, 327. Zitiert bei Wais, a. a. O., S. 233, 670.
(97) Vgl. Mondor, a. a. O., S. 370, Anm. 1: «Je croyais l'avoir moi-même mis en musique!»

(98) A. R. Chisholm, *Mallarmé's L'Après-Midi d'un Faune. An Exegetical and Critical Study.* The Australian Humanities Research Council. London u. New York, Cambridge University Press, 1958, S. 13. Zitiert als Chisholm.

(99) Interpretationen des Gedichts finden sich außer bei Chisholm, Fowlie, Mondor und Wais [vgl. auch Kurt Wais «Zwei Gedichte Stéphane Mallarmé's und ihre Vorgänger» in *Französische Marksteine von Racine bis Saint-John Perse,* Berlin, 1958, S. 260–277], bei Th. Spoerri, «Zu Mallarmé's Après-Midi d'un Faune», *Trivium* IV, 1948, S. 224 ff.; Svend Johansen, *Le Symbolisme. Etude sur le Style des Symbolistes Français,* Kopenhagen, 1945, S. 301–308.

(100) Kurt Wais schreibt hierzu sehr treffend (*Mallarmé,* S. 233): «Der zerebrale Intellekt alterniert mit der sinnlich assoziierenden Phantasie: nirgends faßt man Mallarmé's dichterische Eigenart und Qualität so beispielhaft wie hier.»

(101) Vgl. Fowlie, *a. a. O.,* S. 155; Chisholm, S. 17; Wais, S. 234. Chisholm sagt über diese Zeilen: «The beautiful passage in which these thoughts about music and its creative power are expressed, is itself a lovely melody. Notice the liquid quality (corresponding to the sense and the intention) of the numerous *l* sounds; and the *m* sounds in the murmuring lines with which the passage begins. Notice also the liquid musicality of the images: the ‚immobile et lasse pâmoison' of the warm air; the ‚bosquet arrosé d'accords'; the breath which the musician transforms into an elusive visible entity.» (*a. a. O.,* S. 18)

(102) Chisholm, *a. a. O.,* S. 19.

(103) *Die Welt als Wille und Vorstellung,* Leipzig: Insel Verlag, o. J., I, S. 353, 344. Ob Mallarmé mit Schopenhauers ästhetischen Ideen vertraut war, ist nicht mit Sicherheit auszumachen. Lehmann (a. a. O., S. 66 ff.) und Chisholm (a. a. O., S. 24) halten es für möglich. Interessant ist, was auch Baudelaire in diesem Zusammenhang schreibt, wenn er über seine Eindrücke beim Anhören des Vorspiels zu Richard Wagners *Lohengrin* berichtet (*Œuvres* ..., S. 1051, 1052): «Je me sentis délivré *des liens de la pesanteur,* et je retrouvai par le souvenir l'extraordinaire *volupté* qui circule dans *les lieux hauts* ... Ensuite je me peignis involontairement. L'état délicieux d'un homme en proie à une grande rêverie dans une solitude absolue, mais une solitude avec *un immense horizon* et une *large lumière diffuse;* l'immensité sans autre décor qu'elle-même. Bientôt j'éprouvai la sensation d'une clarté plus vive, *d'une intensité de lumière* croissant avec une telle rapidité, que les nuances fournies par le dictionnaire ne suffiraient pas à exprimer *ce surcroît toujours renaissant d'ardeur et de blancheur.* Alors, je conçus pleinement l'idée d'une âme se mouvant dans un milieu lumineux, d'une extase *faite de volupté et de connaissance,* et planant au-dessus et bien loin du monde naturel ... Nous trouvons la sensation de la *béatitude spirituelle et physique;* de *l'isolement;* de la contemplation de *quelque chose infiniment grand et infiniment beau; d'une lumière intense* qui réjouit *les yeux et l'âme jusqu'à la pâmoison;* et enfin la sensation de *l'espace étendu jusqu'aux dernières limites concevables.*»

(104) *Œuvres* ..., S. 867, auch S. 366.

(105) *ebenda,* S. 647.

(106) Chisholm, dem ich zum Teil verpflichtet bin, schreibt hierzu sehr schön (S. 27): «Music, as he [Faun] sees it, is ‚vaine', because it is empty of individual realities; ‚monotone', because its nearimages never materialize. Yet he remains, with conviction, a musician.»

(107) *Œuvres,* S. 73: «Exclus-en si tu commences / Le réel parce que vil.»

(108) Kurt Mais, *Mallarmé,* S. 193–194.

(109) *Probleme der Lyrik,* S. 39.

(110) Mallarmé, *Œuvres* ..., S. 664.

(111) Hugo Friedrich, *a. a. O.,* S. 106.

(112) Schlechta, *a. a. O.,* I, S. 36–37.

(113) Vgl. z.B. auch Mallarmé's Ausführungen in «Richard Wagner. Rêverie d'un poète français» mit denen Nietzsches in der *Geburt der Tragödie,* a. a. O., vor allem S. 109 ff.

(114) Vgl. Maria Bindschedler, *Nietzsche und die poetische Lüge,* Basel, 1954, vor allem S. 36–48.

(115) Schlechta, *a. a. O.,* II, S. 1092–1093.

(116) *Goethes Werke,* Hamburg, 1950, XI, S. 85.

(117) *Sämtliche Werke,* Insel Verlag, 1955, I, 731; II, III, 262.
(118) Z.B. den Brief vom August 1902 an Lady Gregory: «... for the truth is you have had a rival in Nietzsche, that strong enchanter. I have read him so much that I have made my eyes bad again ... Nietzsche completes Blake and has the same roots—I have not read anything with so much excitement ... »; vgl. auch den Brief an George Russell vom 14. Mai 1903. Yeats war, wenn wir Richard Ellmann, *The Identity of Yeats,* New York, 1954, S. 141, glauben dürfen, mit dem Werke Schillers vertraut.
(119) *The Necessary Angel, Essays on Reality and the Imagination,* New York, 1951, S. 150.
(120) Vgl. E. L. Duthie, *L'influence du symbolisme français dans le renouveau poétique de l'Allemagne. Les «Blätter für die Kunst» de 1892 à 1900,* Paris, 1933. Guido Schmidlin, *Hölderlins Ode: Dichterberuf,* Bern, 1958, S. 86, bemerkt, «die kunsttheoretischen Äußerungen in Georges ‚Tage und Taten' [seien] teilweise wörtliche Übersetzungen von Grundsätzen aus den Schriften Baudelaires und Poes. George [habe] sie lediglich verkürzt zu knappen Werkanweisungen ... » Vgl. auch Curt von Faber du Faur, «Stefan George et le symbolisme français», *CL,* V, 1953, S. 151–166 und die dort angegebene Bibliographie.
(121) Friedrich Wolters, *Herrschaft und Dienst,* Berlin, 1920, S. 218.
(122) Die Beziehungen zu Schiller hat jüngst Guido Glur, *Kunstlehre und Kunstanschauung des Georgekreises und die Ästhetik Oscar Wildes,* Bern, 1957, S. 19–20, wieder aufgezeigt.
(123) *George,* Berlin, 1930, S. 92.
(124) *Blätter für die Kunst,* Dezember 1892, S. 48 f.
(125) *A Vision,* New York, 1938, rev. ed. 1956, S. 279 ff.
(126) John Unterecker, *A Reader's Guide to William Butler Yeats,* New York, 1959, S. 172.
(127) R. P. Blackmur, in *The Permanence of Yeats. Selected Criticism,* hrsg. v. James Hall and Martin Steinmann, New York, 1950, S. 60.
(128) Vgl. die Interpretationen, die in *The Permanence of Yeats* von R. P. Blackmur (S. 60 bis 63), Cleanth Brooks (S. 82–85), J. C. Ransom (S. 104–105), Arthur Mizener (S. 154–156) und vor allen von Elder Olson (S. 286–300) gegeben werden.
(129) *Rainer Maria Rilkes Deutung des Daseins,* München, 1953, S. 53; vgl. auch Hermann Mörchen, *Rilkes Sonette an Orpheus,* Stuttgart, 1958, S. 28–29, 47–57.
(130 Mörchen, a. a. O., S. 178.
(131) Eine ausführliche Interpretation des Gedichts gebe ich in meinem demnächst erscheinenden Buch über die Lyrik Gottfried Benns.
(132) Novalis, *Werke, Gedichte, Dokumente,* hrsg. v. Ewald Wasmuth, Heidelberg, 1957, II, S. 392.
(133) *Frühe Prosa und Reden,* Wiesbaden, 1950, S. 232.